시험 전에 꼭 풀어봐야 할 문제

농업 경영학

시험전에 꼭 풀어봐야 할 문제
농업경영학

개정 1판 발행	2024년 05월 01일
개정 2판 발행	2026년 01월 15일

편 저 자 | 유준수

발 행 처 | ㈜서원각

등록번호 | 1999-1A-107호

주　　소 | 경기도 고양시 일산서구 덕산로 88-45(가좌동)

교재주문 | 031-923-2051

팩　　스 | 031-923-3815

교재문의 | 카카오톡 플러스 친구[서원각]

홈페이지 | goseowon.com

▷ 이 책은 저작권법에 따라 보호받는 저작물로 무단 전재, 복제, 전송 행위를 금지합니다.
▷ 내용의 전부 또는 일부를 사용하려면 저작권자와 (주)서원각의 서면 동의를 반드시 받아야 합니다.
▷ ISBN과 가격은 표지 뒷면에 있습니다.

Preface

'정보사회', '제3의 물결'이라는 단어가 낯설지 않은 오늘날, 과학기술의 중요성이 날로 증대되고 있음은 더 이상 말할 것도 없습니다. 이러한 사회적 분위기는 기업뿐만 아니라 정부에서도 나타났습니다.

기술직공무원의 수요가 점점 늘어나고 그들의 활동영역이 확대되면서 기술직에 대한 관심이 높아져 기술직공무원 임용시험은 일반직 못지않게 높은 경쟁률을 보이고 있습니다.

시험 전에 꼭 풀어봐야 할 문제 기술직공무원 시리즈는 기술직공무원 임용시험에 도전하려는 수험생들에게 도움이 되고자 발행되었습니다.

본서는 그동안 치러진 기출문제를 분석하여 출제가 예상되는 문제만을 엄선하여 단원별로 수록하였으며, 최신 출제경향을 파악할 수 있는 최신기출문제분석으로 구성되어 있습니다.

수험생들이 본서와 함께 합격이라는 꿈을 이룰 수 있기를 바랍니다.

Structure

1 출제예상문제

농업경영학 전반에 대해 체계적으로 편장을 구분한 후 해당 단원에서 필수적으로 알아야 할 내용을 문제로 구성하여 수록하였습니다. 매 문제 상세한 해설을 달아 문제풀이만으로도 개념학습이 가능하도록 하였습니다.

2 정답 및 해설

매 문제 상세한 해설을 달아 문제풀이만으로도 개념학습이 가능하도록 하였습니다.

핵심정리

○ 부분경영계획의 수립 과정
문제의 정의 → 대안의 작성 → 정보의 수집 → 대안의 분석 → 대안의 선택

○ 종합경영계획의 수립 과정
작목 선정 → 경영목표 설정 → 자원상태 파악 → 경영전략 수립 → 경영계획서 작성

○ 3S 1L원칙
고객서비스 수준과 물류비 간 균형이 기업의 경쟁력이며, 이 달성을 위해 상품과 용역의 신속성(speedy), 안전성(safety), 확실성(surely), 값싸게(low cost) 제공하는 원칙을 말함

○ 비즈니스모델캔버스
총 9가지 블록으로 구성되어 있으며 일반적인 접근 방식은 고객 세분화, 가치제안, 채널, 고객 관계, 수익원, 핵심자원, 핵심활동, 핵심파트너쉽, 비용구조 순임

○ VRIO 분석
경쟁 잠재력을 결정할 자원이나 능력에 관해 질의되는 네 개의 질의 프레임워크의 두문자어로 가치(Value), 희소성(Rarity), 모방가능성(Imitability), 조직(Organization)을 나타냄

○ 스마트팜(Smart Farm)
농·림·축·수산물의 생산, 가공, 유통 단계에서 정보통신기술(ICT)을 접목하여 최적화된 생육환경을 제공하는 지능화된 농업 시스템을 의미함

○ 주요 직접지불금 제도

구분	
쌀소득보전 직접직불제	DDA/쌀협상 이후 시장개방 폭이 … 재배 농가의 소득안정을 도모하기 …
친환경농업직접직불제	친환경농업 실천으로 인한 초기 소… 업 조기 정착을 도모하고, 고품질의 … 하기 위한 제도
조건불리지역 직불제	농업생산성 및 정주여건이 불리한 … 지역사회 유지를 목적으로 도입된 …

○ 직접생산비와 간접생산비

구분	
직접생산비	비료, 농약, 자재 등 소모… 을 수 있는 비용을 말…

Contents

PART 01 농업경영의 기초
- 01. 농업의 개황 ··· 10
- 02. 농업경영의 이해 ··· 19
- 03. 시장의 원리와 농업경제 ··· 24
- 04. 농업경영의 규모와 특징 ··· 42

PART 02 농업경영 요소
- 01. 토지 ··· 50
- 02. 노동력 ··· 66
- 03. 자본재 ··· 72
- 04. 기술과 정보 ··· 77
- 05. 농업경영자 ··· 98

PART 03 농업 생산과 비용
- 01. 생산함수 ··· 102
- 02. 생산비용 ··· 109

PART 04 농업경영전략
- 01. 투자 전략 ··· 120
- 02. 농산물의 유통과정 ··· 132
- 03. 마케팅 전략 ··· 142
- 04. FTA 등 농산물유통환경의 변화 ·· 174

PART 05 농업경영 분석

01. 농업회계 ·· 180
02. 농업경영 성과와 지표 ·· 196
03. 경영개선을 위한 노력 ·· 206

PART 06 농업경영 지원

01. 농업정책지원과 자금 ·· 210
02. 농업 연구 사업 ·· 213
03. 농업경영 컨설팅 ·· 227
04. 농업법인 ·· 232
05. 우리나라 농업정책 ·· 239

PART 07 부록

핵심정리 ·· 258

01

농업경영의 기초

01. 농업의 개황
02. 농업경영의 이해
03. 시장의 원리와 농업경제
04. 농업경영의 규모와 특징

CHAPTER 01 농업의 개황

1 농업환경 변화에 대한 설명 중 옳지 않은 것은?

① 농가인구 중 65세 이상의 고령화 인구는 1995년 16.2%에서 2021년 43.1%로 증가하였다.
② 농업부문의 연평균 실질 성장률은 1980년대 4.1%에서 2010년대에는 0.5%로 하락하였다.
③ 농가인구는 1995년 485만 명에서 2020년에 228만 명으로 감소하였다.
④ 실질농업소득은 1995년 1,182만 원에서 2020년 1,724만 원으로 31.5% 상승하였다.

> ADVICE 실질농업소득은 1995년 1,724만 원에서 2020년 1,182만 원으로 31.5% 하락하였다.

2 농업의 특성으로 적절하지 못한 것은?

① 토지와 기후 등 농업을 둘러싼 환경 제어가 곤란하다.
② 기계화가 어렵고 부가가치율이 상대적으로 낮아 비교생산성이 떨어진다.
③ 자연조건에 대한 의존도가 높은 편이다.
④ 수직적, 수평적 분업과 전문화가 상대적으로 쉽다.

> ADVICE ④ 토지와 기후 등 농업에 큰 영향을 미치는 기본적 생산 환경을 인간의 힘으로 제어하기는 사실상 불가능하며 농업은 수직적, 수평적 분업과 전문화가 어려운 산업이다.

3 농업에 대한 내용으로 잘못된 것은?

① 우리나라에서 농업은 신석기 시대부터 시작이 되었다.
② 동양에서 농업은 초기에 화전을 일구어 작물을 재배하다가 지력이 다하면 다른 곳으로 이동하는 유랑 화전 농업이 시초라 할 수 있다.
③ 산업이 근대화되면서 농업에 대한 개념이 바뀌면서 귀농이 증가하는 추세이다.
④ 현대의 농업은 작물을 이용하여 얻은 생산물만을 가리킨다.

> **ADVICE** ④ 현대식 농업은 식물의 재배뿐만 아니라 동물과 식물을 이용하여 인간 생활에 직접적 또는 간접적으로 필요한 물질을 생산하고 이를 가공하여 유통하는 산업이라 정의하고 있다. 이외에도 생물을 보다 효율적으로 생산하기 위한 모든 활동도 포함된다고 볼 수 있다.

4 우리나라 농업에 대한 현실 가운데 적절하지 못한 것은?

① 폐쇄적이던 우리나라 농업은 1994년 우루과이 라운드를 시작으로 점차 개방화 국면을 맞고 있다.
② 우리나라는 경제개발추진 과정에서 상대적으로 농업의 비중이 지속적으로 감소해왔다.
③ 도시와 농촌 사이 양극화가 심화되어 농가 인구가 점차 감소하는 추세에 있다.
④ 쌀 소비 위축에 따라 전체 생산량이 감소하고 있다.

> **ADVICE** ③ 현재 우리나라는 경제 저성장과 베이비부머 세대의 은퇴라는 현상이 맞물려 도시보다는 농촌을 택하는 귀농현상이 늘어나는 추세이다. 통계청에서 발표한 귀농귀촌인 통계를 보면 쉽게 알 수 있다. 2014년 귀농가구는 11,444가구로 전년에 비해 221가구(2.0%) 증가했으며 2014년 귀촌가구는 전년에 비해 11,941가구(55.5%) 증가한 33,442가구를 기록하였다.
> 이들의 귀농은 정부의 적극적인 귀농지원, 저렴한 생활비, 땅값 등이 원인으로 거론되고 있으며, 귀농은 신생아가 적은 농촌지역에 인구 증가 효과를 가져오며, 낙후된 경제를 활성화하여 지역경제 발전에도 큰 역할을 한다.

5 과거의 농업과 현재의 농업에 관한 차이점을 잘못 설명하고 있는 것은?

① 과거 농업은 자가 소비를 목적으로 생산되곤 했었다.
② 과거의 농업은 상품성이 높은 작물을 주로 생산 했다.
③ 현재 농업은 판매를 목적으로 재배·생산된다.
④ 소비자가 원하는 농산물의 생산이 현재 농업의 흐름이라 할 수 있다.

> **ADVICE** ② 과거 농업은 상품성이 아니라 자가 소비를 위해 자기 또는 가족이 원하는 작물을 생산·재배하였다.
> ※ 과거 농업과 현재 농업의 비교
>
> | 현재농업(상업농영농) | 과거농업(자급농업) |
> | --- | --- |
> | • 판매목적 농산물 | • 자가 소비 목적 농산물 생산 |
> | • 소비자가 좋아하는 생산 | • 가족들이 좋아하는 것 생산 |
> | • 상품가치가 높은 몇 개 품목 생산 | • 여러 가지 농산물을 소량 생산 |
> | • 시장 및 가격정보 필요 | • 생산기술의 낙후 |

ANSWER 1.④ 2.④ 3.④ 4.③ 5.②

6 다음 중 농산물 가공, 농기계, 비료, 농약 개발 및 제조 등의 활동을 벌이는 산업은?

① 1차 산업　　　　　　　　　② 2차 산업
③ 3차 산업　　　　　　　　　④ 6차 산업

> ADVICE　① 농산물 생산, 특산물 생산, 기타 유무형 자원
> ③ 유통, 판매, 체험관광, 외식숙박, 컨벤션, 치유교육 등
> ④ 농촌에 존재하는 모든 유·무형의 자원(1차 산업)을 바탕으로 농업과 식품·특산품 제조·가공(2차 산업) 및 유통·판매, 문화·체험·관광 서비스(3차 산업) 등을 복합적으로 연계함으로써 새로운 부가가치를 창출하는 활동을 말한다.

7 농업의 6차 산업에 대한 사항으로 틀린 것은?

① 농가 소득이 정체되고 농촌의 활력이 저하되는 것을 탈피하고자 만들어진 개념이다.
② IT와 NT, BT 기술 발달과 현대 사회의 기술·산업의 융복합화가 농업의 6차 산업화를 촉발하였다.
③ 귀농귀촌의 증가 및 주민의 인식·역량 강화도 6차 산업 발전에 역할을 하였다.
④ 농업의 6차 산업은 전통적인 농업과 농산물 제조를 넘어 정보를 이용한 사업이라 할 수 있다.

> ADVICE　④ 농업의 6차 산업이란 농촌에 존재하는 모든 유·무형의 자원(1차 산업)을 바탕으로 농업과 식품·특산품 제조·가공(2차 산업) 및 유통·판매, 문화·체험·관광 서비스(3차 산업) 등을 복합적으로 연계함으로써 새로운 부가가치를 창출하는 활동을 말한다.
> ① 농업 부가가치 및 농가 소득이 정체되고 농촌의 활력이 저하되는 상황에서 농업에 제2, 3차 산업을 접목하는 6차 산업의 필요성이 제기되었다.
> ※ 6차 산업의 주요 특징

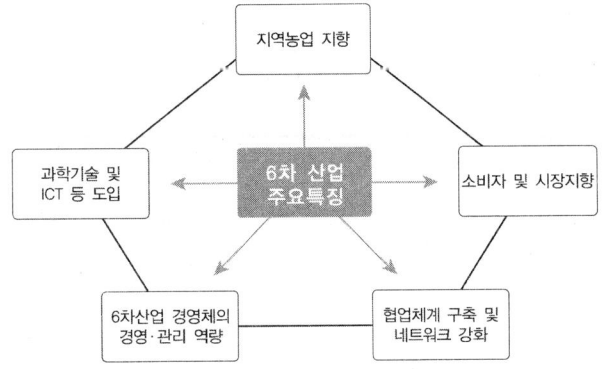

8 유기농업에 대한 설명으로 틀린 것은?

① 유기농업이란 농업생태계의 건강, 생물의 다양성, 생물순환 및 토양 생물활동 증진을 위한 총체적 체계 농업을 의미한다.
② 유기농업은 사회, 경제, 환경적 측면에서 일석삼조의 효과가 있는 앞으로 우리가 추구해야할 미래지향적인 농업형태이다.
③ 유기농업이란 유기물, 미생물 등 천연자원을 사용함과 동시에 보조적으로 비료나 농약 등 합성된 화학물질을 소량사용하면서 안전한 농산물 생산과 농업생태계를 유지 보전하는 농업을 말한다.
④ 유기농산물 수확 시 국내농산물 경쟁력 제고로 외국 농산물의 수입이 억제되어 생산자의 소득보장이 된다.

> ADVICE ③ 유기농업이란 비료나 농약 등 합성된 화학물질을 전혀 사용하지 않고 유기물, 미생물 등 천연자원을 사용하여 안전한 농산물 생산과 농업생태계를 유지 보전하는 농업을 말한다.

9 기후변화와 농업에 대한 내용으로 적절하지 않은 것은?

① 기후변화는 인류의 생존을 위한 기본 조건인 먹을거리의 안정적 수급을 위협하는 요인이다.
② 온실가스 저감, 기후변화 속 높은 생산성을 유지할 수 있는 품종 개발 등 기후변화에 대응을 위한 연구개발이 중요하다.
③ 기후변화에 따른 농업 부분에서는 농작물 생산성 하락과 이로 인한 세계적 애그플레이션의 문제까지 발생하였다.
④ 기후변화 사전 대처는 효과가 미미한 편이다.

> ADVICE ④ 지금 당장 시작한다면 결코 늦지 않으며 기업, 정부, 개인들이 각각의 영역에서 해야 할 일을 찾아내어 실천하는 것이 무엇보다 중요하다.
>   ※ 지구온난화 방지 노력
>   ㉠ 기후변화에 대한 국민적 문제의식 확산을 통해 온실가스를 줄이고, 기상이변에 대처능력을 기르는데 힘쓴다.
>   ㉡ 정부의 적극적 홍보 활동과 시민사회의 활동 등을 통해 기후변화에 대한 국민인식 증진을 위한 노력이 필요하다.
>   ㉢ 저탄소 농식품 소비 촉진 운동이나, 윤리적 소비 운동의 확대 등 탄소배출 저감 활동에 시민의 자발적 참여를 유도를 해야 한다.
>   ㉣ 기상이변에의 국민적 대처 능력 향상을 위한 캠페인 실시를 통해 자연재해로 파생되는 다양한 사회적 문제 예방에 최선을 다하여야 한다.
>   ㉤ 자연재해로 인한 농산물 투기나 농산물 가격 급등으로 인한 사회적 혼란을 방지하기 위한 대책을 마련해두어야 한다.

✎ ANSWER 6.② 7.④ 8.③ 9.④

10 우리나라와 세계 농업에 관한 내용으로 옳지 않은 것은?

① 강수량 증가, 가뭄 등의 기후변화는 실제로 작물이 자라는 토양 표면을 유실시켜 지력과 생산성이 저하된다.
② 전 세계 농산물 생산에 관개농업이 차지하는 양은 미미하다.
③ 우리나라의 경우 강우의 계절적 편중이 심해지는 현상도 농업용수를 안정적으로 확보하는데 한계요인으로 작용하고 있다.
④ 한반도의 아열대화로 여름철 채소의 주산지인 고랭지 채소재배 면적도 점차 감소하는 추세에 있다.

> ADVICE ② 관개농업이란 건조 지역에서 농작물이 성장할 수 있도록 저수지나 보 등 관개 시설을 설치해서 물을 공급해 농작물을 재배하는 농업을 말한다. 전 세계 농산물의 40%는 관개농업에 의존하고 있어 물의 부족은 농업에 심각한 위협요인으로 부각되고 있다.

11 다음의 사례에서 설명하는 것은?

> 아들 : 어, 엄마 방금 구운 빵이에요. 먹고 싶어요.
> 엄마 : (음, 나도 사주고 싶지만 요즘 빵가격이 너무 올라 버렸네. 제일 저렴한 소보루빵이 4,000원이라니....). 아들, 차라리 몸에 좋은 과일을 먹는 건 어때?
> 아들 : 싫어요. 빵 사주세요!
> 엄마 : 빵의 주원료인 밀가루 가격의 상승이 결국 빵의 가격을 올려버렸어!

① 피시플레이션　　　　　　　　　　② 애그플레이션
③ 디노미네이션　　　　　　　　　　④ 스태그플레이션

> ADVICE ② 보기의 사례는 빵이 주원료인 밀가루 등의 곡물 가격 상승으로 나타나는 애그플레이션에 대한 내용이다. 애그플레이션은 농업(agriculture)과 인플레이션(inflation)의 합성어로 농산물 가격의 급등으로 인하여 일반 물가도 상승하는 현상이다. 지구 온난화로 세계 각지에서 기상이변이 속출하면서 지난 2008년에 애그플레이션이 크게 발생한 적이 있다. 세계적인 밀가루와 옥수수 생산국가인 호주에서 극심한 가뭄과 홍수로 인하여 농작물의 작황이 감소되고, 목축지 확장으로 인한 경작지 감소, 중국과 인도 등 브릭스(BRICs) 국가의 경제성장으로 인한 곡물 수요 증가가 맞물린 것이 원인이다. 애그플레이션은 식량수급 불균형을 가져와 물가를 상승시켜 아프리카나 동남아 지역의 기아 수를 증가시킨다.

12 다음 중 농업의 다원적 기능으로 보기 어려운 것은?

① 식량안보 ② 생태보전
③ 전통문화 유지 ④ 도시 집값 해결

> ADVICE ④ 농업의 다원적 기능이란 농업이 식량 생산 이외의 폭넓은 기능을 가지고 있다는 것으로 식량안보, 농촌 지역사회 유지, 농촌 경관 제공, 전통문화 계승 등의 농업 비상품재를 생산하는 것을 가리킨다. 농업은 식량안보뿐만 아니라 생태보전, 전통문화 유지, 환경보호 등 농업의 다원적 기능의 관점에서 풀어야 한다.

13 다음 중 우리나라의 기온상승이 농업에 가져다주는 영향으로 옳지 않은 것은?

① 재배한계선이 북상하여 과수 재배 면적이 넓어질 것이다.
② 호냉성 작물의 재배는 더욱 커진다.
③ 재배 작목이 온대성 작물에서 열대 및 아열대 작물로 바뀐다.
④ 하우스 재배의 경우 겨울 난방비가 감소할 것이다.

> ADVICE ② 호냉성 작물의 재배가능 면적이 축소되고 열대, 아열대 작물의 재배 지역이 확장된다. 기후변화는 주산지 변화 등 한반도 전체 농업생산시스템 변화 줄 것으로 예측되며 한반도 온난화에 따라 남쪽부터 호온성 작물로 대체 가능성이 커질 것으로 전망된다. 또한 배추, 양배추 등 서늘한 기후를 좋아하는 작물은 북쪽이나 고산지대로 이동할 것이며, 북한에서 생산하는 것이 유리한 기상여건이 조성될 경우 기존 남한에서 재배되었던 작물은 점차 축소될 것으로 전망된다.
> ※ 기온상승으로 인한 농업의 변화
> ㉠ 재배한계선의 북상 : 겨울 한파로 인한 과수 동사(凍死) 감소
> ㉡ 재배적지의 북상 : 한반도 1℃ 기온상승시 97km 북상
> ㉢ 재배가능 지역의 확장 : 호온성 작물(열대, 아열대 작물)
> ㉣ 재배가능 지역의 축소 : 호냉성 작물
> ㉤ 재배가능 기간의 확장 : 이모작 지역의 확대
> ㉥ 재배 작목의 변화 : 온대 → 열대 · 아열대 작물
> ㉦ 시설하우스재배의 경우, 겨울 난방비의 감소/여름 냉방비 상승

ANSWER 10.② 11.② 12.④ 13.②

14 지구온난화에 따른 농업경영자의 대처 방안으로 어색한 것은?

① 기후변화로 농작물의 주산지가 북상하고 있다.
② 이상기후로 인한 가뭄, 우박 등 피해가 꾸준히 늘고 있어 이에 대한 대비책 마련이 필요하다.
③ 태풍이나 가뭄, 홍수는 자연적 현상이기 때문에 자연 피해를 상대적으로 덜 보는 산업으로 변화하여야 한다.
④ 우리나라의 기후가 평균기온 상승과 더불어 아열대성으로 변화함에 따라 이에 대응하기 위한 다각적인 농업기술 개발을 하여야 한다.

> **ADVICE** ③ 이상기후 피해 최소화를 위해서 가뭄, 대설, 태풍 관련 기상재해 위험지도를 작성하거나 기상위험에 대한 위험도를 알려주는 서비스를 실시하는 노력을 해야 할 것이다.
> ② 고온, 고이산화탄소 등 내재해성 신품종 육성, 신소득 열대·아열대 작물 개발이 필요하며, 고온에서 발생하는 가축질병 대응기술개발과 아열대성 새롭게 나타난 병해충 및 잡초 정밀예찰과 조기방제기술 개발 등의 연구가 진행되어야 한다.

15 기상이변으로 인한 농업생산체계를 변화할 시 장기적 대책에 해당되지 않는 것은?

① IT, BT, NT와의 융복합을 통하여 안정적으로 생산·관리할 수 있는 기술 개발
② 위기시 신속한 생산 및 저장을 위한 대체기술 개발
③ 변화하는 기후환경에 맞도록 새로운 작부체계 정립
④ 생명공학기술을 이용한 기후변화/기상재해에 강한 적응 품종 및 축종 개발

> **ADVICE** ③은 단기적 대책에 해당한다고 볼 수 있다.
> ※ 새로운 농업생산체제로의 전환을 위한 기술혁신
> ㉠ 단기적
>   • 상세한 농업기상정보 예측, 재배시기 조정 및 농작물 관리 기술, 온실 환경관리 기술, 내재해성 품종 개발, 장기 저장 기술, 작물별 생물계절 변화 연구
>   • 기후변화 적응기술 개발 및 연구시스템의 선진화를 위한 투자 확대
>   • 기후변화에 따른 농업영향을 장기적으로 평가·분석할 수 있는 연구시설 확충 필요
>   • 재배한계선(북방, 남방) 및 기후지대별 안전재배시기 재설정, 변화하는 기후환경에 맞도록 새로운 작부체계 정립
>   • 농업생산시설 및 기반시설의 보호를 위한 새로운 규격 및 기준 마련
> ㉡ 장기적
>   • IT, BT, NT와의 융복합을 통하여 안정적으로 생산·관리할 수 있는 기술 개발
>   • 위기시 신속한 생산 및 저장을 위한 대체기술 개발
>   • 생명공학기술을 이용한 기후변화/기상재해에 강한 적응 품종 및 축종 개발
>   • 미래형 식물공장 및 로봇형 관리기술 개발 등

16 기상이변으로 인한 미래의 농업생산 상황을 나타낸 것으로 잘못 해석한 것은?

① 벼, 과수, 채소의 최적지 변화로 지속적인 재배적지 이동이 나타난다.
② 남방계 병해충 증가 및 해충 증식속도가 증가한다.
③ 여름철 경사지 토양침식 증가 및 비료성분이 감소한다.
④ 강수량 증가로 저수시설 붕괴 우려가 커지나 곡물가격에는 변화가 없을 것이다.

>ADVICE ④ 온난화로 인한 벼의 생산 감소로 곡물가격은 상승할 것으로 예측된다.
※ 기후변화 파급 효과

구분	내용
생태계 영향	• 생물 종 멸종위기 • 일부지역 사막화 현상 심화 • 자연림 파괴 및 식생파괴 가속 • 토양침식 증가 • 해수면 상승과 염수의 침입
경제적 영향	• 온난화로 벼 생산이 감소되어 곡물가격이 상승 • 채소값 폭등 • 사료값 상승 • 물가 상승의 압박 • 농가소득 감소 • 생산비 증가 • 농촌경제 위축
사회적 영향	• 기아인구 증가 • 사재기 현상 기승 • 기후 난민 발생 • 사회갈등 및 양극화 심화

ANSWER 14.③ 15.③ 16.④

17 다음 중 기상이변이 농업에 미치는 영향은?

① 염수 유입으로 인한 염해가 늘어난다.

② 농경지 훼손이 많아질 것이다.

③ 벼 백수현상은 줄어든다.

④ 폭설에 의한 생산시설 붕괴 및 농업인 거주지 고립 등이 많아진다.

> **ADVICE** ③ 벼 백수현상은 보통 태풍이 지나간 뒤에 나타나는 현상으로 기상이변으로 인한 태풍의 발생이 많아지면 벼의 백수현상은 더욱 늘어난다.
> ※ 기후변화가 농업에 미치는 과정

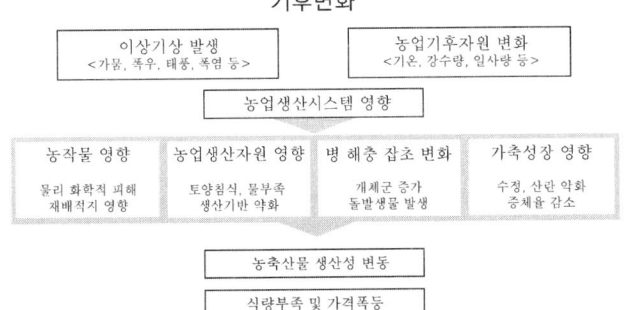

> ※ 기상이변으로 인한 농업환경 변화
> ㉠ 침수 피해, 염수 유입으로 인한 염해
> ㉡ 낙화·낙과, 도복(쓰러짐) 피해
> ㉢ 가뭄 피해, 벼 백수현상(건조한 바람에 의한)
> ㉣ 토양유실 증가 : 농경지 훼손, 흙탕물 및 부영양화 물질에 의한 하천오염 증가
> ㉤ 농업기반시설의 파괴 : 관배수시설, 저수지 붕괴
> ㉥ 폭설에 의한 생산시설 붕괴

CHAPTER 02 농업경영의 이해

1 농업경영과 일반경영의 차이점으로 옳지 않은 것은?

① 인위적으로 제어할 수 없는 자연 조건하에서 농산물을 생산하는 농업경영은 일반 경영에 비하여 불확실성과 위험이 높다.
② 농업경영은 경영과 가계가 명확하게 분리되어 있지 않아 생산물의 원가계산이나 농업경영계획 수립에 있어서 전문적인 경영시스템을 도입하는데 애로가 있다.
③ 농업경영은 이사회가 회사의 경영방침과 목표를 설정하고 경영목표 달성을 위하여 전문경영인을 채용함으로서 경영자와 노동자의 업무는 완전하게 분리된다.
④ 농업경영은 생산의 계절성으로 인해 연중 생산이 어려울 수 있고 생산의 많고 적음에 따라서 농산물의 가격 변동이 발생할 수 있다.

> ADVICE 일반회사 경영은 이사회가 회사의 경영방침과 목표를 설정하고 경영목표 달성을 위하여 전문경영인을 채용함으로서 경영자와 노동자의 업무는 완전하게 분리된다.

2 다음은 농업경영에 대한 정의이다. ( ) 안에 들어갈 알맞은 용어는?

> 농업경영이란 농업경영자가 경영목표를 달성하기 위하여 (㉠)하고, (㉡)하며, 이를 (㉢)하는 과정을 말한다.

	㉠	㉡	㉢
①	계획	실행	통제
②	관리	피드백	통제
③	조직	관리	통제
④	예상	실행	통제

> ADVICE ① 농업경영이란 농업경영자가 정한 경영목표를 달성하기 위하여 계획(Planning)하고, 실행(Implementation)하며, 이를 통제(Control)하는 과정을 말한다.

ANSWER 17.③ / 1.③ 2.①

02. 농업경영의 이해 19

3 농업경영과 일반경영의 차이를 기술한 것으로 틀린 것은?

① 농업경영은 일반경영보다 규모면에서 열악하다.
② 농업경영은 보통 이사회가 회사의 경영방침과 경영목표를 설정하는 방식으로 이루어진다.
③ 농업경영에서 노동자와 경영인을 분간하기 어렵다.
④ 농업경영은 주로 농산물을 대상으로 생산하고 판매를 한다.

> ADVICE ② 농업경영은 보통 개인이나 가족이 노동으로 생산하며, 이사회에서 경영방침을 수립하고 결정하는 것은 일반적인 기업경영에서 나타난다.
> ※ 일반경영과 농업경영의 차이
> ㉠ 생산물과 경영규모 및 경영형태 : 농업은 자연을 대상으로 농산물을 생산하고 유통하는 산업이며, 또한 농지와 물을 이용하여 농산물을 생산하게 된다. 반면, 제조업이나 서비스업은 인위적으로 제어할 수 있는 공간에서 제품과 서비스를 생산한다. 또한 농업경영은 자연을 대상으로 하므로 일반 기업경영에 비하여 불확실성과 위험도가 상대적으로 높다. 그리고 농업경영은 규모면에서 영세하므로 농업경영과 가계가 명확히 구분되지 않는다. 이 때문에 농업경영 계획 수립과 농업경영 관리가 제대로 이루어지지 못하는 특징을 지닌다.
> ㉡ 노동과 경영목표의 관계 설정의 차이 : 일반 기업의 경우, 이사회가 기업의 경영방침과 경영목표를 설정하고 기업이 목표를 달성하기 위하여 일반적으로 전문 경영인을 채용하여 경영하며 특히 주식회사는 경영인과 노동자의 구분이 명확하다. 하지만 농업경영의 경우, 농업인이나 가족들이 경영목표를 수립하고 개인 노동이나 가족 노동으로 농산물을 생산하므로 경영자와 노동자를 구분하기가 어렵다. 그러나 최근 영농조합 법인 및 영농회사 법인 등이 증가함에 따라 다소 농업경영의 활동이 체계화 되어가고 있지만, 여전히 관계 설정은 모호하다.

4 농업경영에 대한 설명으로 적절하지 못한 것은?

① 농업인이 일정한 목적을 가지고 지속적으로 노동력과 토지 및 자본재인 비료, 사료, 농기구 등을 이용하는 것을 말한다.
② 농사에 필요한 토지와 노동, 자본은 한계가 있기 때문에 부족한 자원을 효율적으로 배분하는 지혜가 필요하다.
③ 작물의 재배, 가축의 사양 및 농산물가공 등을 함으로써 농산물을 생산하고 그것을 이용, 판매, 처분하는 것은 농업경영이라 하기 어렵다.
④ 농업경영체로서 가장 중요한 것은 일정한 목적이 있어야 하고 일정한 조직체여야 한다는 점이다.

> ADVICE ③ 농업인이 어떤 목적을 가지고 보유한 노동력과 토지, 자본재를 활용하여 작물의 재배, 가축의 사양 및 농산물가공 등을 통해 농산물을 생산하고 그것을 이용, 판매, 처분하는 지속적인 조직적인 활동을 농업경영이라 한다.

5 다음 그림은 농업경영요소를 도형으로 나타낸 것이다. □ 안에 들어가야 할 것은?

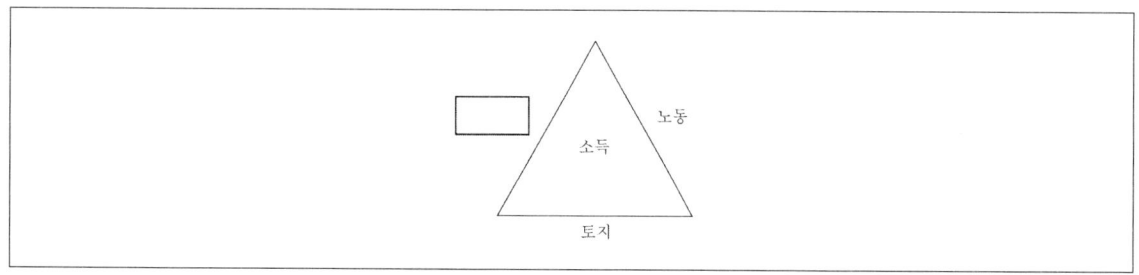

① 자본
② 경제
③ 윤리
④ 정부

>ADVICE ① □는 자본이다. 삼각형의 넓이를 소득이라 할 경우 토지, 노동, 자본의 경영 필수요소가 균형감 있게 결합되어 정삼각형이 될 때 소득이 극대화할 수 있다.

6 다음 중 농업의 요건이 잘못 짝지어진 것은?

① 사회적 조건 - 경영주 능력, 소유 토지규모와 상태
② 개인적 사정 - 가족수, 자본력
③ 경제적 조건 - 농장과 시장과의 경제적 거리
④ 자연적 조건 - 기상조건, 토지조건

>ADVICE ① 경영주 능력, 소유 토지규모와 상태는 개인적 사정에 해당한다.
※ 농업경영의 제반 조건

구분	내용
자연적 조건	기상조건(온도, 일조, 강우량, 바람 등), 토지조건(토질, 수리, 경사)
경제적 조건	농장과 시장과의 경제적 거리
사회적 조건	국민의 소비습관, 공업 및 농업의 과학기술 발달수준, 농업에 관한 각종 제도, 법률과 농업정책, 협동조합의 발달 정도
개인적 사정	경영주 능력, 소유 토지규모와 상태, 가족수, 자본력

ANSWER 3.② 4.③ 5.① 6.①

7 농업경영의 3요소의 종류가 아닌 것은?

① 노동력　　　　　　　　　② 토지
③ 농기구　　　　　　　　　④ 과학

> ADVICE ④ 농업의 필수적인 3요소는 노동력과 토지(자연) 그리고 노동 수단으로서의 자본재(농기구, 비료, 사료 등)라고 할 수 있다.

8 다음 그림에서 A에 들어갈 알맞은 것은?

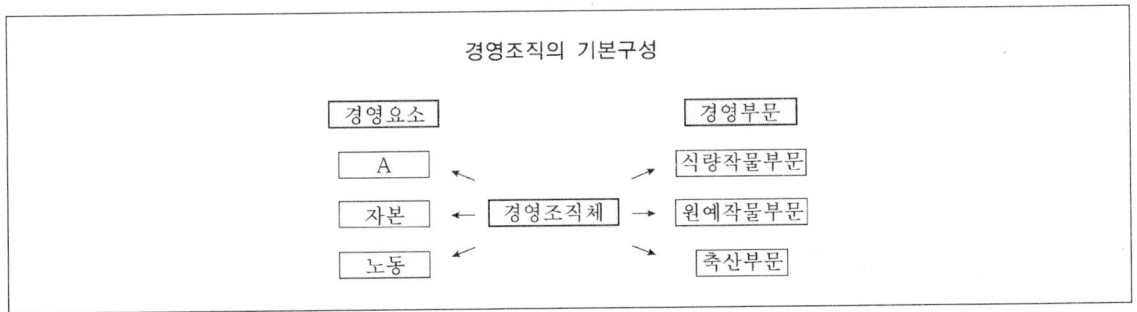

① 토지　　　　　　　　　　② 정보통신
③ 의료　　　　　　　　　　④ 비료

> ADVICE ① 농업경영 3요소는 토지, 자본, 노동이다.
> ※ 농업경영조직의 일반적 구성
> 　　　　경영조직의 기본구성

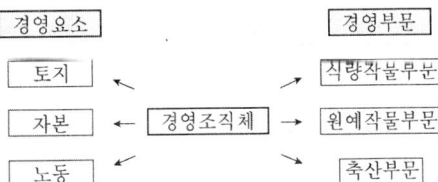

9 다음 중 농업경영의사결정의 단계를 올바르게 표시한 것은?

① 대안작성 – 문제정의 – 문제원인의 발견 – 근무평정 – 대안실행계획수립 – 성과평가
② 문제정의 – 대안개발 – 문제원인의 발견 – 대안선택 – 대안실행계획수립 – 성과평가
③ 문제정의 – 대안개발 – 문제원인의 발견 – 성과평가 – 대안작성 – 대안실행계획수립
④ 문제정의 – 문제원인의 발견 – 대안개발 – 대안선택 – 대안실행계획수립 – 성과평가

> **ADVICE** ④ 문제정의 – 문제원인의 발견 – 대안개발 – 대안선택 – 대안실행계획수립 – 성과평가의 순서로 진행된다.

10 경영조직을 결정하는 요소 가운데 개인적 요건으로만 짝지어진 것은?

㉠ 온도	㉡ 습도
㉢ 강우량	㉣ 시장과 거리
㉤ 가격	
㉥ 경영주 능력	
㉦ 자본력	

① ㉠, ㉡, ㉢, ㉥, ㉦
② ㉣, ㉤, ㉥, ㉦
③ ㉠, ㉣, ㉤
④ ㉥, ㉦

> **ADVICE** ④ 경영주의 능력과 자본력은 개인적 요건에 해당한다.
> ※ 경영조직의 결정요인

결정 요건	자연적 요건	기상	온도, 일조, 습도, 강우량, 풍량 등	고구마
		토지	토지, 지세, 수자원	땅콩, 고추
	경제적 요건	시장	시장과 거리, 시장 크기, 교통수단	분화, 엽채
		작목	수량, 가격, 비용, 소득의 수준과 안정성	
	개인적 요건	경영자원	경지구성, 가족노동력, 자본력	곡류와 원예
		경영능력	경영주 능력과 성향	수경재배, 곡류

ANSWER 7.④ 8.① 9.④ 10.④

시장의 원리와 농업경제

1 일반적으로 농산물은 공산품보다 가격변동이 심하다. 다음 중 그 이유로 가장 적절한 것은?

① 농산물에 대한 사람들의 기호변화가 심하기 때문이다.
② 농산물의 수요와 공급이 모두 비탄력적이기 때문이다.
③ 외국으로부터 농산물 수입이 대단히 불안정하기 때문이다.
④ 정부의 농업에 대한 보조정책의 일관성이 결여되어 있기 때문이다.

> ADVICE ② 농산물은 대부분 필수재이기 때문에 수요가 매우 비탄력적이다. 그리고 농산물은 한 번 파종을 하고 나면 가격이 상승하더라도 공급량을 증가시키는 것은 한계가 있기 때문에 공급도 매우 비탄력적이다. 수요와 공급이 매우 비탄력적이므로 농산물은 기후변화에 따라 공급이 약간만 변하더라도 가격은 급변하게 된다.

2 다음 중 연결이 부자연스러운 것은?

① 절대적 자유재 – 바람, 햇빛
② 직접 용역(서비스) – 보험, 금융, 보관, 판매 서비스 등의 물적 행위
③ 소비재 – 생활필수품, 비료
④ 상대적 자유재 – 수도, 전기

> ADVICE ② 보험, 금융, 보관, 판매 서비스 등의 물적 행위는 용역 가운데 간접 용역에 해당한다. 근로자의 근로, 교사의 교육, 의사의 진료 행위, 자동차에 의한 운송, 상품의 판매 행위 등이 용역에 속하며, 도구의 사용 유무에 따라 직접 용역과 간접 용역으로 구분된다.
>
> ※ 경제객체의 구분

구분			내용
재화	자유재	절대적 자유재	공기, 햇빛, 바람 등
		상대적 자유재	전기, 수도, 장식용 대리석 등
	경제재	생산재	농기계, 원자재, 농장 설비 등
		소비재	생활필수품, 비료 등
용역	간접용역(물적 서비스)		보험, 금융, 보관, 판매 서비스 등의 물적 행위
	직접용역(인적 서비스)		의사, 연예인 등의 활동

3 가격결정에서 영향을 미치는 외부요인 중 시장 참가자가 다수여서 수요자 상호간, 공급자 상호간 그리고 수요자와 공급자간의 삼면적(三面的)인 경쟁이 이루어지는 시장을 의미하는 것은?

① 완전경쟁시장
② 독점적 경쟁시장
③ 과점시장
④ 독점시장

> ADVICE ② 다수의 기업이 존재하고, 시장 진입과 퇴출이 자유롭고, 시장에 대한 정보가 완전하다. 완전경쟁시장에서 상품은 동질적인데 반하여 독점적 경쟁시장에서의 상품은 차별화되어 있다.
> ③ 소수의 생산자, 기업이 시장을 장악하고 비슷한 상품을 생산하며 같은 시장에서 경쟁하는 시장 형태를 말한다.
> ④ 하나의 기업이 한 산업을 지배하는 시장 형태이다.
> ※ 시장의 구분
> 시장은 경쟁 형태에 따라 완전경쟁시장, 불완전경쟁시장으로 구분된다.

구분		내용
완전경쟁시장		완전경쟁시장은 가격이 완전경쟁에 의해 형성되는 시장을 말한다. 완전경쟁시장이 성립하기 위해서는 생산과 거래대상이 되는 상품의 품질이 동일해야 하며, 개별 경제주체가 가격에 영향력을 행사할 수 없을 정도로 수요자와 생산자의 수가 많아야 하고, 모든 시장참가자들은 거래와 시장 여건에 관해 완전한 정보를 가지고 있어야 한다. 또한 시장참가자들의 자유로운 시장진입과 이탈은 물론 생산요소의 자유로운 이동이 보장되어야 한다. 따라서 현실세계에서는 존재하기 어려운 이상적인 시장 형태이다.
불완전 경쟁시장	독점시장	독점시장이란 공급자의 수가 하나인 시장을 말한다. 대표적으로 우리나라에서 담배를 독점적으로 판매하는 KT&G, 고속철도 등이 있다.
	과점시장	과점시장은 소수의 생산자가 존재하는 시장을 말한다. 대표적으로 자동차, 이동통신, 항공 서비스 등이 있다.
	독점적 경쟁시장	음식점·미용실 같이 조금씩 질이 다른 상품을 생산하는 다수의 생산자들로 구성된 시장을 말한다. 이들은 같은 상품을 팔아도 품질과 서비스가 동일하지 않기 때문에 독점의 성격을 가지며 시장진출입이 자유롭다는 점에서 경쟁시장의 성격을 모두 갖고 있다.

ANSWER 1.② 2.② 3.①

4 다음 ( ) 안에 알맞은 것은?

> 가격결정정책을 수립할 때 판매자는 반드시 활용가능한 가격책정의 조건들을 모두 고려해야만 한다.
> 공급자의 비용에 대한 고려는 ( )가(이) 된다.

① 가격의 범위 ② 원가경쟁
③ 변동비 ④ 가격하한선

> **ADVICE** ④ 가격결정정책 수립 시 여러 가지 고려요인 중 제품의 원가, 변동비 등 공급자의 비용에 대한 고려는 가격하한 선을, 고객이 제품의 가치를 어떻게 지각하느냐에 대한 고려는 가격상한선을 결정한다.

5 다음 중 경제활동에 대한 내용으로 잘못된 것은?

① 경제활동이란 인간이 경제생활에 필요한 물품이나 도움을 생산, 분배, 소비하는 행위를 말한다.
② 경제활동에서 생산이란 생활에 필요한 재화와 서비스를 새로 만들어 내거나, 그 가치를 증대시키는 것을 가리킨다.
③ 경제활동에서 소비란 만족감을 높이기 위해서 필요로 하는 재화와 서비스를 구입하고 사용하는 것을 의미한다.
④ 분배는 생산요소를 제공하고 그 대가를 시장 가격으로 보상받는 것으로 재화의 운반과 저장, 판매 등이 있다.

> **ADVICE** ④ 분배는 노동, 자본, 토지, 경영능력 등의 생산요소를 공급하고 임금, 이자, 지대, 이윤 등의 형태로 생산활동에 대한 기여를 시장가격으로 보상받는 것으로 생산에 참여한 노동자가 노동의 대가로 받는 임금이 대표적이며, 건물을 임차한 대가로 임대료 지급, 자본을 빌려주고 받는 이자 등이 분배로 볼 수 있다. 재화의 운반과 저장, 판매는 생산 활동으로 보아야 한다.
> ※ 경제활동의 구분
>
> | 구분 | 내용 |
> |---|---|
> | 생산 | 삶에 필요한 재화(물건)와 용역(서비스)을 만드는 활동을 의미한다. 대표적으로 농업, 어업활동, 제조업, 서비스 판매 등의 활동이 해당된다. |
> | 소비 | 생산된 재화와 용역을 사용하는 것을 가리킨다. 소비에 대한 예로 상품을 구입한 비용을 지불하고, 이발, 미용과 같은 서비스의 대가를 지불하는 것 등이 해당된다. |
> | 분배 | 인간이 생활에 필요한 재화와 용역을 만들어 제공하는 생산 활동을 하게 되면 그에 대한 보상이 주어지기 마련이다. 분배란 생산 활동에 참여한 사람들이 그 대가를 분배 받는 활동을 말한다. |

6 다음이 가리키는 현상은?

> 이것은 일정한 농지에서 작업하는 노동자수가 증가할수록 1인당 수확량은 점차 적어진다는 법칙을 말한다. 즉 생산요소가 한 단위 증가할 때 어느 수준까지는 생산물이 증가하지만 그 지점을 지나게 되면 생산물이 체감하는 현상으로 농업이나 전통 제조업에서 이 현상이 나타난다.
> 농사를 짓는데 비료를 주게 되면 배추의 수확량이 늘어나지만 포화상태에 다다르면 그 때부터는 수확량이 감소하게 되는 것이 이 법칙의 전형적인 예라 할 수 있다.

① 수확체감의 법칙 ② 거래비용의 법칙
③ 코즈의 정리 ④ 약탈가격의 법칙

> ADVICE ① 수확체감의 법칙에 관한 내용이다. 수확체감의 법칙이란 고정요소가 존재하는 단기가변요소 투입량을 증가시키면 어떤 단계를 지나고부터는 그 가변요소의 한계 생산물이 지속적으로 감소하는 현상을 말한다.

7 인플레이션이 발생할 경우 나타나는 현상이 아닌 것은?
① 메뉴 비용 ② 구두창 비용
③ 화폐 가치 감소 ④ 부동산 등 실물자산 가치 감소

> ADVICE ④ 물가가 단기간에 빠른 속도로 지속적으로 상승하는 현상을 인플레이션이라 한다. 통화량의 증가로 화폐가치가 하락하고, 모든 상품의 물가가 전반적으로 꾸준히 오르는 경제 현상인 인플레이션은 수 퍼센트의 물가 상승률을 보이는 완만한 것에서부터 수백 퍼센트 이상의 상승률을 보이는 초인플레이션까지 종류도 다양하다.
> 인플레이션의 종류는 경제 전체의 공급에 비해서 경제 전체의 수요가 빠르게 증가할 때 발생하는 '수요 견인 인플레이션'과 생산 비용이 상승하여 발생하는 '비용 인상 인플레이션' 등이 있으며, 인플레이션이 지속되는 상황에서 부동산 같은 실물자산을 많이 소유한 사람이 재산을 증식하는데 유리하다. 왜냐하면 아파트·가구 등 부동산 실물자산은 인플레이션이 발생해도 실물자산의 가치가 화폐의 가치처럼 떨어지는 것은 아니기 때문이다. 따라서 인플레이션 하에서 수익성이 높은 부동산을 매입해 월세를 통한 현금화와 인플레이션에 의한 자산가치 상승을 노리는 투자가 많아진다.
> ※ 메뉴 비용과 구두창 비용
> 인플레이션에서는 기업의 메뉴비용(Menu Cost)이나 가계의 구두창 비용(Shoe Leather Cost)과 같은 사회적 비용이 발생한다. 메뉴비용이란 가격이 달라지면 기업이 변경된 가격으로 카탈로그 등을 바꾸기 위해 소요되는 비용을 가리킨다. 일반인들은 인플레이션이 예상되면 되도록 현금보유를 줄이고 예금하기 위해 은행을 자주 찾게 되는데 구두창 비용이란 은행에 발걸음 하는 것과 관련하여 시간이나 교통비 등이 소요되는 것을 말하는데 자주 다니면 구두창이 빨리 닳는다는 데에 비유하여 붙여진 용어이다.

ANSWER 4.④ 5.④ 6.① 7.④

8 가계와 기업의 경제 활동에 대한 내용으로 적절하지 않은 것은?

① 기업은 사람이 모여서 일정한 법규범에 따라 설립한 법적 인격체를 말한다.
② 기업은 주로 어떤 것을 만들어 내는 생산 활동의 주체라 할 수 있다.
③ 생산물 시장은 기업에서 생산한 재화와 용역이 거래되는 시장을 말한다.
④ 가계와 기업이 모여 하나의 경제 단위를 이루는데, 이를 포괄 경제라고 한다.

> ADVICE ④ 주로 기업은 생산 활동을 담당하고, 가계는 소비 활동을 담당하고 있으며, 가계와 기업이 모여 하나의 경제 단위를 이루는데 이를 민간 경제라고 한다. 가계는 기업에게 생산과정에 참여한 생산요소(토지, 노동, 자본 등)를 제공한 대가로 지대, 임금, 이자, 이윤, 집세, 임대료, 배당금 등을 받는다. 이는 가계입장에서는 가계의 소비생활에 구매력의 원천인 가계의 소득이 되지만 기업의 입장에서 볼 때는 생산요소를 사온 대가를 지불하는 생산비용이 된다. 따라서 가계는 이를 바탕으로 기업이 생산한 재화와 용역을 구입하여 최대만족을 얻는 반면 기업은 이를 통한 생산 활동으로 최대이윤을 추구하는 것이다.
> ※ 생산물 시장과 생산요소 시장

구분	내용
생산물	쌀, 자동차, 스마트폰, 영화와 같이 소비를 위한 재화와 통신, 미용 서비스 등을 총칭하며 이들이 거래되는 시장을 생산물시장이라 한다. 생산물시장에서 가계는 생산물의 수요자이며 기업은 해당 생산물을 공급하는 공급자가 된다.
생산요소	토지, 자본, 노동과 같이 생산에 필요한 요소들을 말하며, 노동시장(구직 박람회), 자본시장(증권거래소)이 대표적인 생산요소 시장이라 할 수 있다. 생산요소시장 중에서 노동시장을 예로 들 경우 가계는 생산요소 공급자이며, 기업은 생산요소 수요자로 볼 수 있다. 노동시장에서는 기업이 필요로 하는 '수요'와 '노동 서비스'를 제공하는 가계의 '공급'이 만나 '임금'과 '고용량'이 결정된다.

9 시장에 대한 설명 중 잘못된 것은?

① 시장이란 사고자 하는 자와 팔고자 하는 자 사이에 거래가 이루어지는 장소를 말한다.
② 시장은 백화점, 재래시장과 같이 눈에 보이는 시장은 물론, 노동시장, 주식시장과 같이 눈에 보이지 않는 시장도 시장에 포함된다.
③ 시장에서는 공급하려는 측과 수요를 하려는 측의 힘이 항상 작용하지는 않는다.
④ 시장은 물품의 특성에 따라 생산물 시장과 생산요소시장으로 분류할 수 있다.

> ADVICE ③ 시장은 매우 다양하게 존재하지만 시장에 이해관계가 대립되는 두 개의 힘이 항상 작용하고 있다는 점에서는 공통점을 갖고 있다. 상품을 판매(공급)하려는 측과 구매(수요)하려는 측의 힘이 항상 겨루면서 공급자는 보다 비싼 가격으로, 수요자는 보다 싼 가격으로 거래하려고 하는 것이다.
> 생산물 시장은 기업이 만든 재화와 서비스가 거래되는 시장으로, 일반 소비자가 구매하게 되는 시장이며, 생산 요소 시장은 생산에 반드시 필요한 생산요소인 토지, 자본, 노동 등이 거래되는 시장을 말하며, 생산요소시장에서의 구매자는 기업이 된다.

※ 시장(Market)
시장이란 상품을 사고자 하는 사람과 팔고자 하는 사람 사이에 교환이 이루어지는 곳을 말한다. 시장은 우리가 흔히 접하는 재래시장, 대형 마트, 인력 시장과 같은 가시적인 곳도 있지만 증권시장, 외환시장, 사이버 시장과 같이 네트워크를 통해 거래가 온라인으로 이뤄져 눈에 보이지 않는 시장도 존재한다. 이처럼 형태는 달라도 각 시장은 상품을 팔고 사는 사람이 모여 거래가 이루어진다는 공통점을 가진다. 시장에는 서로 상반되는 이해관계를 가진 두 세력이 반드시 존재한다. 바로 상품을 판매(공급)하려는 측과 구매(수요)하려는 세력으로, 공급자는 보다 비싼 가격으로 판매를 위해서, 수요자는 보다 싼 가격으로 구매를 하고자 노력한다.

10 시장의 원리로 보기 어려운 것은?

① 경쟁의 원리
② 이익 추구 원리
③ 자유 교환의 원리
④ 생산수단 공동 소유 원리

> ADVICE ④ 생산수단을 공동으로 소유한다는 것은 계획경제의 특징 중 하나이다. 시장경제는 생산수단과 재화의 사적 소유가 가능하며, 생산과 분배를 결정하는 요인이 바로 시장가격이라 할 수 있다.
> ※ 시장의 원리

구분	내용
경쟁의 원리	시장은 자신의 이익을 위해 경쟁을 하는 구조이다. 생산자들은 가격, 제품의 질, 원가 절감, 새로운 시장 판로 개척 등을 실시하는데 이는 다른 경쟁자들보다 더 많은 이익을 얻기 위한 경쟁이라 볼 수 있다. 시장에서 경쟁은 시장의 가격기구가 잘 작동할 수 있도록 역할을 함과 동시에 기술발달을 가져오기도 한다.
이익추구의 원리	시장에서 거래를 하는 사람들은 자유의지에 따라 서로 원하는 재화와 서비스를 다루게 되는데, 이는 이익을 추구하고자 하는 개인의 이기심에 의한 것이라 할 수 있다. 이처럼 시장은 개개인의 이익을 추구하고자 하는 심리에 의해 운영되는 것이다.
자유교환의 원리	시장에서 거래 당사자들은 어느 누구의 간섭 없이 자발적으로 원하는 재화와 서비스를 교환한다는 것을 말한다. 즉 자유롭게 교환이 가능해져 경제 구성원들은 모두 풍족하게 삶을 누릴 수 있게 된다고 말한다.

ANSWER 8.④ 9.③ 10.④

11 다음 중 성격이 다른 하나는?

① 완전경쟁시장
② 독점시장
③ 과점시장
④ 독과점시장

> ADVICE ① 시장은 경쟁 형태에 따라 완전경쟁시장, 불완전경쟁시장으로 구분되는데 독점시장, 과점시장, 독과점 시장은 불완전경쟁시장의 한 종류이다.
>
> ※ 시장의 경쟁 형태에 따른 구분
>
> | 구분 | | 내용 |
> |---|---|---|
> | 완전경쟁시장 | | 완전경쟁시장은 가격이 완전경쟁에 의해 형성되는 시장을 말한다. 완전경쟁시장이 성립하기 위해서는 생산과 거래대상이 되는 상품의 품질이 동일해야 하며, 개별 경제주체가 가격에 영향력을 행사할 수 없을 정도로 수요자와 생산자의 수가 많아야 하고, 모든 시장참가자들은 거래와 시장 여건에 관해 완전한 정보를 가지고 있어야 하며, 시장참가자들의 자유로운 시장진입과 이탈은 물론 생산요소의 자유로운 이동이 보장되어야 한다. 따라서 현실세계에서는 존재하기 어려운 이상적인 시장 형태로 간주된다. |
> | 불완전경쟁시장 | 독점시장 | 독점시장이란 공급자의 수가 하나인 시장을 말한다. 대표적으로 우리나라에서 담배를 독점적으로 판매하는 KT&G, 고속철도 등이 있다. |
> | | 과점시장 | 과점시장은 소수의 생산자가 존재하는 시장을 말한다. 대표적으로 자동차, 이동통신, 항공 서비스 등이 있다. |
> | | 독점적 경쟁시장 | 음식점·미용실 같이 조금씩 질이 다른 상품을 생산하는 다수의 생산자들로 구성된 시장을 말한다. 이들은 같은 상품을 팔아도 품질과 서비스가 동일하지 않기 때문에 독점의 성격을 가지며 시장진출입이 자유롭다는 점에서 경쟁시장의 성격을 모두 갖고 있다. |

12 다음에 들어갈 알맞은 것은?

시장에서 초과수요가 발생하면 그 상품의 가격이 (㉠)하고, 초과공급이 발생하면 가격이 (㉡)한다.

	㉠	㉡		㉠	㉡
①	하락	급등	②	상승	하락
③	상승	상승	④	하락	상승

> ADVICE ② ㉠ 상승이며 ㉡은 하락이 들어가야 한다.
>
> ※ 균형가격
>
> 시장에서 공급량과 수요량이 일치하는 상태에서 가격은 더 이상 움직이지 않게 되는데 그 때의 가격 수준을 말한다. 균형가격은 수요량과 공급량이 일치하는 수준에서 균형 가격이 결정된다.
>
> | 구분 | 내용 |
> |---|---|
> | 가격상승 | 수요량 감소, 공급량 증가→초과공급 발생→가격하락 |
> | 가격하락 | 수요량 증가, 공급량 감소→초과수요 발생→가격상승 |

13 공급의 영향을 주는 요인이라 할 수 없는 것은?

① 생산기술 변화
② 공급자 수
③ 공급자의 기대나 예상 변화
④ 재화가격

> ADVICE ④ 공급에 영향을 미치는 요인은 가격 이외의 요인들로 공급자 수, 생산 비용의 변화, 생산기술 변화, 공급자의 기대나 예상 변화 등이 있다. 재화가격은 수요에 영향을 미치는 요인이다.
>
> ※ 공급의 변동요인
>
> | 구분 | 내용 |
> | --- | --- |
> | 공급자의 기대나 예상의 변화 | 미래에 사람들이 상품을 많이 살 것이라고 기대되면 공급자들은 당장 공급을 하지 않고 보관하려고 하여 공급이 감소하여 공급이 변동된다. |
> | 공급자 수 | 공급자의 수가 늘어나면 시장에 공급되는 상품의 양도 늘어나게 된다. |
> | 생산기술 변화 | 신기술을 개발하여 생산성이 향상되면 상품의 공급이 증가하여 공급의 변동이 나타난다. |
> | 생산비용의 변화 | 생산 요소의 가격이 하락하여 생산 비용이 감소하면 공급이 증가하고 생산 요소의 가격이 상승하면 공급은 감소하게 된다. |

14 다음이 각각 가리키는 것은?

> • 가격의 하락이 소비자의 실질소득을 증가시켜 그 상품의 구매력이 높아지는 현상으로 이것은 마치 소득이 높아져 수요가 증가되는 현상과 비슷하기 때문에 ㉠라 불린다.
> • 실질소득에 영향을 미치지 않는 상대가격 변화에 의한 효과를 말한다. 연필과 샤프 두 가지 상품 중에서 샤프의 값이 내려가면 그 동안 연필을 이용하던 사람은 샤프를 사게 된다. 이처럼 실질소득의 변화가 아닌 상대가격변화의 변화에 따라 다른 비슷한 용도의 물건으로 수요가 늘어나는 현상을 ㉡라 한다.

	㉠	㉡		㉠	㉡
①	소득효과	대체효과	②	배블런효과	대체효과
③	대체효과	소득효과	④	탄력성효과	대체효과

> ADVICE ① ㉠은 소득효과라 하며, ㉡은 대체효과이다.
>
> ㉠ 소득효과(Income Effect) : 가격의 하락이 소비자의 실질소득을 증가시켜 그 상품의 구매력이 높아지는 현상을 말한다. 이것은 마치 소득이 높아져 수요가 증가되는 현상과 비슷하기 때문에 소득효과라 불린다.
>
> ㉡ 대체효과(Substitution Effect) : 실질소득에 영향을 미치지 않는 상대가격 변화에 의한 효과를 말한다. 연필과 샤프 두 가지 상품 중에서 샤프의 값이 내려가면 그 동안 연필을 이용하던 사람은 샤프를 사게 된다. 이처럼 실질소득의 변화가 아닌 상대가격변화의 변화에 따라 다른 비슷한 용도의 물건으로 수요가 늘어나는 현상을 대체 효과라 부른다.

ANSWER 11.① 12.② 13.④ 14.①

15 시장 가격이 가지는 기능으로 보기 어려운 것은?

① 정보전달 역할
② 자원배분 기능
③ 가격의 탄력성 유지
④ 경제활동의 동기 부여

> **ADVICE** ③ 가격은 우선 경제주체들에게 정보를 전달하는 신호의 역할을 한다. 생산자와 소비자가 무엇을 얼마나 생산하고 구매할 것인지를 결정하는 데 필요한 정보를 제공하여 가격의 높고 낮음은 소비자가 그 상품을 얼마나 원하고 있는지, 그리고 생산자가 그 상품을 생산하는 데 얼마나 많은 비용이 드는지에 관한 정보를 전달해 준다. 또한 생산을 통해 기업이 얼마나 이익을 얻을 수 있는지에 대한 정보도 제공한다. 가격은 또한 경제활동의 동기를 제공하고 자원을 자율적으로 배분하는 기능을 한다. 어떤 상품의 가격이 상승한다는 것은 그 상품을 생산하는 기업에게 더 많이 생산할 동기를 부여하고 다른 사람에게 새롭게 그 상품의 생산에 참여할 유인을 제공하기도 한다.
>
> ※ 시장 가격의 기능
>
> | 구분 | 내용 |
> | --- | --- |
> | 정보전달의 역할 | 가격은 생산자와 무엇을 구매할 것인지, 판매자는 무엇을 얼마나 생산하고 구매할 것인지를 결정하는 데 필요한 정보를 제공하는 역할을 한다.
예를 들어, 커피 전문점에서 커피를 먹고 싶은 소비자는 시장에서 형성되는 균형가격 수준에서 돈을 지불하기만 하면 원하는 커피를 마실 수 있으며 이를 근거로 공급자인 커피 공급 업체는 커피를 제공한다. 이처럼 가격은 소비자가 그 상품을 얼마나 원하고 있는지, 그리고 생산자가 그 상품을 생산하는 데 얼마나 많은 비용이 드는지에 관한 정보를 알려주기 때문에 가격은 경제주체들에게 정보를 전달하는 신호의 역할을 한다고 볼 수 있다. |
> | 자원 배분 기능 | 시장에서 생산자는 제한된 자원을 사용하여 물품을 팔아 최대의 이윤을 얻고자 하며, 소비자는 한정된 소득으로 가장 큰 만족을 얻기 위해 경쟁을 한다. 이러한 각자의 이익추구 행위 덕분에 수많은 재화와 서비스가 생산되어 시장에서 거래를 하게 되고 필요한 사람에게 공급된다. 이는 사회라는 큰 틀에서 보면 전체적으로 한정되어 있던 자원이 필요한 자들에게 효율적으로 분배되고 있음을 알 수 있다. |
> | 경제활동의 동기 부여 | 우리나라에서 몇 년 전부터 패딩 점퍼가 유행을 하면서 패딩 점퍼 상품가격이 상승한 적이 있다. 이렇게 가격이 상승하게 되면 그 제품을 생산하는 기업들에게 더 많이 생산할 수 있는 동기를 부여하게 되고, 다른 업계의 기업들도 패딩 점퍼 사업에 참여를 하는 촉매제가 된다. 이처럼 가격은 경제활동의 동기를 부여하는 기능도 한다. |

16 수요에 영향을 주는 요인이 아닌 것은?

① 재화 가격
② 소득 수준 변화
③ 선호도 변화
④ 생산 기술 변화

> **ADVICE** ④ 생산 기술의 개발로 생산성이 향상되어 상품의 공급이 증가하여 공급의 변동이 나타난다.
> 특정 상품의 수요에 영향을 주는 요인을 수요 결정 요인이라고 하며 수요를 결정하는 요인은 복합적이나 일반적으로 소비자들이 수요에 영향을 미치는 것을 살펴보면 재화의 가격, 소득 수준, 소비자의 선호도 변화 등이 있다.
> ※ 수요 결정 요인
>
> | 구분 | 내용 |
> | --- | --- |
> | 소득 수준 | 일반적으로 가계의 소득이 증가되면 일반적인 재화의 수요는 늘어나는데 이를 정상재라 한다. 그러나 예외적으로 소득이 증가해도 수요가 늘지 않는 재화가 있는데, 이를 열등재라 부른다. 동일한 재화가 소득 수준이나 생활환경에 따라 열등재가 되기도 하고 정상재가 되기도 한다. 예를 들어 가난한 시절에는 지하철을 타고 다니다가 경제적으로 성공한 이후에는 고급 승용차를 타고 다닌다면 소득이 증가해도 수요가 늘지 않아 지하철이 이 사람에게 열등재로 되지만, 걸어다니던 B라는 사람이 소득이 나아지면서 지하철을 타고 다닌다면 지하철은 B에게 열등재로 볼 수 없다. 열등재의 한 종류로 기펜재라는 재화가 존재한다. |
> | 재화 가격 | 과자 수요에 영향을 미치는 것을 살펴보면 우선 가장 중요한 것이 가격일 것이다. 과자의 가격이 오르고 내림에 따라 과자를 사고자 하는 사람들의 욕구는 달라져 수요량이 변화할 것이라 예측할 수 있기 때문이다. |
> | 관련 재화 가격 | 다시 과자를 예로 들면 과자를 대신할 수 있는 과일의 가격이 오르거나 내리는 것도 수요에 영향을 미친다. 관련 재화는 피자를 먹을 때 같이 먹는 콜라처럼 서로 보완해주는 관계가 있으며, 이와 반대로 영화와 DVD처럼 서로 대체가 가능한 관계의 관련 재화가 있다. 서로 보완해주는 관계의 피자와 콜라에서 피자의 가격이 상승하게 되면, 자연스럽게 콜라에 대한 수요도 감소하게 되는데 이처럼 서로 보완할 수 있는 관계의 재화를 보완재라 부른다. 이와 반대로 영화 감상 요금이 올라가면 영화관을 대체할 수 있는 DVD 수요가 늘어나는 현상이 나타나기도 하는데, 이처럼 서로 대체해서 사용할 수 있는 재화를 대체재라 부른다. |
> | 미래 예상 가격 | 수요는 해당 재화의 미래 가격에 대한 예상에 영향을 받기도 한다. 대표적인 것이 바로 부동산이라 할 수 있다. 부동산 시장에서 사람들은 가격이 더 오르기 전에 미리 부동산을 구입하려고 한다. 그런데 이런 동기에 의한 수요는 자신이 실제로 사용하기 위한 것이기도 하지만, 미래에 가격이 올랐을 때 되팔아 차익을 얻기 위한 목적으로 나타나기도 한다. 이런 목적의 수요를 투기적 수요라고 부른다. |
> | 선호도 변화 | 수요를 결정하는 요인 중에는 해당 재화의 선호도도 크게 작용한다. 만약 과자를 좋아하는 사람의 기호가 달라져 과자를 덜 사먹는 대신 오렌지나 다른 과일을 사기 원하면 과자의 수요는 감소하고 과일의 수요는 증가하게 된다. |

ANSWER 15.③ 16.④

17 다음 중 시장 실패의 원인이라 할 수 없는 것은?

① 독점기업 출현
② 공공재의 무임승차자 문제
③ 외부효과
④ 편익원칙

> **ADVICE** ④ 편익원칙이란 각 납세자가 정부가 제공하는 서비스로부터 얻는 혜택만큼 세금을 내야 한다는 것으로 시장 실패와는 거리가 있다. 소비자들과 생산자들이 자유롭게 경쟁하는 시장에서는 수요와 공급의 원리에 의해 시장 가격이 형성되는데 이처럼 시장 가격은 자원의 희소성을 효율적으로 배분하는 역할을 한다. 그러나 독점기업, 공공재의 무임승차 등이 일어나면 시장이 올바르게 작동하지 못하게 된다.
>
> ※ 시장 한계와 실패
>
> | 구분 | 내용 |
> | --- | --- |
> | 독점 출현 | 시장 참여자들 사이에서 자유로운 경쟁이 이루어지지 않으면 시장 실패가 나타나게 된다. 이와 같이 경쟁을 제한하는 대표적인 예가 독과점 기업을 들 수 있다. 독과점 기업은 다른 기업들이 시장에 새롭게 진입할 수 없도록 다양한 장벽을 마련하여 경쟁을 제한한다. 독과점 기업은 이윤을 극대화하기 위해 재화나 서비스의 공급량을 적절히 줄여 나감으로써 시장 가격을 올리려고 할 것이다. 그 결과 시장에서 수많은 공급자들이 경쟁하면서 상품을 공급할 때보다는 훨씬 적은 수의 재화와 서비스가 공급되고 더욱 비싼 가격에 판매를 하는 폐해가 발생하게 되는 것이다. |
> | 외부효과 발생 | 외부효과란 어떤 시장 참여자의 경제적 행위가 다른 사람들에게 의도하지 않은 혜택이나 손해를 가져다 주는데도 불구하고 이에 대해 아무런 대가를 받지도, 지불하지도 않는 현상을 말한다. 외부효과는 다른 사람들에게 긍정적인 영향을 주었는지 아니면 부정적인 영향을 주었는지로 구분 할 수 있다. 외부효과가 나타나는 경우에 개인이 부담하는 비용과 사회 전체가 부담하는 비용이 다르고, 이에 따라 사회 전체적으로 필요한 재화와 서비스의 생산량과 실제 생산량 사이에 차이가 나기 때문에 시장 실패가 발생한다. |
> | 공공재의 무임승차 | 치안, 국방, 보건, 의료, 사회간접자본처럼 여러 사람의 사용을 위해 생산된 재화나 서비스를 공공재라 하는데 이러한 공공재적인 특성을 나타내는 공공재도 무임승차라는 문제점이 있어 시장 실패를 가져 올 수 있다. 무임승차자의 문제란 사람들이 어떤 재화와 서비스의 소비를 통해 일정한 혜택을 보지만, 이런 혜택에 대해 어떤 비용도 지불하지 않는 것으로 생산된 재화나 서비스에 대해 아무런 비용을 지불하지 않기 때문에 시장의 실패가 일어난다고 볼 수 있다. |

18 인플레이션에 대한 내용으로 잘못된 것은?

① 인플레이션은 물가수준이 지속적으로 상승하는 현상으로 돈의 실제 가치가 올라간다.
② 디플레이션은 물가수준이 지속적으로 하락하는 현상이다.
③ 스태그플레이션이란 경기가 침체하여 경제가 위축되고 실업률이 높지만, 인플레이션이 진정되지 않고 오히려 심화되는 상태를 말한다.
④ 소비자물가를 구성하는 품목 중에서 식료품이나 에너지처럼 가격이 급변동하는 품목들을 제외한 후 구한 물가상승률을 근원 인플레이션이라 부른다.

> ADVICE ① 인플레이션이란 일반 물가수준이 상승하는 현상을 말한다. 인플레이션은 돈의 가치가 갑자기 폭락해 화폐의 중요한 기능인 가치저장의 기능을 상실하게 되어 사회적으로 큰 혼란을 야기 한다.
> 일례로 물가가 오르게 되면 봉급생활자나 연금 생활자와 같이 일정액을 가지고 생활하는 사람들은 급여나 연금이 뒤따라 오를 때까지 소득이 실제로 줄어드는 것과 같은 현상이 발생해 생활이 전보다 어려워진다.
> 또한 해당 국가의 통화가치 하락과 화폐 구매력의 약화현상을 가져오며, 고정소득자의 실질소득 감소와 국제수지 악화와 같은 부정적인 문제점이 나타난다.
>
> ※ 인플레이션 구분

구분	내용
인플레이션	인플레이션이란 일반 물가수준이 상승하는 현상을 말한다. 인플레이션은 돈의 가치가 갑자기 폭락해 화폐의 중요한 기능인 가치저장의 기능을 상실하게 되어 사회적으로 큰 혼란을 야기 한다. 또한 해당 국가의 통화가치 하락과 화폐 구매력의 약화현상을 가져오며, 고정소득자의 실질소득 감소와 국제수지 악화와 같은 부정적인 문제점이 나타난다. 일반적으로 인플레이션이 발생하면 건물이나 땅, 주택과 같은 실물의 가치는 상승하고 화폐 가치는 하락한다. 그래서 실물 자산을 소유하지 않은 봉급생활자들은 화폐 가치 하락되어 실질 소득이 감소하므로 인플레이션이 발생하면 빈부 격차가 심화된다.
디플레이션	물가가 지속적으로 하락하는 것을 말한다. 상품거래량에 비해 통화량이 지나치게 적어져 물가는 떨어지고 화폐가치가 올라 경제활동이 침체되는 현상이다. 즉, 인플레이션과 반대로 수요가 공급에 훨씬 미치지 못해 물가가 계속 떨어지는 상태를 말한다. 디플레이션은 광범위한 초과공급이 존재하는 상태이며 일반적으로 공급이 수요보다 많으면 물가는 내리고 기업의 수익은 감소하기 때문에 불황이 일어나게 된다. 디플레이션이 발생하면 정부에서는 경기 활성화 정책을 펴게 되는데 주로 부동산과 주식을 활성화하기 위한 정책을 발표하게 된다. 디플레이션에 접어들면 기업의 도산이 늘고, 전체적인 기업의 활동은 정체하고, 생산의 축소가 이루어진 결과 실업자가 증대하기 때문에 불황이 장기화 되어 산업기반이 붕괴될 수 있다.
스태그플레이션	실업률과 인플레이션이 상호 정(+)의 관계를 가지고 상승하는 현상을 의미한다. 1970년대 많은 국가에서 석유파동으로 인한 경제침체가 지속되자 인플레이션도 높아지고 실업률도 높은 기이한 현상이 일어났다. 이와 같이 경기가 침체(Stagnation)하여 경제가 위축되고 실업률이 높지만, 인플레이션(Inflation)이 진정되지 않고 오히려 심화되는 상태를 스태그플레이션이라 한다. 스태그플레이션이 발생하게 되면 물가와 실업률이 동시에 상승하기 때문에 억제 재정정책만을 사용해서는 큰 효과를 낼 수 없어 정부에서는 억제 재정정책과 더불어 임금과 이윤, 가격에 대해 특정한 지시를 하여 기업과 노동조합을 견제하는 소득정책을 동반 사용해야 한다.

19 사람들이 어떤 재화와 서비스의 소비를 통해 혜택을 얻지만 이에 대해 아무런 비용도 부담하지 않으려는 데서 생기는 문제를 나타내는 것은?

① 무임승차 문제
② 외부효과
③ 유인제공
④ 포크배럴

> **ADVICE** ① 무임승차란 자발적으로 가격을 지불하지 않고 편익만을 취하고자 하는 심리를 말한다. 이 같은 심리는 공공재의 특성처럼 그것을 공동으로 소비하고 있는 다른 사람의 효용이 감소되지 않고, 그것의 소비와 사용에 어떤 특정 개인을 제외시키는 것이 어려울 때 생겨난다.
> 국방, 치안, 외교, 소방 등과 같은 공공재는 수많은 사람들에게 혜택을 주기 때문에 반드시 생산되어야 한다. 그러나 공공재의 생산에는 막대한 비용이 드는데도 일단 생산되면 사람들은 아무 대가를 지불하지 않고 소비하려고 할 것이기 때문에 공공재의 생산을 시장기능에 맡겨 놓을 경우 이윤을 목적으로 하는 기업은 공공재를 생산하려고 하지 않을 것이다. 따라서 정부의 개입이 필요해지는 것이다.

20 다음 중 틀린 것은?

① 가격 변동비율에 대한 수요량 변동비율을 수요의 가격탄력성이라 한다.
② 일반적으로 탄력적인 상품은 생필품이며 비탄력적인 상품은 기호품이나 사치품이다.
③ 화훼는 비싸면 구매하지 않아도 별 문제가 없기 때문에 가격의 변화에 수요량이 민감하게 반응한다.
④ 생필품인 쌀은 싸다고 많이 먹을 수 없기 때문에 가격의 변화에 수요량이 크게 변동하지 않아 비탄력적이라 할 수 있다.

> **ADVICE** ② 일반적으로 탄력적인 상품은 기호품이나 사치품, 비탄력적인 상품은 생필품이다.
> ※ 수요의 가격탄력성
> ㉠ 개념 : 가격 변화에 대해 수요량이 어느 정도 반응하는가를 나타낸 지표로 가격 변동비율에 대한 수요량 변동비율의 절댓값을 의미한다. 일반적으로 탄력적인 상품은 기호품이나 사치품, 비탄력적인 상품은 생필품이며, 기호품인 화훼는 비싸면 구매하지 않아도 별 문제가 없기 때문에 가격의 변화에 수요량이 민감히 반응한다. 따라서 탄력적이라 할 수 있으며, 반면에 생필품인 쌀은 싸다고 많이 먹을 수 없기 때문에 가격의 변화에 수요량이 크게 변동하지 않아 비탄력적이라 할 수 있다. 가격탄력성이 비탄력적인 농산물은 가격이 낮아져도 수요량이 크게 증가하지 않아, 과소·과잉생산 시 가격이 큰 폭으로 등락할 우려가 있다.
> ㉡ 수요의 가격탄력성 $= \dfrac{수요량변화율}{가격변화율}$

21 어떤 경제 활동과 관련하여 다른 사람에게 의도하지 않은 혜택이나 손해를 가져다주면서도 이에 대한 대가를 받지도 않고 비용을 지불하지도 않는 상태를 의미하는 것은?

① 독점
② 담합
③ 외부효과
④ 공유자원

> ADVICE ③ 어떤 경제 활동과 관련하여 다른 사람에게 의도하지 않은 혜택이나 손해를 가져다주면서도 이에 대한 대가를 받지도 않고 비용을 지불하지도 않는 상태를 외부효과라 한다. 외부효과는 외부 경제와 외부 비경제로 구분된다. 경제활동 과정에서 발생하는 외부효과(External Effects)는 시장실패 원인이 된다. 어떤 경제주체의 행위가 본인 의도와 관계없이 다른 경제주체에게 영향을 미치지만 이에 대해 어떠한 대가를 요구하거나 비용을 지불하지 않는 경우 외부효과가 발생하며, 외부효과에는 해로운 것과 이로운 것이 있다. 해로운 외부효과를 외부불경제라 부르며, 자동차의 배기가스나 소음, 공장의 매연이나 폐수 등이 여기에 해당한다. 반대로 이로운 외부효과를 외부경제라 한다.

22 다음 중 수요의 소득탄력성에 대한 내용으로 틀린 것은?

① 소득의 변화에 대해 수요량이 어느 정도로 민감하게 반응하는가를 나타낸 지표를 수요의 소득탄력성이라 한다.
② 수요의 소득탄력성은 $\frac{수요량의\ 변화율}{소득의\ 변화율}$로 나타낸다.
③ 정상재는 소득탄력성의 지수가 0보다 큰 것을 말한다.
④ 소득탄력성이 높은 품목을 판매할 경우 저소득층을 대상으로 해야 한다.

> ADVICE ④ 소득탄력성이 높은 품목을 판매할 경우 고소득층을 대상으로 해야 하며, 소득탄력성이 낮은 품목은 저소득층이 대상이 되어야 한다.
> ※ 수요의 소득탄력성
> ㉠ 개념 : 소득의 변화에 대해 수요량이 어느 정도로 민감하게 반응하는가를 나타낸 지표로 소비자의 소득 변동률에 대한 수요의 변동률을 나타내는 값을 말한다.
> ㉡ 수요의 소득탄력성 = $\frac{수요량의\ 변화율}{소득의\ 변화율}$
> ㉢ 소득탄력성에 의한 상품 분류
>
> | 구분 | 내용 |
> |---|---|
> | 정상재 | 소득탄력성의 지수가 0보다 큼 |
> | 열등재 | 소득탄력성의 지수가 0보다 작음 |
>
> ㉣ 소득탄력성을 응용한 경영
>
> | 구분 | 내용 |
> |---|---|
> | 소득탄력성이 높은 품목 | 수요가 큰 폭으로 증가하기 때문에 고소득층을 대상으로 한다. |
> | 소득탄력성이 낮은 품목 | 수요가 소폭으로 증가 혹은 감소의 경향을 보이므로 저소득층을 대상으로 한다. |

✎ ANSWER 19.① 20.② 21.③ 22.④

23 수요의 교차탄력성에 대한 내용으로 적절하지 못한 것은?

① 어떤 상품의 가격 변동률에 대한 다른 상품의 수요량 변동률을 나타낸 값을 수요의 교차탄력성이라 한다.
② 교차탄력성의 성질에 따라 대체재와 보완재가 있다.
③ 돼지고기와 상추는 보완관계에 있다.
④ 미국 오렌지가 풍년으로 가격이 낮아지면 한라봉 수요 증가가 예상된다.

> ADVICE ④ 미국 오렌지와 제주 한라봉은 대체재 관계에 있다. 즉 수요의 교차탄력성이 양(+)인 경우로 미국 오렌지 작황이 풍년으로 가격이 하락하면 한라봉 수요는 줄어들 것으로 예상된다. 따라서 한라봉의 출하량과 시기를 조절해야 할 것이다.
> ※ 수요의 교차탄력성
> ㉠ 개념 : 두 개의 상품이 서로 관련이 있다면 어떤 상품의 가격 변동이 다른 상품 수요량에 영향을 미치게 되며, 어떤 상품의 가격 변동률에 대한 다른 상품의 수요량 변동률을 나타낸 값을 의미한다.
> ㉡ 수요의 교차탄력성 = $\dfrac{A재\ 수요의\ 변화율}{B재\ 수요의\ 변화율}$
> ㉢ 교차탄력성에 의한 상품분류
>
> | 구분 | 내용 |
> |---|---|
> | 대체재 | 수요의 교차탄력성이 양(+)인 경우
예) 미국 오렌지와 한라봉, 사과와 배 |
> | 보완재 | 수요의 교차탄력성이 음(-)인 경우
예) 돼지고기와 상추 |

24 보기가 가리키는 이론은?

• 농산물의 가격과 공급량의 주기적 관계를 설명하는 이론
• 작년 2013년 오이 가격이 강세를 보이면 농민들은 올해 오이생산을 크게 늘린다. 하지만 수요는 작년과 비슷하므로 가격은 폭락하게 된다. 내년에는 올해의 경험 때문에 오이재배는 줄어들고 가격은 다시 상승할 확률이 높다.

---

① 거미집 이론
② 한계생산 법칙
③ 대체율 이론
④ CTI 이론

> ADVICE ① 거미집 이론에 대한 설명이다. 일반적으로 농산물의 생산기간은 짧게는 1개월에서 길게는 1년이 넘는 경우도 있다. 생산기간이 길수록 가격변화에 따라 즉각적인 공급조절이 어렵기 때문에 초과공급 또는 초과수요가 발생하게 된다. 장기적으로는 가격 폭락과 폭등을 반복하면서 새로운 정보를 바탕으로 적정한 생산량과 적정가격을 찾아간다는 것이 거미집 이론이다.

25 콜라와 피자는 보완재이다. 피자의 가격이 상승할 때 콜라에 대한 수요와 가격의 변화로 옳은 것은?

① 수요감소, 가격상승
② 수요감소, 가격하락
③ 수요증가, 가격상승
④ 수요증가, 가격하락

> ADVICE ② 재화는 피자를 먹을 때 같이 먹는 콜라처럼 서로 보완해주는 관계가 있으며, 반대로 영화와 DVD처럼 서로 대체가 가능한 관계의 관련 재화가 있다. 서로 보완해주는 관계의 피자와 콜라에서 피자의 가격이 상승하게 되면, 자연스럽게 콜라에 대한 수요도 감소하게 되는데 이처럼 서로 보완할 수 있는 관계의 재화를 보완재라 부른다. 이와 반대로 영화 감상 요금이 올라가면 영화관을 대체할 수 있는 DVD 수요가 늘어나는 현상이 나타나기도 하는데, 이처럼 서로 대체해서 사용할 수 있는 재화를 대체재라 부른다.
> 콜라와 피자는 보완재의 관계로, 피자의 가격이 상승하면 피자 수요는 감소할 것이며, 피자의 수요가 감소함에 따라 콜라의 수요도 감소하게 된다. 또한 콜라 수요의 감소로 가격 역시 하락을 하게 된다.

수요변화 요인		수요변화	수요곡선 이동
소비자 소득수준 향상	정상재	수요증가	우측이동
	열등재	수요감소	좌측이동
	중립재	수요불변	불변
다른 상품의 가격 상승	대체재	수요증가	우측이동
	보완재	수요감소	좌측이동
	독립재	수요불변	불변

26 다음 중 희소성의 법칙이란 무엇인가?

① 모든 재화의 수량이 어떤 절대적 기준에 미달한다는 원칙이다.
② 몇몇 중요한 재화의 수량이 어떤 절대적 기준에 미달한다는 법칙이다.
③ 인간의 생존에 필요한 재화가 부족하다는 법칙이다.
④ 인간의 욕망에 비해 재화의 수량이 부족하다는 법칙이다.

> ADVICE ④ 희소성의 법칙은 무한한 인간욕망에 대하여 재화와 용역이 희소하기 때문에 경제문제가 발생한다는 법칙을 의미한다.
> ※ 희소성의 법칙(law of scarcity)
> 인간의 소비욕구는 무한한 반면, 이를 충족시키는 데 필요한 경제적 자원은 제한되어 있음을 희소성의 법칙이라고 한다(G. Cassel). 노동, 자본, 토지 등과 같이 생산과정에 투입되어 재화나 서비스로 변환될 수 있는 경제적 자원이 희소하기 때문에 제한된 자원을 어떻게 사용하는 것이 합리적인지에 관련된 선택의 문제에 직면하게 된다.

ANSWER 23.④ 24.① 25.② 26.④

27 탄력성에 관한 설명으로 옳은 것은?

① 가격이 1% 상승할 때 수요량이 4% 감소했다면 수요의 가격탄력성은 1이다.
② 소득이 5% 상승할 때 수요량이 1% 밖에 증가하지 않았다면 이 상품은 기펜재이다.
③ 잉크젯프린터와 잉크카트리지 간의 수요의 교차 탄력성은 0보다 작다.
④ 수요의 소득탄력성은 항상 0보다 크다.

▶ADVICE ③ 잉크젯프린터와 잉크카트리지는 따로 떨어져 사용할 수 없는 보완재이다. 어떤 재화의 가격 변화가 다른 재화의 수요에 미치는 영향을 나타내는 교차탄력성은 보완재의 경우 음의 부호를 가지기 때문에 수요의 교차 탄력성은 0보다 작다.
① 수요의 수요의 가격탄력성 = $\dfrac{수요량 변화율(\%)}{가격 변화율(\%)}$ 이므로 가격탄력성은 4이다.
② 기펜재는 X재의 가격이 하락하는 경우 X재의 수요량도 감소하는 재화이다.
④ 수요의 소득탄력성이 양수인 경우 두 재화는 정상재이고 소득탄력성이 음수인 경우 두 재화는 열등재이다.

28 다음 재화 가운데, 교차탄력성이 음수인 것은?

① 쌀과 밀가루
② 돼지고기와 소고기
③ 커피와 커피크림
④ 연필과 라면

▶ADVICE ③ 만일 수요의 교차탄력성이 양(+)이면 두 재화는 대체재 관계에 있다. 예를 들면 버터와 마가린은 대체재이다. 왜냐하면 버터가격의 하락은 마가린 수요량의 감소를 초래하기 때문이다. 한편 수요의 교차탄력성이 음(-)이면 두 재화의 관계는 보완재이다. 가령 커피와 커피크림은 보완재의 관계에 있다. 커피가격의 하락은 커피크림의 수요량을 증가시키기 때문에 교차탄력성은 (-)가 된다. 따라서 커피와 커피크림은 보완재 관계에 있다. 연필과 라면은 상호간에 관계가 없으므로 교차탄력성이 0인 독립재이다.

29 완전경쟁시장과 독점기업의 기본적인 차이는 무엇인가?

① 독점기업은 초과이윤을 얻는 가격을 항상 요구할 수 있는 반면, 경쟁기업은 그런 이윤을 결코 얻지 못한다.
② 경쟁기업은 어떤 주어진 가격으로 그가 원하는 만큼 판매할 수 있는 반면, 독점기업은 가격인하가 필요하다.
③ 독점기업이 직면하는 수요의 탄력성은 경쟁기업이 직면하는 수요의 탄력성보다 작다.
④ 독점기업이 정하는 가격은 한계비용보다 높은 반면, 완전경쟁시장 가격은 한계비용보다 낮다.

> **ADVICE** ② 완전경쟁시장의 개별수요곡선은 수평선이므로 경쟁기업은 주어진 가격으로 그가 원하는 만큼 판매할 수 있는 반면, 독점시장의 개별수요곡선은 우하향하므로 주어진 가격을 유지하는 상태에서는 판매량을 늘릴 수 없다.
> ※ 독점의 특징

구분	내용
시장지배력	독점기업은 시장지배력(market power)을 가지며, 가격설정자(price seter)로 행동한다. 즉, 가격차별(price discrimination)이 가능하다.
우하향의 수요곡선	독점기업이 직면하는 수요곡선은 우하향하는 시장 전체의 수요곡선이다. 따라서, 수요곡선이 우하향하므로 판매량을 증가시키기 위해서는 반드시 가격을 인하해야 한다.
경쟁압력의 부재	직접적인 대체재가 존재하지 않고, 경쟁상대가 없으므로 독점기업은 직접적인 경쟁압력을 받지는 않는다.

ANSWER 27.③ 28.③ 29.②

농업경영의 규모와 특징

1 한 개의 주요 현금 수입원이 되는 중심생산부문 이외에 약간의 현금 수입을 올리는 부수적 부문이 결합된 경영은?

① 단작경영　　　　　　　　　　　　　② 복합경영
③ 준복합경영　　　　　　　　　　　　④ 준단작경영

> ADVICE ③ 질문은 준복합경영이다. 우리나라의 농업경영의 대표적 형태로 쌀농사를 기본으로 하면서 양계, 목축, 양돈 등을 부수적으로 결합시키는 경영 형태이다.
>
> ※ 용어의 설명
>
> | 구분 | 내용 |
> |---|---|
> | 단작경영 | 일종의 생산부문만으로 구성되어 있고, 또 그 생산물이 유일한 현금 수입원이 되는 경영 |
> | 준단작경영 | 최대 현금 수입원이 되는 중심적 생산부문 이외에 그 생산부문을 보조하기 위해 부수적인 역할을 하는 경영. 한우를 주로 생산하는 농가에서, 가축 사료로 쓰이는 작물을 자가생산하는 낙농경영 |
> | 준복합경영 | 농업 경영체가 몇 가지의 생산부문을 함께 하는 형태로, 각각의 부문들이 모두 주요한 현금 수입원이 되는 경영 |
> | 복합경영 | 경영이 두 개 부문 이상에서 각기 중요한 주요 수익의 근원이 되고 있는 경영 |

2 올바른 농업경영이라 보기 어려운 것은?

① 식품안전의 담보 없이 산업의 발전을 논할 수 없다.
② 바람직한 농업경영을 저해하는 요인 중 하나는 관공서 문턱이 닳도록 정부의 각종 정책 보조금에 목을 매는 영업 농민들도 그 중 하나이다.
③ 농업은 식량안보뿐만 아니라 생태보전, 전통문화 유지, 환경보호 등 농업의 다원적 기능의 관점에서 이해되어야 한다.
④ 농업의 먹거리 안전성을 확보하기 위해서는 예방보다 처벌이 중요하다.

> ADVICE ④ 식품의 안전성을 높여 국민의 건강권을 확보하기 위해 가장 필요한 부분은 처벌보다는 예방이 우선시되어야 한다. 즉, 잔류 농약을 발견하여 처벌하는 것보다는 잔류 농약이 검출 되지 않도록 생산·유통·판매에서 철저한 관리·예방이 필요하다.

3 다음 중 복합경영의 장점으로만 묶은 것은?

> ㉠ 농지의 합리적 이용
> ㉡ 윤작을 이용한 지력(地力)의 유지
> ㉢ 작업의 단일화로 능률성 향상
> ㉣ 작업의 단일화로 노동의 숙련도 증가

① ㉠, ㉡
② ㉠, ㉢
③ ㉡, ㉢
④ ㉡, ㉢, ㉣

>ADVICE ① ㉢과 ㉣은 단작경영의 장점이다.
※ 단작경영과 복합경영의 장단점

구분	장단점	내용
복합경영	장점	• 단작경영처럼 유휴농지가 발생하지 않아 농지의 합리적 이용 가능 • 윤작을 이용한 지력(地力)의 유지 • 효율적 노동의 이용 • 단일 작물 연작할 때보다 병충해 발생 감소 • 생산물의 다양성으로 인하여 판매과정에서 단작경영보다 상대적으로 유리 • 농장수입의 평준화 가능 • 현금 유동성의 확대로 자금 회전율 증가
	단점	• 특수한 영농기술이 발달 미비 • 여러 가지의 농산물이 소량으로 생산되므로 판매과정에서 불리 • 노동생산성 저하
단작경영	장점	• 작업의 단일화로 능률성 향상 • 작업의 단일화로 노동의 숙련도 증가 • 생산비가 낮아져 시장 경쟁력이 증대 • 계통출하의 이용 가능성이 높아 유통과정의 합리화 가능
	단점	• 계절적 이용 불가로 농지 활용도 하락 • 지력(地力) 하락 • 자연적 재해 발생 시 경제적으로 큰 피해 우려

✎ ANSWER 1.③ 2.④ 3.①

4 단작경영에 대한 설명으로 적절하지 못한 것은?

① 단일 생산부문만을 목표로 하는 방식이다.
② 벼농사만을 짓거나 고추농사만을 하는 것이 단작경영의 예라 할 수 있다.
③ 단작경영은 작업의 단일화가 가능하여 능률이 높은 기계화가 가능하다.
④ 어떤 특수 작물만을 재배할 경우, 농지가 계절적으로 이용되어 농지 이용도를 높이는 것이 가능하다.

> **ADVICE** ④ 어떤 특수 작물만을 재배할 경우, 농지가 계절적으로 이용되어 농지 이용도를 높이는 것이 불가능하다.
> 농업법인, 소농가, 기업농처럼 농업 경영체가 어떤 작목과 가축을 선택하느냐에 따라 경영활동의 내용과 성과가 달라진다. 이에 대한 선택법으로 다작경영과 복잡경영이 있는데, 단작경영이란 단일 생산부문만을 목표로 하는 것을 말한다. 단작경영은 작업을 단일화시킬 수 있어 기계화가 가능해지며, 생산비가 낮아져 시장 경쟁력이 증대된다. 또한 작물이 통일되어 판매과정에서 유리하게 작용할 수 있다. 반면 어떤 한 가지만을 재배할 경우 농지가 계절적으로 이용되어 농지 이용도를 높이는 것이 불가능해지며 노동력도 특정한 시기에 집중되어 연간 노동력 배분에 있어서 평균화를 기하기가 곤란하다. 또한 자연적 또는 경제적 피해를 집중적으로 받기 쉽고, 현금 수입이 일정 시기에 집중되어 농장경영에 어려움을 가중시킨다는 단점이 있다.

5 다음 중 경영계획의 순서로 올바른 것은?

① 경영목표의 설정 → 재배형태의 결정 → 시설구축 및 배치계획 → 세부실천계획 → 수입 및 지출계획 → 경영시산 → 경영예상성과 분석 → 융자금상환 및 소득처분계획 → 참고자료의 수집이용계획
② 경영목표의 설정 → 세부실천계획 → 재배형태의 결정 → 시설구축 및 배치계획 → 수입 및 지출계획 → 경영시산 → 경영예상성과 분석 → 융자금상환 및 소득처분계획 → 참고자료의 수집이용계획
③ 경영목표의 설정 → 재배형태의 결정 → 시설구축 및 배치계획 → 세부실천계획 → 수입 및 지출계획 → 융자금상환 및 소득처분계획 → 경영시산 → 경영예상성과 분석 → 참고자료의 수집이용계획
④ 참고자료의 수집이용계획 → 재배형태의 결정 → 시설구축 및 배치계획 → 세부실천계획 → 수입 및 지출계획 → 경영시산 → 경영예상성과 분석 → 융자금상환 및 소득처분계획 → 경영목표의 설정

> **ADVICE** 경영계획 순서
> ㉠ 경영목표의 설정
> ㉡ 경영규모 및 작부기간, 재배형태의 결정
> ㉢ 시설구축 및 배치계획
> ㉣ 세부실천계획(생산자재확보 계획, 작업단계별 재배 관리계획(기술), 자금수급 및 시설장비 보수계획)
> ㉤ 수입 및 지출계획(수입계획을 시기별로 예상생산량, 예상판매단가, 예상수입금액 등을 작성, 지출계획을 비목별로 구체적으로 수량, 단가, 금액 등을 작성)
> ㉥ 경영시산(손익계산서와 기말대차표 작성)
> ㉦ 경영예상성과 분석(경영성과분석하고 지표 작성)
> ㉧ 융자금상환 및 소득처분계획
> ㉨ 참고자료의 수집이용계획(가격 정보 등)

6 경영활동의 원리 중 그 연결이 잘못된 것은?

① 효율성 – 생산과정에서 투입과 산출의 비율로 최소한의 투자로 최대한의 이익을 얻는 것
② 수익성 – 기업이 최대이윤을 얻고자하는 이윤극대화 원칙
③ 효과성 – 어떤 제약 조건도 없이 넓은 분야에 응용할 수 있는 성질
④ 경제성 – 최소의 비용으로 최대 효과를 얻고자 하는 것

> ADVICE ③ 효과성이란 조직의 목표가 실제로 달성된 정도를 의미하며, 효과성이 높을수록 목표를 달성하기 쉬워진다.
> ※ 경영활동의 원리
> 경영은 조직에서 물적자원, 인적자원, 정보, 전략과 같은 각각의 요소들을 효율적이고 효과적으로 이용하여 고객이 필요로 하는 재화나 서비스를 창출한 후 고객에게 전달하는 가치창출(Value Creation)의 과정이라 해석이 가능하다.

효과성 (Effectiveness)	효과성이란 경영목표의 달성 정도를 의미하며 효과성이 높을수록 원하는 목표를 달성하기 쉽다.
효율성 (Efficiency)	들인 노력과 얻은 결과의 비율이 높은 특성으로 생산과정에서 투입과 산출의 비율로 최소한의 투자로 최대한의 이익을 얻는 것을 의미한다.
수익성 (Profitability)	수익을 거둘 수 있는 정도를 나타내는 수익성은 영리원칙이라고도 하며 기업이 최대이윤을 얻고자하는 이윤극대화 원칙으로 볼 수 있다.
경제성 (Economic Efficiency)	경제성이란 재물, 자원, 노력, 시간 따위가 적게 들면서도 이득이 되는 성질로 최소의 비용으로 최대 효과를 얻는데 본질인 '경제원칙'과 일맥상통한다.

7 다음 중 양고기와 양털, 쌀과 볏짚, 우유와 젖소고기처럼 한 가지 작목이나 생산부문에서 둘 이상의 생산물이 산출되는 생산물의 상호 관계를 무엇이라 하는가?

① 보합관계
② 보완관계
③ 결합관계
④ 경합관계

> ADVICE 농업생산의 관계

구분	내용
경합관계	두 개 이상의 생산부문이나 작목이 경영자원이나 생산수단의 이용 면에서 경합되는 경우를 말한다. 보통 생산요소의 자원량을 "어느 정도 배분해야 하는가"라는 문제를 내포하고 있다.
보완관계	축산과 사료작물의 재배처럼 경영 내부에서 어느 생산부문이나 작목이 다른 부문이나 작목의 생산을 돕는 역할을 할 경우를 말한다.
보합관계	둘 이상의 생산부문이나 작목이 경영자원이나 생산수단을 공동으로 이용할 수 있는 결합관계를 말한다. 벼농사 이후의 논에 보리를 재배하거나 일반 식량 작물과 콩과(豆科) 작물 또는 사료 녹비 작물 등을 윤작하는 것이 대표적이다.
결합관계	양고기와 양털, 쌀과 볏짚, 우유와 젖소고기처럼 한 가지 작목이나 생산부문에서 둘 이상의 생산물이 산출되는 생산물의 상호 관계를 말한다.

ANSWER 4.④ 5.① 6.③ 7.③

8 다음 중 대상 농가의 경영조직이나 경영전체를 같은 경영형태를 가진 마을의 평균값 또는 우수농가의 경영결과 또는 자기영농의 과거실적과 비교해서 결함을 찾고 개선점을 파악하여 새로운 영농설계를 하는 경영계획방법은?

① 선형계획법　　　　　　　　　② 표준계획법
③ 예산법　　　　　　　　　　　④ 직접비교법

> ADVICE ④ 직접비교법에 대한 질문이다.
> 　　대부분의 자원은 이용할 수 있는 것이 제한적이기 때문에 소득(순수익)극대화를 위한 경영계획을 수립하기 위해서는 보유, 동원가능 자원의 양 및 기타 경영여건을 토대로 실제로 실천할 세부적인 경영계획을 수립해야 한다.
> ※ 경영계획방법의 종류
>
> | 구분 | 내용 |
> |---|---|
> | 표준계획법 | 자원을 합리적으로 이용하는 경영모형 기준 혹은 시험장의 성적을 이용한 이상적인 경영모형 기준 비교하며 설계 |
> | 직접비교법 | 대상 농가의 경영조직이나 경영전체를 같은 경영형태를 가진 마을의 평균값 또는 우수농가의 경영결과 또는 자기영농의 과거실적과 비교해서 결함을 찾고 개선점을 파악하여 새로운 영농설계 |
> | 예산법 | 경영의 전체적 또는 부분적으로 다른 부문의 결합과 대체할 때, 그 결과로서 농장 전체의 수익에 어떤 변화가 나타나는가를 검토하고 이것을 현재의 경영과 비교하며 계획을 수립(대체법) |
> | 선형계획법 | 이용 가능한 자원의 한계 내에서 수익을 최대화하거나 비용을 최소로 하기 위하여 최적 작목선택 및 결합계획을 수학적으로 결정하는 방법 |

9 농업생산을 저해하는 요인 가운데 생물적 요인으로 묶인 것은?

> ㉠ 온도
> ㉡ 화분매개충
> ㉢ 토질
> ㉣ 잡초
> ㉤ 양분관리
> ㉥ 품종의 기상조건
> ㉦ 병해충

① ㉠, ㉢, ㉤
② ㉢, ㉣, ㉤
③ ㉡, ㉣, ㉦
④ ㉠, ㉣, ㉤, ㉥

> **ADVICE** 농업생산을 저해하는 요인
>
> | 구분 | 내용 |
> |---|---|
> | 기상요인 | 온도, 강수량(비, 눈), 바람, 습도, 일사량, 이산화탄소 농도 |
> | 토양요인 | 토질, 토양비옥도, 작토층, 경사, 배수성 등 |
> | 작물요인 | 종, 품종의 기상조건 및 토양환경과의 적합성 |
> | 재배요인 | 파종 및 재배시기, 재배방법, 토양 및 물, 양분 관리 |
> | 생물적 요인 | 병해충, 잡초, 천적, 화분매개충, 토양미생물 등 |

ANSWER 8.④ 9.③

02

농업경영 요소

01. 토지
02. 노동력
03. 자본재
04. 기술과 정보
05. 농업경영자

CHAPTER 01 토지

1 일반적으로 농지를 임차할 경우보다 소유할 경우의 장점에 해당하지 않는 것은?

① 경지를 안정적으로 운영할 수 있다.
② 임차보다 소유시 농지 규모의 더 큰 확대를 가져올 수 있다.
③ 금융 담보나 판매 등 자산으로 활용할 수 있다.
④ 물가 상승시 실물자산으로 자산가치 보존이 가능하다.

> ADVICE 농지를 직접 구입할 경우보다 임차할 경우 농지 규모의 더 큰 확대를 가져올 수 있다.

2 다음 중 토양의 기능이 잘못 설명된 것은?

① 지구의 약 75%는 물로 이루어져 있으며 25% 정도만 토양으로 구성되어 있다.
② 토양은 건축재료가 되기도 한다.
③ 토양은 동물과 식물에게 삶의 터전을 제공한다.
④ 토양은 독자적으로 식물을 지지하거나 영양분을 공급하지 못한다.

> ADVICE ④ 토양은 동식물에게 삶의 터전을 제공하고, 식물을 지지하거나 영양분을 공급하는 것 이외에도 건축재료, 유기원의 환원, 작물생산기지로 역할을 한다. 토양은 식물에 영양을 공급하여 자라게 할 수 있는 흙으로 사전적인 의미는 암석이 분해되어 지구의 외각을 이루는 가루라고노 정의하고 있다. 즉 암석이 바람, 비와 같은 풍화작용을 받아 부스러지고 분해된 물질을 모재라 하고, 이 모재가 다시 토양생성 작용을 받아 토양 층위가 분화된 것을 토양이라 부른다.

3 다음이 설명하는 토지의 자연적인 특성은?

> 토지는 작물이 생육할 수 있도록 뿌리를 뻗게 하고 지상부를 지지하는 축으로써 역할을 하며 수분이나 양분을 빨아올리도록 하는 물리적 성질을 갖는다.

① 가쟁력　　　　　　　　　　　② 가경력
③ 불능요소력　　　　　　　　　④ 적재력

> ADVICE ② 보기는 가경력에 대한 설명이다. 가경력이란 작물 뿌리 호흡작용을 원만하게 할 수 있도록 하는 물리적 작용을 말한다.
> ※ 토지의 기술적(자연적) 특성

구분	내용
가경력	작물이 생육할 수 있도록 뿌리를 뻗게 하고 지상부를 지지 또는 수분이나 양분을 흡수하는 물리적 성질을 말한다.
적재력	작물이나 가축이 생존하고 유지하는 장소를 말한다.
부양력	작물생육에 필요한 양분을 흡수하고 저장하는 특성을 말한다.

4 토지의 일반적인 특성이 아닌 것은?

① 위치의 고착성　　　　　　　② 불멸성
③ 공급의 무한성　　　　　　　④ 부증성

> ADVICE ③ 토지는 공급의 한정성을 갖는다. 즉 토지의 절대적인 양은 증가하지 않고 공급이 고정되어 있기 때문에 토지에 대한 투기가 발생한다.
> ※ 토지의 일반적 특성

구분	내용
부동성	토지는 움직일 수 없는 성질을 가지기 때문에 토지이용형태의 국지화, 토지의 개별성, 비동질성, 비대체성 등이 나타난다.
불멸성	토지는 사용에 의해 소멸하지 않고 양과 무게가 줄지 않아 감가상각이 발생하지 않는다.
공급의 한정성	토지의 절대적인 양은 증가하지 않고 공급이 고정되어 있기 때문에 토지에 대한 투기가 발생하는 것이다.
다용성	토지는 일반재화와 달리 여러 가지 용도로 이용될 수 있는 성질을 가지고 있어 두 개 이상의 용도로 복합적으로 사용 가능하다.

ANSWER　1.②　2.④　3.②　4.③

5 토양의 특성에 대한 내용으로 적절하지 못한 것은?

① 환경조건이 다르면 토양의 특성도 달라진다.
② 기후가 토양생성작용에 미치는 영향은 미미한 편이다.
③ 토양생성에 관여하는 인자는 기후, 모재, 지형, 시간, 생물 등이다.
④ 하천부근의 평탄지 및 산록경사지 하부는 충적물이 퇴적되어 일반적으로 토심이 깊어 경사지 토양과 특성이 다른 토양이 생성된다.

> ADVICE ② 기후가 토양생성작용에 미치는 영향은 매우 크며 특히 강우량과 온도는 중요한 인자로서 주로 토양중 유기물, 토양수분 함량 및 점토광물의 생성과 암석풍화에 영향을 미친다.
> ③ 토양은 생성 시 환경조건에 따라 특성이 다른 토양이 만들어진다. 토양생성에 관여하는 인자는 기후, 모재, 지형, 시간, 생물 등이며 이들 인자는 토양생성과정에 있어서 서로 연관된 작용을 하고 있으며, 또한 이들 인자들의 상대적 세기에 따라 특징적인 상이한 토양이 만들어진다.

6 작물의 생산성과 토질의 특성의 관계로 적절하지 못한 것은?

① 지목별 적성등급 구분은 토양특성에 따라 토지의 잠재 생산력과 생산 저해의 정도를 표시한 것이다.
② 작물의 생산성은 토양특성과 환경요인에 따라 고위생산성과 저위생산성으로 구분된다.
③ 동일한 재배 방법으로 작물을 재배하였을 때 환경 및 토양조건이 양호한 토양은 수량이 낮은 반면에 불량한 토양은 수량이 높다.
④ 경사도와 경사면의 길이는 유거와 수분 흡착력에 관여하며 토양침식의 정도는 생산력을 감소시키고 토양보전의 필요성과 방법을 제시한다.

> ADVICE ③ 토양에 동일한 재배 방법으로 작물을 재배하였을 때 환경 및 토양조건이 양호한 토양은 수량이 높은 반면에 불량한 토양은 수량이 낮다. 작물의 생산성은 토양특성과 환경요인에 지배되어 고위생산성인 것과 저위생산성인 토양으로 구분된다.

7 농업용수의 수원으로 보기 어려운 것은?

① 하천
② 바다
③ 저수지
④ 샘

> ADVICE ② 농업용수는 농작물 생육의 안전을 기하고 농업경영의 합리화를 위하여 농경지에 체계적으로 공급하는 물을 말한다. 농업용수의 수원으로는 하천·저수지·호수·샘 등이 있으나, 대별해서 하천, 저수지, 지하수 등 3 가지로 나뉜다. 농업용수를 위해서는 토양과 식물, 물의 유기적 관계에 고려해 수량(水量)·수원(水源)·도수(導水)·배수(排水) 등의 방법을 계획하여 그 경제효과가 용수생산 시설의 공사비를 충당할 수 있게 해야 한다.

8 농업용수 사용시 고려 사항으로 보기 어려운 것은?

① 수량이 풍부해야 한다.
② 사업비가 저렴해야 한다.
③ 수질 오염은 무시되어야 한다.
④ 물을 이용하는데 사회적 장애가 적어야 한다.

> **ADVICE** ③ 농업용수의 선택에는 사업비가 저렴하고 수질이 양호하며, 수량이 풍부하고 치수(治水)나 이수(利水)의 사회적 장애가 적은 것을 고려해야 한다.

9 동아시아의 논을 중심으로 하는 농업용수의 특징이 아닌 것은?

① 기후에 의한 농작물 생육기의 변동
② 재배양식의 변화에 따르는 관개기간 등의 변동
③ 다량의 강우를 논 내부에 저류하여 하류지역의 홍수의 발생을 억제
④ 농업용수의 비공공적(非公共的) 성격

> **ADVICE** ④ 농업용수는 여러 가지 면에서 공공적(公共的) 성격과 사적 성격을 겸비하고 있다. 말단에서 물 이용의 주체는 한 필지의 논이며, 그 농업경영은 개인에 의해 이루어지나, 저수지와 수로(水路) 등의 시설은 지역적인 면적을 가지며, 큰 투자액을 필요로 하여 그 건설과 관리를 사적으로 시행하기는 어렵기 때문에 공공적인 성격이 강하다. 농업용수로 배수로는 공공적인 성격이 강하다.
> ①②③ 기후에 의한 농작물 생육기의 변동, 강우량의 변화에 의한 보급 필요량 및 수원수량의 변동 등 환경요인에 의한 것과, 또 최근의 경향으로 품질개량, 모내기의 기계화 보급 등 재배양식의 변화에 따르는 관개기간 등의 변동이 생긴다.

10 비료의 3요소가 아닌 것은?

① 질소
② 인산
③ 칼슘
④ 칼륨

> **ADVICE** ③ 비료의 3요소는 질소(N), 인산(P), 칼륨(K)이다.

ANSWER 5.② 6.③ 7.② 8.③ 9.④ 10.③

11 질소질 비료에 관한 내용으로 적절하지 않은 것은?

① 질소는 식물의 세포 원형질의 주요 성분인 단백질을 구성하는 성분이다.
② 양분흡수와 동화작용을 활발하게 한다.
③ 과다시 작물이 약해지고 병충해에 대한 저항력이 약화된다.
④ 펙틴산과 결합하여 식물세포막 생성과 강화에 간여하며 유기산 등 유해물질의 생체내 중화를 한다.

> **ADVICE** 비료의 3요소인 (N, P, K) 중 질소(N)는 식물의 세포 원형질의 주요성분인 단백질을 구성하는 성분으로 작물생육에 있어서 가장 중요한 양분이다. 작물 생육에서 질소가 부족할 경우 작물의 발육 상태가 나빠지면서 잎은 연한 황색이나 적갈색이 되며 마지막에 황색으로 말라버린다. 또한 줄기나 뿌리도 자라지 않고 분열도 적으며 종실의 수량도 적고 모양이 작아 품질도 나빠진다.
> ④ 펙틴산과 결합하여 식물세포막 생성과 강화에 간여하며 유기산 등 유해물질의 생체내 중화를 하는 것은 석회질 비료이다. 석회질 비료는 엽록소 생성이나 탄수화물 이전에 반드시 필요한 물질로 식물의 질산태질소 흡수를 돕고 인산 흡수를 조절하는 역할을 한다.

12 비료에 대한 설명으로 틀린 것은?

① 비료란 식물에 영양을 주거나 식물의 재배를 돕기 위하여 흙에서 화학적 변화를 가져오게 하는 물질, 식물에 영양을 주는 물질을 말한다.
② 부산물비료란 농업·임업·축산업·수산업·제조업 또는 판매업을 영위하는 과정에서 나온 부산물, 사람의 분뇨, 음식물류 폐기물, 토양미생물 제제, 토양활성제 등을 이용하여 제조한 비료로서 농림축산식품부장관이 지정하는 것을 말한다.
③ 수입하는 비료 원료 중에 중금속이 함유되어 있거나 병해충이 유입되어 토양환경 및 식물에 중대한 위해를 끼칠 우려가 있다고 인정할 때에는 산업통상자원부장관이 즉시 수입중단을 할 수 있다.
④ 농림축산식품부장관은 비료의 수급 조절 및 가격 안정과 친환경농업의 육성을 위하여 필요하다고 인정하는 경우에는 특별시장·광역시장·도지사·특별자치도지사 또는 「농업협동조합법」에 따른 농업협동조합중앙회로 하여금 비료를 공급하게 할 수 있다.

> **ADVICE** ③ 농림축산식품부장관은 중금속이 함유되어 있거나 병해충이 유입되어 토양환경 및 식물에 중대한 위해를 끼칠 우려가 있다고 인정할 때에는 보통비료 중 유기질비료 및 부산물비료와 그 원료에 관하여 산업통상자원부장관과 협의하여 수입을 제한할 수 있다(비료관리법 제10조 제1항).

13 다른 지역보다 특정 작물의 생산량이 대량으로 집중되어 있고 어떤 통합된 체제에 의해 생산되어 타 지역보다 생산력이 높고, 시장의 수요에 대응할 능력이 있는 생산지역은?

① 생산지
② 주산지
③ 특화지
④ 재배지

> ADVICE ② 질문은 주산지에 대한 것이다. 주산지는 고정되어 있고, 영속성이 있는 것이 아니라 항상 변화를 한다.

14 식물에 흡수된 뒤 산성을 나타내는 비료는?

① 생리적 산성비료
② 생리적 염기성비료
③ 생리적 중성비료
④ 호염성 비료

> ADVICE ① 식물에 흡수된 뒤 산성을 나타내는 비료는 생리적 산성비료이다. 황산암모늄은 화학적 중성비료지만 식물에 의해 암모늄이 흡수되면 남아 있는 황산기로 인하여 토양은 산성을 띠게 된다.
> ※ 비료에 대한 생리적 반응 … 생리적 반응이란 비료 자체 반응이 아니라 토양 중에서 식물 뿌리의 흡수작용 또는 미생물의 작용을 받은 뒤 나타나는 반응을 말한다.

구분	내용
생리적 산성비료	• 식물에 흡수된 뒤 산성을 나타내는 비료를 말한다. • 황산암모늄, 질산암모늄, 염화암모늄, 황산칼륨, 염화칼륨 등
생리적 염기성비료	• 식물에 흡수된 뒤 알칼리성을 나타내는 비료를 말한다. 칠레초석은 화학적 중성비료지만 물에 녹으면 질산기는 물에 흡수되고, 토양 중에 남아 있는 나트륨은 수산이온과 결합하여 수산화나트륨(NaOH)이 되어 토양은 알칼리성으로 바뀌게 된다. • 칠레초석, 용성인비, 토머스인비, 퇴구비 등
생리적 중성비료	• 석회질소는 암모늄태질소, 질산태질소로 변환하고 다시 토양 중에서 중화되는 비료이다. • 요소, 과인산석회, 중과인산석회, 석회질소 등

ANSWER 11.④ 12.③ 13.② 14.①

15 우리나라의 경지에 대한 내용으로 잘못 언급한 것은?

① 경지란 농작물 재배를 목적으로 하고 현실적으로도 재배가 가능한 토지를 의미한다.
② 경지면적 추이는 농업정책수립의 가장 기본이 되는 국내 농지 현황을 파악하는데 목적을 갖는다.
③ 농지확대를 위한 간척사업은 계속되고 있어 경지면적은 확장되고 있다.
④ 수리답률은 농업용수개발사업의 지속적인 추진을 통해 증가할 것으로 전망되고 있다.

> ADVICE ③ 우리나라에서 경지면적은 도로건설, 도시 확장 등에 따른 농지전용 증가로 감소 추세가 지속될 전망이다. 또한 농지확대를 위한 간척사업은 1998년 이후 신규착공이 중단되고 기 시행중인 사업을 마무리하고 있어서 신규 농지 확보는 어렵다.
> ④ 수리답은 수리시설이 설치되어 관개용수가 안정적으로 확보된 논을 의미한다.

16 토지를 소유하는 경우 나타나는 현상으로 틀린 것은?

① 자가 농지소유하면 경지를 안정적으로 이용할 수 있다.
② 자가 농지는 자금융자를 위한 담보물로도 활용 가능하다.
③ 농지를 보유한 경우 상대적으로 투자수익률이 높다.
④ 농지를 보유한 경우 자금의 압박이 문제될 수 있다.

> ADVICE ③ 상대적으로 투자수익률이 낮으며 규모 확대가 곤란하다.

17 한국농어촌공사는 농지의 가격 및 거래 등에 관한 정보를 제공하고, 농지시장 안정과 농지이용의 효율성 증대를 위한 농지의 매입·매도·임대사업, 경영회생 지원을 위한 농지매입사업 및 농지의 임대 등의 사업을 하고 있는데 이를 무엇이라 하는가?

① 농지은행
② 농지임대차 사업
③ 농업경영체
④ 지리적표시제도

> ADVICE ① 농지은행에 대한 내용이다. 농지은행은 효율적으로 농지를 이용하고 농지시장의 불안정 대응을 위해 만들어진 제도로 한국농어촌공사에서 운영하고 있다.
> ※ 농지은행 제도 목적
> ㉠ 농지유동화정보의 제공, 농지의 매매, 임대차, 보유·관리 등을 통해 농지시장안정, 농업구조개선 등의 기능을 수행
> ㉡ 쌀소비 감소, 시장개방 확대로 유휴농지 증가 및 농지가격 하락 등 중장기적 농지시장의 불안요인을 사전관리
> ㉢ 자연재해, 농산물가격하락 등으로 인해 일시적 경영위기에 처한 농업인의 경영회생을 도모
> ㉣ 고령농업인의 소유농지를 담보로 생활안정자금을 연금처럼 지급하여 노후생활 보장
> ㉤ 농지에 관한 체계적인 거래정보, 농업경영지원 정보 및 농촌정착 관련 정보 등 다양한 수요에 부응

18 농업진흥지역 밖의 농지 중에서 영농 조건이 불리하여 생산성이 낮은 농지를 일컫는 것은?

① 한계농지
② 부림농지
③ 산림농지
④ 척박지

> **ADVICE** ① 한계농지에 대한 질문이다. 한계농지란 「농지법」 제28조에 따른 농업진흥지역 밖의 농지 중에서 영농 조건이 불리하여 생산성이 낮은 농지로서 대통령령으로 정하는 기준에 해당하는 농지를 말한다(농어촌정비법 제2조 제17호).
> ※ 농어촌정비법 시행령 제2조(한계농지의 기준)
> 「농어촌정비법」에서 대통령령으로 정하는 기준에 해당하는 농지란 다음의 어느 하나에 해당하는 농지를 말한다.
> 1. 최상단부에서 최하단부까지의 평균 경사율이 15퍼센트 이상이거나 집단화된 농지의 규모가 2만제곱미터 미만인 농지
> 2. 「광업법」에 따른 광업권의 존속기간이 끝났거나 광업권이 취소된 광구의 인근 지역 농지로서 토양오염 등으로 인하여 농업 목적으로 사용하기에 부적당한 농지

19 농어촌정비사업의 시행으로 종전의 토지를 대신하여 새로 정비된 토지를 지정하는 것은?

① 경작지
② 소부지
③ 환지
④ 배선

> **ADVICE** ③ 환지(換地)란 농어촌정비사업의 시행으로 종전의 토지를 대신하여 새로 정비된 토지를 지정하는 것을 말한다(농어촌정비법 제2조 제14호).

20 다음 ( ) 안에 알맞은 것은?

> ( )이란 농업인이 그 소유 농지에서 농작물 경작 또는 다년생식물 재배에 상시 종사하거나 농작업의 2분의 1 이상을 자기의 노동력으로 경작 또는 재배하는 것과 농업법인이 그 소유 농지에서 농작물을 경작하거나 다년생식물을 재배하는 것을 말한다.

① 자경
② 농경
③ 수경
④ 배경

> **ADVICE** ① ( ) 안에 들어갈 용어는 자경이다. 자경(自耕)이란 농업인이 그 소유 농지에서 농작물 경작 또는 다년생식물 재배에 상시 종사하거나 농작업(農作業)의 2분의 1 이상을 자기의 노동력으로 경작 또는 재배하는 것과 농업법인이 그 소유 농지에서 농작물을 경작하거나 다년생식물을 재배하는 것을 말한다(농지법 제2조 제5호).

ANSWER 15.③ 16.③ 17.① 18.① 19.③ 20.①

21 농지는 농업인과 농업법인만이 소유할 수 있다는 한자성어는?

① 견마지로
② 전전반측
③ 경자유전
④ 위편삼절

> ADVICE ③ 경자유전(耕者有田)의 원칙이란 농지는 원칙적으로 농업인과 농업법인만이 소유할 수 있다는 원칙으로 우리나라 헌법과 농지법에 명시되어 있다.
>
> ※ 농지법 제6조(농지 소유 제한)
> ① 농지는 자기의 농업경영에 이용하거나 이용할 자가 아니면 소유하지 못한다.
> ② 다음에 해당하는 경우에는 제1항에도 불구하고 자기의 농업경영에 이용하지 아니할지라도 농지를 소유할 수 있다.
>   1. 국가나 지방자치단체가 농지를 소유하는 경우
>   2. 「초·중등교육법」 및 「고등교육법」에 따른 학교, 농림축산식품부령으로 정하는 공공단체·농업연구기관·농업생산자단체 또는 종묘나 그 밖의 농업 기자재 생산자가 그 목적사업을 수행하기 위하여 필요한 시험지·연구지·실습지 또는 종묘생산지로 쓰기 위하여 농림축산식품부령으로 정하는 바에 따라 농지를 취득하여 소유하는 경우
>   3. 주말·체험영농을 하려고 농지를 소유하는 경우
>   4. 상속으로 농지를 취득하여 소유하는 경우
>   5. 대통령령으로 정하는 기간 이상 농업경영을 하던 자가 이농(離農)한 후에도 이농 당시 소유하고 있던 농지를 계속 소유하는 경우
>   6. 담보농지를 취득하여 소유하는 경우
>   7. 농지전용허가를 받거나 농지전용신고를 한 자가 그 농지를 소유하는 경우
>   8. 농지전용협의를 마친 농지를 소유하는 경우
>   9. 「한국농어촌공사 및 농지관리기금법」에 따른 농지의 개발사업지구에 있는 농지로서 대통령령으로 정하는 1천500제곱미터 미만의 농지나 「농어촌정비법」에 따른 농지를 취득하여 소유하는 경우
>   9의2. 농업진흥지역 밖의 농지 중 최상단부부터 최하단부까지의 평균경사율이 15퍼센트 이상인 농지로서 대통령령으로 정하는 농지를 소유하는 경우
>   10. 다음 각 목의 어느 하나에 해당하는 경우
>   가. 「한국농어촌공사 및 농지관리기금법」에 따라 한국농어촌공사가 농지를 취득하여 소유하는 경우
>   나. 「농어촌정비법」 규정에 따라 농지를 취득하여 소유하는 경우
>   다. 「공유수면매립법」에 따라 매립농지를 취득하여 소유하는 경우
>   라. 토지수용으로 농지를 취득하여 소유하는 경우
>   마. 농림축산식품부장관과 협의를 마치고 「공익사업을 위한 토지 등의 취득 및 보상에 관한 법률」에 따라 농지를 취득하여 소유하는 경우
>   바. 「공공토지의 비축에 관한 법률」에 따라 공익사업에 필요한 토지에 해당하는 토지 중 공공토지비축심의위원회가 비축이 필요하다고 인정하는 토지로서 「국토의 계획 및 이용에 관한 법률」에 따른 계획관리지역과 자연녹지지역 안의 농지를 한국토지주택공사가 취득하여 소유하는 경우. 이 경우 그 취득한 농지를 전용하기 전까지는 한국농어촌공사에 지체 없이 위탁하여 임대하거나 사용대(使用貸) 하여야 한다.
> ③ 농지를 임대하거나 사용대(使用貸)하는 경우에는 제1항에도 불구하고 자기의 농업경영에 이용하지 아니할지라도 그 기간 중에는 농지를 계속 소유할 수 있다.
> ④ 이 법에서 허용된 경우 외에는 농지 소유에 관한 특례를 정할 수 없다.

22 농지법상 농지에 관한 기본 이념과 맞지 않는 내용은?

① 농지는 식량을 공급하는 기반이다.
② 농지는 국민경제의 조화로운 발전에 영향을 미치는 무한한 자원이다.
③ 농지에 관한 권리의 행사에는 필요한 제한과 의무가 따른다.
④ 농지는 농업 생산성을 높이는 방향으로 이용되어야 한다.

> ADVICE ② 농지란 전, 답, 과수원 등을 말하며, 원칙적으로 농지를 이용하여 농업경영을 하거나 농업경영을 할 예정인 사람만이 농지를 소유할 수 있다.
> 농지는 국민에게 식량을 공급하고 국토 환경을 보전(保全)하는 데에 필요한 기반이며 농업과 국민경제의 조화로운 발전에 영향을 미치는 한정된 귀중한 자원이므로 소중히 보전되어야 하고 공공복리에 적합하게 관리되어야 하며, 농지에 관한 권리의 행사에는 필요한 제한과 의무가 따른다.
> ※ 농지법 제3조(농지에 관한 기본 이념)
> ① 농지는 국민에게 식량을 공급하고 국토 환경을 보전(保全)하는 데에 필요한 기반이며 농업과 국민경제의 조화로운 발전에 영향을 미치는 한정된 귀중한 자원이므로 소중히 보전되어야 하고 공공복리에 적합하게 관리되어야 하며, 농지에 관한 권리의 행사에는 필요한 제한과 의무가 따른다.
> ② 농지는 농업 생산성을 높이는 방향으로 소유·이용되어야 하며, 투기의 대상이 되어서는 아니 된다.

23 주말·체험영농을 하려는 자가 소유할 수 있는 농지의 면적은?

① 1천제곱미터 이상
② 1천제곱미터 미만
③ 3천제곱미터 이상
④ 3천제곱미터 미만

> ADVICE ② 주말·체험영농을 하려는 자는 총 1천제곱미터 미만의 농지를 소유할 수 있다. 이 경우 면적 계산은 그 세대원 전부가 소유하는 총 면적으로 한다(농지법 제7조 제3항).

ANSWER 21.③ 22.② 23.②

24 다음 중 농지취득자격증명을 발급할 수 있는 자가 아닌 사람은?

① 농지 소재지를 관할하는 시장
② 구청장
③ 면장
④ 국토해양부장관

> **ADVICE** ④ 농지를 취득하려는 자는 농지 소재지를 관할하는 시장(구를 두지 아니한 시의 시장을 말하며, 도농 복합 형태의 시는 농지 소재지가 동지역인 경우만을 말한다), 구청장(도농 복합 형태의 시의 구에서는 농지 소재지가 동지역인 경우만을 말한다), 읍장 또는 면장에게서 농지취득자격증명을 발급받아야 한다(농지법 제8조 제1항).
> ※ 농지법 제8조(농지취득자격증명의 발급)
> ① 농지를 취득하려는 자는 농지 소재지를 관할하는 시장(구를 두지 아니한 시의 시장을 말하며, 도농 복합 형태의 시는 농지 소재지가 동지역인 경우만을 말한다), 구청장(도농 복합 형태의 시의 구에서는 농지 소재지가 동지역인 경우만을 말한다), 읍장 또는 면장에게서 농지취득자격증명을 발급받아야 한다. 다만, 다음 각 호의 어느 하나에 해당하면 농지취득자격증명을 발급받지 아니하고 농지를 취득할 수 있다.
> 1. 제6조제2항제1호·제4호·제6호·제8호 또는 제10호에 따라 농지를 취득하는 경우
> 2. 농업법인의 합병으로 농지를 취득하는 경우
> 3. 공유 농지의 분할이나 그 밖에 대통령령으로 정하는 원인으로 농지를 취득하는 경우

25 농지의 위탁경영을 할 수 없는 경우는?

①「병역법」에 따라 소집된 경우
② 농업법인이 청산 중인 경우
③ 1개월 이상 국외 여행 중인 경우
④ 질병, 취학, 선거에 따른 공직 취임, 그 밖에 대통령령으로 정하는 사유로 자경할 수 없는 경우

> **ADVICE** ③ 3개월 이상 국외 여행 중인 경우에 소유 농지를 위탁경영을 할 수 있다(농지법 제9조).
> ※ 농지법 제9조(농지의 위탁경영)
> 농지 소유자는 다음의 어느 하나에 해당하는 경우 외에는 소유 농지를 위탁경영할 수 없다.
> 1. 「병역법」에 따라 징집 또는 소집된 경우
> 2. 3개월 이상 국외 여행 중인 경우
> 3. 농업법인이 청산 중인 경우
> 4. 질병, 취학, 선거에 따른 공직 취임, 그 밖에 대통령령으로 정하는 사유로 자경할 수 없는 경우
> 5. 농지이용증진사업 시행계획에 따라 위탁경영하는 경우
> 6. 농업인이 자기 노동력이 부족하여 농작업의 일부를 위탁하는 경우

26 농지 소유자가 1년 이내에 농지를 처분해야 하는 경우로 모두 고른 것은?

> ㉠ 소유 농지가 자연재해로 인해 농업경영에 이용하지 아니하거나 이용하지 아니하게 되었다고 시장이 인정한 경우
> ㉡ 농지를 취득한 자가 그 농지를 해당 목적사업에 이용하지 아니하게 되었다고 군수가 인정한 경우
> ㉢ 농지를 취득한 자가 농지개량·질병 등 정당한 사유가 있어 그 농지를 주말·체험영농에 이용하지 아니하게 되었다고 시장·군수 또는 구청장이 인정한 경우
> ㉣ 농지를 취득한 자가 취득한 날부터 2년 이내에 그 목적사업에 착수하지 아니한 경우
> ㉤ 농지 소유 상한을 초과하여 농지를 소유한 것이 판명된 경우

① ㉠, ㉡
② ㉡, ㉢
③ ㉡, ㉢, ㉣, ㉤
④ ㉠, ㉡, ㉣, ㉤

> **ADVICE** ④ ㉠, ㉡, ㉣, ㉤이 맞는 내용이다.
> ㉢ 농지를 취득한 자가 자연재해·농지개량·질병 등 대통령령으로 정하는 정당한 사유 없이 그 농지를 주말·체험영농에 이용하지 아니하게 되었다고 시장·군수 또는 구청장이 인정한 경우에 해당하면 농지 소유자는 그 사유가 발생한 날부터 1년 이내에 해당 농지를 처분하여야 한다(농지법 제10조 제1항 제4호).
> ※ 농지법 제10조(농업경영에 이용하지 아니하는 농지 등의 처분)
> ① 농지 소유자는 다음의 어느 하나에 해당하게 되면 그 사유가 발생한 날부터 1년 이내에 해당 농지를 처분하여야 한다.
> 1. 소유 농지를 자연재해·농지개량·질병 등 대통령령으로 정하는 정당한 사유 없이 자기의 농업경영에 이용하지 아니하거나 이용하지 아니하게 되었다고 시장(구를 두지 아니한 시의 시장을 말한다)·군수 또는 구청장이 인정한 경우
> 2. 농지를 소유하고 있는 농업회사법인이 제2조제3호의 요건에 맞지 아니하게 된 후 3개월이 지난 경우
> 3. 농지를 취득한 자가 그 농지를 해당 목적사업에 이용하지 아니하게 되었다고 시장·군수 또는 구청장이 인정한 경우
> 4. 농지를 취득한 자가 자연재해·농지개량·질병 등 대통령령으로 정하는 정당한 사유 없이 그 농지를 주말·체험영농에 이용하지 아니하게 되었다고 시장·군수 또는 구청장이 인정한 경우
> 5. 농지를 취득한 자가 취득한 날부터 2년 이내에 그 목적사업에 착수하지 아니한 경우
> 5의2. 농림축산식품부장관과의 협의를 마치지 아니하고 농지를 소유한 경우
> 5의3. 소유한 농지를 한국농어촌공사에 지체 없이 위탁하지 아니한 경우
> 6. 농지 소유 상한을 초과하여 농지를 소유한 것이 판명된 경우
> 7. 거짓이나 그 밖의 부정한 방법으로 농지취득자격증명을 발급받아 농지를 소유한 것이 판명된 경우
> 8. 자연재해·농지개량·질병 등 대통령령으로 정하는 정당한 사유 없이 농업경영계획서 내용을 이행하지 아니하였다고 시장·군수 또는 구청장이 인정한 경우

ANSWER 24.④ 25.③ 26.④

27 상속으로 농지를 취득한 자가 농업경영을 하지 않는 경우 농지소유의 상한선은?

① 5천제곱미터
② 9천제곱미터
③ 1만제곱미터
④ 2만제곱미터

> ADVICE ③ 상속으로 농지를 취득한 자로서 농업경영을 하지 아니하는 자는 그 상속 농지 중에서 총 1만제곱미터까지만 소유할 수 있다(농지법 제7조 제1항).

28 다음 중 농지이용증진사업에 요건이 아닌 것은?

① 농업경영을 목적으로 농지를 이용할 것
② 농업경영의 수탁·위탁이 농업인 또는 농업법인의 경영규모를 확대하거나 농지이용을 집단화하는 데에 기여할 것
③ 기계화·시설자동화 등으로 농산물 생산 비용과 유통 비용을 포함한 농업경영 비용을 절감하는 등 농업경영 효율화에 기여할 것
④ 재해가 발생하였거나 재해발생의 우려가 있는 경우 또는 이에 준하는 상황이라고 판단할 것

> ADVICE ④는 해당하지 않는다(농지법 제16조).
> ※ 농지법 제16조(농지이용증진사업의 요건)
>   농지이용증진사업은 다음의 모든 요건을 갖추어야 한다.
>   1. 농업경영을 목적으로 농지를 이용할 것
>   2. 농지 임차권 설정, 농지 소유권 이전, 농업경영의 수탁·위탁이 농업인 또는 농업법인의 경영규모를 확대하거나 농지이용을 집단화하는 데에 기여할 것
>   3. 기계화·시설자농화 등으로 농산물 생산 비용과 유통 비용을 포함한 농업경영 비용을 절감하는 등 농업경영 효율화에 기여할 것

29 농지법상 농지의 임대차 기간은?

① 1년 이상   ② 2년 이상
③ 3년 이상   ④ 5년 이상

> ADVICE ③ 자경농지를 농림축산식품부장관이 정하는 이모작을 위하여 8개월 이내로 임대하거나 사용대하는 경우를 제외하고 농지법상 임대차 기간은 3년 이상으로 하여야 한다(농지법 제24조의2).
> ※ 농지법 제24조의2(임대차 기간)
>   ① 임대차 기간은 3년 이상으로 하여야 한다.
>   ② 임대차 기간을 정하지 아니하거나 3년보다 짧은 경우에는 3년으로 약정된 것으로 본다.
>   ③ 제1항에도 불구하고 임대인은 질병, 징집 등 대통령령으로 정하는 불가피한 사유가 있는 경우에는 임대차 기간을 3년 미만으로 정할 수 있다. 이 경우 임차인은 3년 미만으로 정한 기간이 유효함을 주장할 수 있다.
>   ④ 제1항부터 제3항까지의 규정은 임대차계약을 연장 또는 갱신하거나 재계약을 체결하는 경우 그 임대차 기간에 대하여도 동일하게 적용한다.

30 다음 ( ) 안에 들어갈 알맞은 숫자는?

> 임대인이 임대차 기간이 끝나기 ( )개월 전까지 임차인에게 임대차계약을 갱신하지 아니한다는 뜻이나 임대차계약 조건을 변경한다는 뜻을 통지하지 아니하면 그 임대차 기간이 끝난 때에 이전의 임대차계약과 같은 조건으로 다시 임대차계약을 한 것으로 본다.

① 3개월   ② 5개월
③ 6개월   ④ 1년

> ADVICE ① 임대인이 임대차 기간이 끝나기 3개월 전까지 임차인에게 임대차계약을 갱신하지 아니한다는 뜻이나 임대차계약 조건을 변경한다는 뜻을 통지하지 아니하면 그 임대차 기간이 끝난 때에 이전의 임대차계약과 같은 조건으로 다시 임대차계약을 한 것으로 본다(농지법 제25조).

ANSWER 27.③ 28.④ 29.③ 30.①

31 다음 중 농업진흥구역에서 할 수 있는 행위가 아닌 것은?

① 어린이놀이터, 마을회관 등 농업인의 공동생활에 필요한 편의 시설 및 이용 시설의 설치
② 농업인 주택, 어업인 주택 등 농업용 시설, 축산업용 시설 또는 어업용 시설의 설치
③ 농업진흥지역 지정 이후 건축물의 건축
④ 도로, 철도 등 공공시설의 설치

> **ADVICE** ③ 농업진흥지역 지정 당시 농업진흥지역 지정 당시 관계 법령에 따라 다음의 행위에 대하여 인가·허가·승인 등을 받거나 신고하고 공사 또는 사업을 시행 중인 자는 그 공사 또는 사업에 대하여만 행위 제한 규정을 적용하지 않는다(농지법 제32조).
> ※ 농지법 제32조(용도구역에서의 행위 제한)
>   ① 농업진흥구역에서는 농업 생산 또는 농지 개량과 직접적으로 관련되지 아니한 토지이용행위를 할 수 없다. 다만, 다음의 토지이용행위는 그러하지 아니하다.
>   1. 대통령령으로 정하는 농수산물(농산물·임산물·축산물·수산물)의 가공·처리 시설의 설치 및 농수산업 관련 시험·연구 시설의 설치
>   2. 어린이놀이터, 마을회관, 그 밖에 대통령령으로 정하는 농업인의 공동생활에 필요한 편의 시설 및 이용 시설의 설치
>   3. 농업인 주택, 어업인 주택이나 그 밖에 대통령령으로 정하는 농업용 시설, 축산업용 시설 또는 어업용 시설의 설치
>   4. 국방·군사 시설의 설치
>   5. 하천, 제방, 그 밖에 이에 준하는 국토 보존 시설의 설치
>   6. 문화재의 보수·복원·이전, 매장 문화재의 발굴, 비석이나 기념탑, 그 밖에 이와 비슷한 공작물의 설치
>   7. 도로, 철도, 그 밖에 대통령령으로 정하는 공공시설의 설치
>   8. 지하자원 개발을 위한 탐사 또는 지하광물 채광(採鑛)과 광석의 선별 및 적치(積置)를 위한 장소로 사용하는 행위
>   9. 농어촌 소득원 개발 등 농어촌 발전에 필요한 시설로서 대통령령으로 정하는 시설의 설치
>   ② 농업보호구역에서는 다음 외의 토지이용행위를 할 수 없다.
>   1. 제1항의 토지이용행위
>   2. 농업인 소득 증대에 필요한 시설로서 대통령령으로 정하는 건축물·공작물, 그 밖의 시설의 설치
>   3. 농업인의 생활 여건을 개선하기 위하여 필요한 시설로서 대통령령으로 정하는 건축물·공작물, 그 밖의 시설의 설치
>   ③ 농업진흥지역 지정 당시 관계 법령에 따라 인가·허가 또는 승인 등을 받거나 신고하고 설치한 기존의 건축물·공작물과 그 밖의 시설에 대하여는 행위 제한 규정을 적용하지 아니한다.
>   ④ 농업진흥지역 지정 당시 관계 법령에 따라 다음의 행위에 대하여 인가·허가·승인 등을 받거나 신고하고 공사 또는 사업을 시행 중인 자는 그 공사 또는 사업에 대하여만 제1항과 제2항의 행위 제한 규정을 적용하지 아니한다.
>   1. 건축물의 건축
>   2. 공작물이나 그 밖의 시설의 설치
>   3. 토지의 형질변경
>   4. 제1호부터 제3호까지의 행위에 준하는 행위

32 다음 중 농업진흥지역 대상이 아닌 것은?

① 관리지역
② 녹지지역
③ 농림지역
④ 특별시의 녹지지역

> ADVICE ④ 농업진흥지역 지정은 「국토의 계획 및 이용에 관한 법률」에 따른 녹지지역·관리지역·농림지역 및 자연환경보전지역을 대상으로 한다. 다만, 특별시의 녹지지역은 제외한다(농지법 제29조).

33 농업진흥지역에 대한 내용으로 틀린 것은?

① 농지는 농업진흥지역으로 지정된 농지와 농업진흥지역으로 지정되지 않은 농지로 구분할 수 있다.
② 농업진흥지역은 경지정리, 농업용수개발 등 농업생산에 필요한 인프라가 정비된 생산성이 높은 우량농지와 이러한 농지에 공급되는 용수원을 보호하기 위해 필요한 토지를 지정한 것을 가리킨다.
③ 농업진흥지역 안에서는 농업생산에 직접 관련되지 않은 주택 신축 등과 같은 토지이용행위에도 제한이 없다.
④ 농업진흥지역 지정권자는 시·도지사이다.

> ADVICE ③ 농업진흥구역 안에서는 농업생산 또는 농지 개량과 직접 관련되지 않은 토지이용행위를 할 수 없다(농지법 제32조 제1항).
> ※ 농지법 제28조(농업진흥지역의 지정)
> ① 시·도지사는 농지를 효율적으로 이용하고 보전하기 위하여 농업진흥지역을 지정한다.
> ② 농업진흥지역은 다음의 용도구역으로 구분하여 지정할 수 있다.
> 1. 농업진흥구역 : 농업의 진흥을 도모하여야 하는 다음의 어느 하나에 해당하는 지역으로서 농림축산식품부장관이 정하는 규모로 농지가 집단화되어 농업 목적으로 이용할 필요가 있는 지역
> 가. 농지조성사업 또는 농업기반정비사업이 시행되었거나 시행 중인 지역으로서 농업용으로 이용하고 있거나 이용할 토지가 집단화되어 있는 지역
> 나. 가목에 해당하는 지역 외의 지역으로서 농업용으로 이용하고 있는 토지가 집단화되어 있는 지역
> 2. 농업보호구역 : 농업진흥구역의 용수원 확보, 수질 보전 등 농업 환경을 보호하기 위하여 필요한 지역

✎ ANSWER 31.③ 32.④ 33.③

CHAPTER 02 노동력

1 자가노동과 고용노동의 차이점에 대한 설명으로 옳지 않은 것은?

① 고용노동은 상시고용과 일시고용으로 구성되며, 자가노동은 경영주 본인과 가족으로 구성된다.
② 고용노동비는 경영비에 포함되어 소득에 영향을 미친다.
③ 자가노동비는 생산비에 포함되어 순수익에 영향을 미친다.
④ 자가노동에 의지하는 영세소농은 소득이 많게 나타나지만 순소득은 낮게 산출된다.

> **ADVICE** 자가노동에 의지하는 영세소농은 소득이 적게 나타나지만 순소득은 높게 산출된다.

2 농업의 노동력에 대한 내용으로 틀린 것은?

① 농업에 투입되는 노동량은 점차 늘고 있는 추세이다.
② 농업 노동은 통제와 감독이 어렵다.
③ 우리나라에서는 특성상 가을에 노동량이 증가한다.
④ 이질적인 노동이 전후로 교체되어 분업이 곤란하다.

> **ADVICE** ① 경제와 농업이 발전할수록 농업노동에 들어가는 투입량은 점차 감소하게 된다.
> ※ 한국 농촌의 노동력 문제 … 우리나라는 경제개발 5개년계획이 성공적으로 추진됨에 따라 1960년대 후반부터 농촌에는 이농현상이 나타나기 시작하였으며 많은 농촌인구가 공업부문으로 이동하기 시작하였다. 연간 약 20만 명 수준이었던 1960년 초기의 이농인구는 1960년대 후반에는 약 40만 명의 규모로 확대되었다. 특히 젊은 농촌인력의 이농과 도시유출이 심하였다. 농촌인력의 감소는 자연적으로 농촌의 노동력 부족으로 연결되었다.

3 농업 노동력의 특징은?

① 이질적인 노동이 전후로 교체되어 분업이 쉽다.
② 노동에 대한 통제와 감독이 쉬운 편이다.
③ 경제와 농업이 발전할수록 농업노동 투입량은 점차 감소를 한다.
④ 노동의 시작과 종료, 진행속도 또는 소요시간을 자연이 결정한다.

>ADVICE ③ 경제와 농업이 발전할수록 농업노동 투입량은 점차 감소하는 추세이다.
① 이질적인 노동이 전후로 교체되어 분업이 곤란하다.
② 노동에 대한 통제와 감독이 어렵다.
④ 노동의 시작과 종료, 진행속도 또는 소요시간을 인간이 결정한다.

4 노동력의 질적 우수성이 뛰어나고 노동시간에 구애를 받지 않아 노동력 공급의 융통성이 좋은 노동력은?

① 임시고용　　　　　　　　　　　② 계절고용
③ 가족노동력　　　　　　　　　　④ 1일고용

>ADVICE ③ 가족노동력은 노동시간에 구애 받지 않아 노동력 공급의 융통성이 있으며 부녀자의 영세한 노동력 적절한 활동, 노동력의 질적 우수성이 뛰어나다.
※ 노동력 종류

구분		내용
가족노동력		노동력 공급의 융통성(노동시간에 구애 받지 않음), 부녀자의 영세한 노동력 적절한 활동, 노동력의 질적 우수성
고용노동력	연중고용	1년 또는 수년을 기간으로 계약
	계절고용	1개월 또는 2개월을 기간으로 주로 농번기에 이용
	1일고용, 임시고용	수시로 공급되는 하루를 기간으로 계약하는 고용노동
	위탁영농	특정 농작업과정을 위탁받고 작업을 끝낼 경우 보수를 받음

ANSWER　1.④　2.①　3.③　4.③

5 농지법 시행령에서 정하는 농업인이 아닌 것은?

① 1천제곱미터 이상의 농지에서 농작물을 재배하는 자

② 농지에 330제곱미터 이상의 고정식온실·버섯재배사를 설치하여 농작물 또는 다년생식물을 경작 또는 재배하는 자

③ 농업경영을 통한 농산물의 연간 판매액이 120만원 이상인 자

④ 1년 중 60일 이상 축산업에 종사하는 자

> ADVICE ④ 1년 중 120일 이상 축산업에 종사하는 자가 농업인에 해당된다.
> ※ 농지법 시행령 제3조(농업인의 범위)
> 농업인이란 다음의 어느 하나에 해당하는 자를 말한다.
> 1. 1천제곱미터 이상의 농지에서 농작물 또는 다년생식물을 경작 또는 재배하거나 1년 중 90일 이상 농업에 종사하는 자
> 2. 농지에 330제곱미터 이상의 고정식온실·버섯재배사·비닐하우스, 그 밖의 농림축산식품부령으로 정하는 농업생산에 필요한 시설을 설치하여 농작물 또는 다년생식물을 경작 또는 재배하는 자
> 3. 대가축 2두, 중가축 10두, 소가축 100두, 가금 1천수 또는 꿀벌 10군 이상을 사육하거나 1년 중 120일 이상 축산업에 종사하는 자
> 4. 농업경영을 통한 농산물의 연간 판매액이 120만원 이상인 자

6 다음은 농촌의 인구변화를 나타낸 그래프이다. 해석을 잘못한 것은?

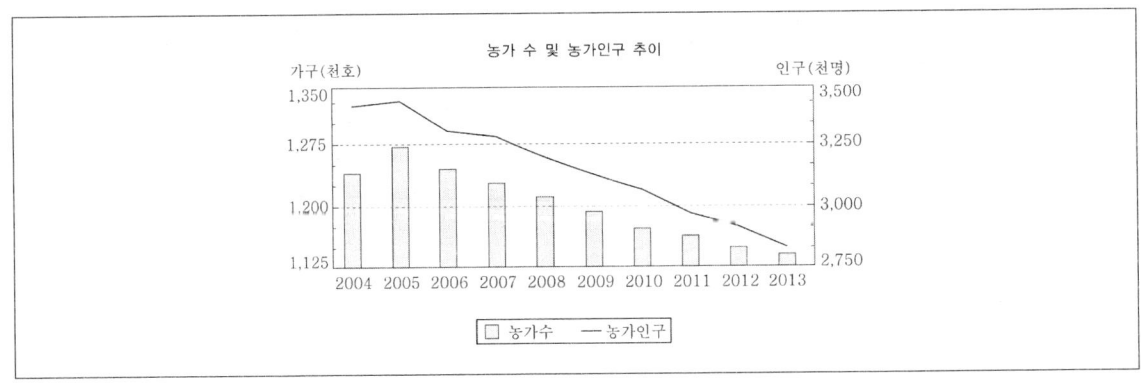

① 농가수는 2013년까지 계속해서 감소를 하였다.

② 농가인구 및 농가당 평균 가구원의 수는 젊은 자녀들의 도시전출, 홀로 사는 노인세대 증가 등으로 계속 증가할 것이다.

③ 농가인구 중 65세 이상 인구의 비율이 높으면 고령화가 더욱 빠르게 나타난다.

④ 농가인구 감소는 고령화에 따른 농업포기와 타 업종으로의 전환 등에 의한 현상으로 분석할 수도 있다.

> **ADVICE** ② 농가인구 및 농가당 평균 가구원의 수는 젊은 자녀들의 도시전출, 홀로 사는 노인세대 증가 등으로 계속 감소할 것으로 전망할 수 있다.

7 무더운 환경에서 작업을 실시하는 경우 주의사항으로 보기 어려운 것은?

① 평소 기온이 높은 시간대를 피해서 작업을 실시한다.
② 수분을 자주 섭취하여 땀으로 손실된 수분을 충분히 보충한다.
③ 모자를 착용을 하지 않는다.
④ 실내에서는 차광이나 단열재 시공 등으로 실내의 온도가 현저하게 올라가지 않도록 하고, 통풍이 잘 되도록 하여 환기가 잘 이루어지도록 한다.

> **ADVICE** ③ 더위를 막기 위해 모자를 착용하거나 땀이 발산되기 쉬운 복장을 한다.
> ※ 무더운 환경 작업 준수사항
> ㉠ 평소 기온이 높은 시간대를 피해서 작업하고, 휴식을 자주 취하여 연속작업 시간을 줄이는 등의 주의를 한다. 또한 수분을 자주 섭취하여 땀으로 손실된 수분을 충분히 보충한다.
> ㉡ 모자를 착용하거나 땀이 발산되기 쉬운 복장을 한다. 작업장소에는 차양을 설치하는 등 가능한 한 그늘에서 작업하도록 한다.
> ㉢ 실내에서는 차광이나 단열재 시공 등으로 실내의 온도가 현저하게 올라가지 않도록 하고, 통풍이 잘 되도록 하여 환기가 잘 이루어지도록 한다. 실내에 열원이 있는 경우에는 열원과 작업자간에 간격을 멀리하거나 단열재로 격리하고 가열된 공기는 실외로 배기시킨다.
> ㉣ 열사병은 수분이나 염분을 과도하게 잃게 되는 것으로 계속해서 나른하거나, 경련을 일으키고, 심한 경우에는 의식을 잃거나 사망할 위험이 있다.

ANSWER 5.④ 6.② 7.③

8 산소결핍된 공간에서 작업을 할 경우 주의사항으로 보기 어려운 것은?

① 내부의 작업자들과 대화를 주고 받을 수 있게끔 숙련된 작업자를 시설물 외부에 배치해 두고, 관계자 이외에는 들어가지 않도록 위험표시를 하는 등 조치한다.
② 들어가기 전에 환기를 충분히 시킨다.
③ 저장물이 상하고 있는 경우엔 가급적 저장고 내로 들어가지 말아야 하며, 위험 가스가 발생할 가능성이 있는 경우에는 방독 마스크를 착용한다.
④ 분뇨탱크, 싸일로 등에서는 바로 탈출할 수 있도록 사다리 등을 설치한 후 들어가며 작업 중에는 빠른 작업을 위해 말을 삼간다.

> ADVICE 산소결핍위험 폐쇄공간
> ㉠ 산소결핍 등의 위험성이 있는 폐쇄공간에서 작업할 경우에는 작업장소, 작업시간을 가족 등에게 사전에 알려 둔다.
> ㉡ 들어가기 전에 환기를 충분히 시킨다. 작업전에 작업자들은 시설물 내의 산소가 충분한지 가스가 차 있지 않은지 확인한다. 특히, 저장물이 상하고 있는 경우엔 가급적 저장고 내로 들어가지 말아야 하며, 위험 가스가 발생할 가능성이 있는 경우에는 방독 마스크를 착용한다.
> ㉢ 고용주는 위험 요인들을 문서로 작성하여 작업전 작업자에게 충분한 교육을 시켜야 한다. 또한 작업자는 구명줄이 달린 복장을 갖추도록 하고, 구조절차에 관해 외부 작업자와 협의하고 구조에 적합한 장비를 준비한다.
> ㉣ 내부의 작업자들과 대화를 주고받을 수 있게끔 숙련된 작업자를 시설물 외부에 배치해 두고, 관계자 이외에는 들어가지 않도록 위험표시를 하는 등 조치한다.
> ㉤ 분뇨탱크, 싸일로 등에서는 바로 탈출할 수 있도록 사다리 등을 설치한 후 들어간다. 작업 중에는 중간 중간 서로 말을 걸어 안전을 확인한다.

9 열사병 예방법이 아닌 것은?

> ㉠ 농작업시에는 수분이나 염분을 충분히 섭취하도록 한다.
> ㉡ 휴식은 시원한 곳에서 취한다.
> ㉢ 열사병이 발생한 경우 옷을 느슨하게 풀어주고 시원한 장소에서 다리를 높게 한 뒤 눕혀 재운다.
> ㉣ 열사병 발생 시 스포츠 음료를 먹인다.
> ㉤ 식사는 많은 양으로 한 번에 한다.
> ㉥ 되도록 이면 고단백 식사를 한다.

① ㉠, ㉢
② ㉡, ㉤
③ ㉢, ㉣, ㉤
④ ㉤, ㉥

> **ADVICE** ④ ㉤㉥ 식사는 적은 양으로 자주 하고, 고단백 식사는 체내의 대사열을 높이므로, 섭취를 줄인다. 작업 전이나 도중, 후에는 알콜성 음료를 섭취하지 않아야 한다.
>
> ※ **열사병 예방법**
> ㉠ 농작업시에는 수분이나 염분을 충분히 섭취해야 하는데, 작업에 임하기 전에 스포츠 드링크나 식염수 등을 마셔두는 것도 좋은 방법이다.
> ㉡ 휴식은 시원한 곳에서 취한다.
> ㉢ 수면 부족이나 숙취(宿醉)는 열사병의 원인이 되므로 삼가고 식사는 반드시 한다.
> ㉣ 가능한 한 시원한 복장으로 작업한다. 안전작업에 문제가 없는 범위내에서 통기성·흡습성이 좋은 옷감의 작업복을 입는다. 직사광선이 내리쬐는 장소에서는 챙이 넓은 모자를 쓰도록 한다.
> ㉤ 열사병이 발생한 경우 옷을 느슨하게 풀어주고 시원한 장소에서 다리를 높게 한 뒤 눕혀 재운다.
> ㉥ 열사병이 발생한 경우 스포츠 음료를 먹인다.
> ㉦ 손과 발끝으로부터 심장을 향해 혈액이 흐르도록 마사지한다.
> ㉧ 근육에 통증이나 경련이 있을 때는 0.9%의 식염수를 먹인다.
> ㉨ 증상이 심할 경우에는 한시라도 빨리 병원에 데려 간다.

CHAPTER 03 자본재

1 투하된 자본에 대한 생산량의 비율을 의미하는 것은?

① 자본생산성
② 자본집약도
③ 자본구성도
④ 자본계수

> **ADVICE** 자본생산성은 자본계수와 역수의 관계에 있으며, 자본집약도는 생산에 투입된 자본과 노동의 비율을 말한다.

2 다음 중 농산물의 특성으로 틀린 것은?

① 농산물에 대한 수요와 공급 가격탄력성이 높다
② 자연환경에 크게 영향을 받고 불확실성이 높다.
③ 농업생산구조는 공업 생산과정에 비해 생산 확대가 제한되어 있다.
④ 정부의 정책과 시장 개입 또는 시장규제가 존재한다.

> **ADVICE** ① 농산물에 대한 수요와 공급 가격탄력성이 낮다. 농산물을 재배하기 위해서는 어느 정도의 재배기간이 필요해서 짧은 시간 동안 생산량을 증가시킬 수 없기 때문에 공급의 가격탄력성은 작게 나타난다.
> ※ 농산물의 특성
> ㉠ 농산물에 대한 수요와 공급 가격탄력성이 낮다.
> ㉡ 농업생산구조는 공업 생산과정에 비해 생산 확대가 제한적이며, 생산의 계절성이 있다.
> ㉢ 자연환경에 크게 영향을 받고 불확실성이 높다.
> ㉣ 생산기간 단축이 어렵고 기술개발에 장시간이 요구된다.
> ㉤ 정부의 정책과 시장 개입 또는 시장규제가 존재한다.

3 농산물의 공급과 수요에 대한 내용이다. 잘못 설명하고 있는 것은?

① 어떤 요인에 의하여 농산물의 공급이나 수요가 조금이라도 변화하면 그 가격은 매우 크게 변화되고 결과적으로 농산물 가격이 불안정하게 되는 것은 농산물의 불안정성이다.
② 농산물은 농지 및 가족노동의 고착성, 가격변화에 둔감하고 한번 파종하면 다음에 바꾸기 어렵기 때문에 공급의 비탄력성이 있다.
③ 농산물 수요의 가격탄력성이 탄력적인 이유는 농산물이 필수품인 경우가 많기 때문이다.
④ 소농경영이 지배적인 경우 농산물의 가격이 하락할 때 생산자는 오히려 증산하여 판매량을 늘려 가격하락에 따른 소득의 감소를 상쇄하려 하는 데 이를 궁박판매라 한다.

> **ADVICE** ③ 농산물 수요의 가격탄력성이 비탄력적인 이유는 농산물이 필수품인 경우가 많기 때문이다. 즉 다른 상품에 비해 대체재가 적은 것이 원인이며 자신이 섭취하는 식품에 대한 기호와 소비 패턴을 좀처럼 바꾸려 하지 않는 경향 때문이라 할 수 있다.

4 다음이 설명하는 것은?

> 곡물 수요가 공급을 초과하면 곡물 가격은 산술급수적이 아니라 기하급수적으로 오른다.

① 킹의 법칙
② 료의 법칙
③ 파레토의 법칙
④ 리카도의 법칙

> **ADVICE** ① 킹의 법칙(King's law)은 17세기 말 영국의 경제학자 킹이 정립한 법칙으로 농산물의 가격은 그 수요나 공급이 조금만 변화하더라도 큰 폭으로 변화하게 되는 현상이다. 이에 따르면 그 반대인 공급이 조금 늘어나면 가격이 급락한다는 역도 정립하게 된다.

ANSWER 1.① 2.① 3.③ 4.①

5 농어촌정비법상 농업생산기반시설로만 짝지어진 것은?

┌─────────────────────────────────────┐
│ ㉠ 저수지   ㉡ 양수장   │
│ ㉢ 관정   ㉣ 제방   │
│ ㉤ 유지   ㉥ 용수로   │
│ ㉦ 간이 상수노   ㉧ 하수도   │
└─────────────────────────────────────┘

① ㉠, ㉡, ㉢, ㉦
② ㉢, ㉣, ㉤, ㉥, ㉦
③ ㉠, ㉢, ㉥, ㉦, ㉧
④ ㉠, ㉡, ㉢, ㉣, ㉤, ㉥

> **ADVICE** ④ 농업생산기반시설이란 농업생산기반 정비사업으로 설치되거나 그 밖에 농지 보전이나 농업 생산에 이용되는 저수지, 양수장(揚水場), 관정(우물) 등 지하수 이용시설, 배수장, 취입보, 용수로, 배수로, 유지(웅덩이), 도로(「농어촌도로 정비법」에 따른 농도 등 농로를 포함), 방조제, 제방(둑) 등의 시설물 및 그 부대시설과 농수산물의 생산·가공·저장·유통시설 등 영농시설을 말한다(농어촌정비법 제2조 제6호).

6 농업생산기반 정비사업 시행시 농지, 농어촌용수 등의 자원을 효율적으로 이용하기 위해 고려해야 하는 사항이 아닌 것은?

① 재배 작목
② 농어촌경관
③ 사업 시행지역의 토질
④ 농림축산식품부장관의 동의

> **ADVICE** ④ 토지에 대한 권리를 가지고 있는 자의 동의를 얻어야 한다(농어촌정비법 제6조 제4호).
> ※ 농어촌정비법 제6조(농업생산기반 정비사업의 원칙)
> 농업생산기반 정비사업은 농지, 농어촌용수 등의 자원을 효율적으로 이용하여 농업의 생산성을 높일 수 있도록 다음의 사항 등을 고려하여 종합적이고 체계적으로 시행함을 원칙으로 한다.
> 1. 사업 시행지역의 토질, 토양, 경사도, 기후
> 2. 재배 작목(作目)
> 3. 경제성 및 농어촌경관
> 4. 토지에 대한 권리를 가지고 있는 자의 동의

7 농업생산기반 정비사업 기본계획의 수립에 대한 내용으로 잘못된 것은?

① 농업생산기반 정비사업은 농지, 농어촌용수 등의 자원을 효율적으로 이용하여 농업의 생산성을 높일 수 있는 것을 목적으로 한다.
② 농림축산식품부장관은 자원 조사 결과와 농어촌 정비 종합계획을 기초로 논농사, 밭농사, 시설농업 등 지역별·유형별 농업생산기반 정비계획을 세우고 추진하여야 한다.
③ 농림축산식품부장관은 예정지 조사 결과 농업생산기반 정비사업 중 타당성이 있다고 인정되는 사업은 그 지역에 대한 기본조사를 하고 농업생산기반 정비사업 기본계획을 세워야 한다.
④ 농촌진흥청장은 농업생산기반 정비사업 기본계획 중 타당성이 있는 농업생산기반 정비사업에 대하여는 농업생산기반 정비사업 시행자를 지정하여야 한다.

> ADVICE ④ 농림축산식품부장관 또는 시·도지사는 농업생산기반 정비사업 기본계획 중 타당성이 있는 농업생산기반 정비사업에 대하여는 농업생산기반 정비사업 시행자를 지정하여야 한다(농어촌정비법 제9조 제1항).
> ※ 농어촌정비법 제9조(농업생산기반 정비사업 시행계획의 수립 등)
> ① 농림축산식품부장관 또는 시·도지사는 농업생산기반 정비사업 기본계획 중 타당성이 있는 농업생산기반 정비사업에 대하여는 농업생산기반 정비사업 시행자를 지정하여야 한다.
> ② 농업생산기반 정비사업 시행자는 농업생산기반 정비사업 기본계획에 따라 사업을 하려면 해당 지역에 대한 세부 설계를 하고, 농업생산기반 정비사업 시행계획을 세워야 한다.
> ③ 농업생산기반 정비사업 시행자는 농업생산기반 정비사업(저수지의 개수·보수 등 농림축산식품부령으로 정하는 농업생산기반 개량사업은 제외) 시행계획을 공고하고, 토지에 대한 권리를 가지고 있는 자에게 열람하도록 한 후 3분의 2 이상의 동의를 받아야 한다.
> ④ 농업생산기반 정비사업 시행자는 농림축산식품부령으로 정하는 특수한 사유로 인하여 동의를 받을 수 없는 경우에는 그 지역 수혜면적(受惠面積)의 3분의 2 이상에 해당하는 토지 소유자의 동의를 받아야 한다.
> ⑤ 토지 등에 대한 권리를 가지고 있는 자는 제3항에 따라 공고된 농업생산기반 정비사업 시행계획에 이의가 있으면 공고일부터 30일 이내에 농업생산기반 정비사업 시행자에게 이의신청을 할 수 있다. 이 경우 농업생산기반 정비사업 시행자는 이의신청일부터 30일 이내에 이의신청에 대한 검토의견을 이의신청인에게 알려야 하고, 이의신청 내용이 타당하면 농업생산기반 정비사업 시행계획에 그 내용을 반영하여야 한다.
> ⑥ 농업생산기반 정비사업 시행자가 농업생산기반 정비사업 시행계획을 수립하면 농림축산식품부령으로 정하는 서류를 첨부하여 농림축산식품부장관에게 승인을 신청하여야 한다. 다만, 경지 정리, 농업생산기반시설의 개수·보수 및 준설 사업은 시·도지사에게 승인을 신청하여야 한다.
> ⑦ 농림축산식품부장관 또는 시·도지사는 농업생산기반 정비사업 시행계획을 승인한 경우에는 그 내용을 고시하여야 한다.
> ⑧ 농업생산기반 정비사업 시행자는 승인받은 농업생산기반 정비사업 시행계획을 변경하려는 경우에는 농림축산식품부장관 또는 시·도지사의 승인을 받아야 한다.
> ⑨ 농림축산식품부장관 또는 시·도지사는 농업생산기반 정비사업 시행계획 변경을 승인한 경우에는 그 내용을 고시하여야 한다. 다만, 대통령령으로 정하는 경미한 사항은 그러하지 아니하다.

ANSWER 5.④ 6.④ 7.④

8 다음 중 농업생산기반 정비사업 시행자가 아닌 자는?

① 국가
② 지방자치단체
③ 한국농어촌공사
④ 한국농수산식품유통공사

> **ADVICE** ④ 농업생산기반 정비사업은 국가, 지방자치단체, 「한국농어촌공사 및 농지관리기금법」에 따른 한국농어촌공사 또는 토지 소유자가 시행한다. 다만, 농업 주산단지 조성과 영농시설 확충사업은 「농업협동조합법」에 따른 조합도 시행할 수 있다(농어촌정비법 제10조).

9 농업생산기반시설의 관리에 대한 설명으로 적절하지 못한 것은?

① 농업생산기반시설관리자는 농업생산기반시설에 대하여 항상 선량한 관리를 하여야 한다.
② 농업생산기반시설관리자는 농업생산기반시설의 정비, 시설물의 개수·보수 등의 조치를 하여야 한다.
③ 농림축산식품부장관은 농업생산기반시설의 안전관리에 종사하는 자의 능력향상을 위하여 교육·훈련계획을 세우고 시행하여야 한다.
④ 어떠한 경우에도 농업생산기반시설관리자의 허락 없이 수문을 조작하거나 용수를 인수함으로써 농어촌용수의 이용·관리에 지장을 주는 행위를 할 수 없다.

> **ADVICE** ④ 자연재해로 인한 피해의 방지 및 인명 구조를 위하여 긴급한 조치가 필요한 경우에는 할 수 있다(농어촌정비법 제18조 제3항 제2호).
> ※ 농어촌정비법 제18조(농업생산기반시설의 관리)
>   ① 농업생산기반시설관리자는 농업생산기반시설에 대하여 항상 선량한 관리를 하여야 하며, 대통령령으로 정하는 바에 따라 농업생산기반시설의 안전관리계획을 수립하여야 한다.
>   ② 농업생산기반시설관리자는 농업생산기반시설이 정비, 시설품의 개수·보수 등의 조치를 하여야 하고, 안전관리계획에 따라 안전점검과 정밀안전진단을 하여야 한다.
>   ③ 누구든지 자연재해로 인한 피해의 방지 및 인명 구조를 위하여 긴급한 조치가 필요한 경우 등 대통령령으로 정하는 정당한 사유 없이 다음에 해당하는 행위를 하여서는 아니 된다.
>   1. 농업생산기반시설의 구조상 주요 부분을 손괴(損壞)하여 그 본래의 목적 또는 사용에 지장을 주는 행위
>   2. 농업생산기반시설관리자의 허락 없이 수문을 조작하거나 용수를 인수함으로써 농어촌용수의 이용·관리에 지장을 주는 행위
>   3. 농업생산기반시설을 불법으로 점용하거나 사용하는 행위

CHAPTER 04 기술과 정보

1 농산물 저장시스템 도입시 나타내는 효과가 아닌 것은?

① 시장공급 및 가격안정
② 자연재해, 고온현상 등에 따른 농산품 공급 감소에 대비 가능
③ 비축분을 적절한 시기에 공급 가능
④ 농산물의 부패 심화

> ADVICE ④ 저장시스템 없이 농산물을 비축하면 부패가 빨라지지만 농산물 큐어링 및 자동배기 저온저장 시스템 등을 사용한다면 농산물의 저온 저장 시에도 온도와 습도, 그리고 가스의 농도를 일정하게 유지할 수 있어, 농산물의 저장 기간과 신선도를 최대한 연장할 수 있다. 또한 가뭄 등으로 인한 가격 파동시 농민들의 생산 원가 보장 및 시장가격 안정을 동시에 할 수 있게 된다.

2 농산물을 저장할 때 나오는 에틸렌가스를 자동으로 배출하는 저장 시스템은?

① 큐어링 시스템
② 자동배기 시스템
③ 토굴 시스템
④ 중금속 제거 시스템

> ADVICE ② 자동배기 시스템은 농산물을 저장할 때 나오는 에틸렌가스를 자동으로 배출하는 시스템을 말한다.
> ① 큐어링 시스템은 마늘, 양파, 감자, 고구마, 당근 등과 같은 작물을 저온상태로 저장하기 전 표면에 입은 상처를 치유하는 것으로, 본 저장 중에 발생하는 병원균에 의한 부패를 막는 조작을 큐어링(curing)이라 한다.
> ※ 식물 호르몬의 종류

구분	작용
에틸렌	식물내에서 합성하며 과일이 익거나 색깔이 나타나는데 관여하며 과다한 발생은 식물의 노화를 촉진한다.
옥신	발아, 성장을 촉진시키고 뿌리 활착을 도우며, 과일 성장을 촉진한다.
지베렐린	줄기생장촉진호르몬으로 관엽식물의 생장 촉진을 돕는다.
싸이토키닌	새싹 출현, 신선도 유지, 세포분열을 왕성하게 하여 성장을 돕는다.
앞스시식산	낙화, 낙엽, 낙과, 당분의 사용에 영향을 미친다.

ANSWER 8.④ 9.④ / 1.④ 2.②

3 다음이 가리키는 농업은?

> ㉠ 1980년대 중반에 시작된 최적 시기, 최적 지역, 최적 생산방식을 동시에 고려한 농업생산시스템 연구에서 탄생하였다.
> ㉡ 각 지점에서 요구하는 수분량, 양분량, 농약량 등을 필요한 만큼만 공급함으로써 남는 비료분이나 농약이 환경을 오염시킬 확률을 줄이고 작물에는 최적의 환경을 조성하여 생산성을 극대화할 수 있다.
> ㉢ 센서(Sensor), 정보시스템, 기계, 정보관리 등의 다양한 기술이 융복합된 농업생산시스템이다.

① 유기농업 ② 관행농업
③ 지속적 농업 ④ 정밀농업

>ADVICE ④ 정밀농업이란 농산물의 생산에 영향을 미치는 변이정보를 탐색하여 그 정보를 바탕으로 한 의사결정 및 처리과정을 거쳐 생산물의 공간적 변이를 최소화하는 농업기술을 말한다. 예컨대 지구위치파악시스템(GPS)으로 경작지의 위치를 정확하게 파악하고, 토양 분석 프로그램을 이용하여 토양 성분을 측정·진단한 후 적정량의 비료를 주는 활동 등이 정밀농업이라 할 수 있다.
정밀농업은 농사정보를 이용하여 농지와 작목에 맞는 최적의 기술을 적용하고자, 1980년대 후반 미국을 중심으로 발전하여 현재 유럽, 아시아를 비롯하여 전 세계 여러 나라에서 21세기 새로운 농업전략으로 세우고 있으며, 특히 정밀농업은 비료, 농약, 물 등의 자원을 집중적으로 투입하여 관리하는 현재 농법으로 인해 일어나는 문제들의 대안으로 각광받고 있다.

4 병충해를 방제하는 방법 중에서 가장 많이 사용되는 것은?

① 약제살포법 ② 살포법
③ 유치법 ④ 기피구축법

>ADVICE ① 약제살포법, 살포법, 유치법, 경종관리법, 기피구축법 등이 있으나 이중 가장 많이 쓰이는 것은 약제살포법이다.
※ **병충해방제법** … 병충해 방제는 농작물이 자라는데 피해를 끼치는 벌레, 병균, 잡초, 조류, 산짐승 등의 해를 막는 것이며 방제기라 함은 이것들을 막는데 쓰이는 기계를 말한다.
농작물에 이러한 피해를 방제하지 않는다면 전연 수확을 할 수 없는 실정이 된다. 그러나 방제를 철저히 함으로써 증수는 물론 곡물의 품질까지 높일 수 있는 것이다.
해가 갈수록 방제에 투입되는 비용이 엄청난 비율로 늘어나지만 방제를 함으로 얻어지는 증수의 효과는 더욱 크다. 즉 방제에 투입되는 비용보다 증수의 효과는 방제비용의 약 70여배나 된다니 방제가 얼마나 중요한 것인가를 인식케 한다.

5 농산물 포장 시 고려하는 3요소가 아닌 것은?

① 보존성　　　　　　　　　② 편리성
③ 검증성　　　　　　　　　④ 확대성

>ADVICE 농산물 포장의 3요소

구분	내용
보존성 (protection)	포장 기본기능 중 보존성은 농산물을 생산지에서 포장, 저장, 그리고 마켓에 도달하기까지 수송 중 열악한 환경으로부터 내용물을 보호해야 하는 성질을 말한다.
편리성 (convenience)	편리성은 농산물의 보호성과 같이 생산부터 수송, 보관, 사용까지 모든 단계에서의 편리를 의미하며 취급 및 배분을 용이하기 위해 간편한 크기로 생산물을 둘 수 있는 용기가 그 예라 할 수 있다.
검증성 (identification)	검증성은 농산물 제품에 대한 유용한 정보를 제공해야 하는 성질을 말한다. 라벨이나 바코드를 통하여 농산물 제품의 이름, 품목, 등급, 무게, 규격, 생산자, 원산지과 같은 정보를 제공하는 것이 관례이다. 또한 영양학 정보, 조리법, 그리고 소비자에게 구체적으로 제시하는 다른 유익한 정보를 포장에서 일반적으로 쉽게 발견할 수 있다.

6 다음 중 방제기가 가져야 할 구비조건으로 타당하지 않은 것은?

① 부착성　　　　　　　　　② 경제성
③ 도달성　　　　　　　　　④ 복합성

>ADVICE 방제기의 구비 요건

구분	내용
부착성	작물의 피해부분에 효과적으로 부착되어야 한다.
균일성과 집중성	균일하게 살포되어 약효가 높아야 되고 약해가 없어야 한다.
도달성	살포도달거리가 양호하여야 하며 작업의 능률이 높아야 한다.
경제성	방제가 효과적이며 약액 및 동력의 손실이 없어야 한다.

ANSWER　3.④　4.①　5.④　6.④

7 다음 중 방제작업 종료 후 실시해야 하는 일이라 보기 어려운 것은?

① 방제 작업 종료 후에는 호스내의 수분을 제거한다.
② 맑은물의 분무가 끝나고 나면 조압핸들을 무압으로 하고 흡입호스를 공기 중으로 들어내어 여수호스에서 공기가 나오도록 하여 준다.
③ 작업이 끝나면 그대로 두지 말고 조압장치를 조작하여 압력계의 압력이 '0'이 되도록 하고 엔진을 정지하도록 한다.
④ 다음 날 작업이 연장되면 기체내의 약액을 제거하지 않고 넣어 둔다.

> ADVICE ④ 하루의 작업이 끝나면 펌프 내부는 물론 분무 호스도 깨끗이 청소하여야 한다. 흡입호스를 맑은 물에 담그고 약 10분 정도 분무시켜 주는 것이 좋다.
> ※ 방제 작업 종료 후 정비요령
> ㉠ 기체내의 약액을 제거 : 하루의 작업이 끝나면 펌프 내부는 물론 분무 호스도 깨끗이 청소하여야 한다. 흡입호스를 맑은 물에 담그고 약 10분 가량 분무시켜 주는 것이 좋다.
> ㉡ 호스내의 수분을 제거 : 맑은 물의 분무가 끝나고 나면 조압핸들을 무압으로 하고 흡입호스를 공기 중으로 들어내어 여수호스에서 공기가 나오도록 하여 준다. 이때 공회전이 절대로 2분을 넘어서는 안 된다.
> ㉢ 잔압 제거 : 작업이 끝나면 그대로 두지 말고 조압장치를 조작하여 압력계의 압력이 '0'이 되도록 하고 엔진을 정지하도록 한다.
> ㉣ 소모성 부품 확인 : 작업을 마치고 나면 다음 작업을 위하여 부족한 부품이나 소모된 부품의 유무를 확인하여 미리 준비하는 것이 좋다.

8 타이어의 공기압을 규격에 따라 조정해야 하는 이유는?

① 공기압을 높게 하면 균열이 발생하기 때문이다.
② 공기압을 높게 하면 견인력이 커진다.
③ 공기압이 낮으면 미끄러짐이 커진다.
④ 공기압이 낮으면 타이어에 균열이 생겨 내구성이 떨어지기 때문이다.

> ADVICE ④ 타이어 공기압을 규격에 따라 조정한다. 공기압을 높게 하면 미끄러짐이 커져 견인력이 감소하고 타이어가 빨리 마모되며, 반대로 낮게 하면 타이어에 균열이 생겨 내구성이 떨어진다.

9 약제 분무 작업 시 주의 사항으로 적절하지 못한 것은?

① 스트레이너는 약액 속에 고정시킨다.
② 흡입호스는 반드시 수면속에 충분히 잠겨있어야 한다.
③ 공기실에 공기를 보충하여야 한다.
④ 충분한 공기 주입을 위해 공회전을 실시한다.

> **ADVICE** 분무작업 시 주의 사항
> ㉠ 스트레이너(여과기 일종)는 약액 속에 고정시킨다. 흡입호스는 반드시 수면 속에 충분히 잠겨있어야 한다. 만일 수면위로 노출되어 공기가 흡입된 때에는 반드시 조압핸들을 감압상태로 하여 여수호스에서 부드럽게 약액이 흐를 때까지 잠시 기다려야 한다. 또 약액을 재 보충하였을 때, 기계를 이동시켰을 경우에도 흡입호스로 공기가 유입될 경우가 있으므로 주의해야 한다.
> ㉡ 공기실에 공기를 보충하여야 한다. 장시간 연속 작업을 하면 공기실의 공기량이 서서히 줄어 분무 압력의 변동이 커지게 된다. 이럴 경우는 흡입호스를 공기 중으로 들어 올려 공기실로 공기가 들어가게 하고 스트레이너의 면을 청소하는 것이 좋다.
> ㉢ 공회전을 시키지 말아야 한다. 어떠한 경우라도 2분이상 공회전(액체의 흡입이 없는 상태) 시켜서는 안 된다. 플런져, 팩킹 등 펌프의 주요 부분이 손상되기 쉽다.
> ㉣ 그랜드를 가볍게 조여 준다.

10 약제 분무 작업 시 주의 사항으로 적절하지 못한 것은?

① 약제 공급 시 분무액 콕크를 '0'에 놓는다.
② 액제를 잘 저은 다음 흘리지 말고 분무액 탱크에 잘 넣는다.
③ 만약 액제가 약액 탱크에 오랫동안 남아 있으면 액제의 침전물 때문에 분무액의 상태에 문제가 생길 수 있다.
④ 등에 메기 전에 엔진레버를 미리 올려둔다.

> **ADVICE** ④ 등에 기계를 메고 엔진레버를 서서히 올린다.
> ※ 분무작업
> ㉠ 액제 공급
> • 분무액 콕크를 '0'에 놓는다.
> • 액제를 잘 저은 다음 흘리지 말고 분무액 탱크에 잘 넣는다.
> • 약액 탱크 마개를 꼭 조인다. 만약 공기가 새면 분무액의 양이 감소할 수가 있다.
> • 만약 액제가 약액 탱크에 오랫동안 남아 있으면 액제의 침전물 때문에 분무액의 상태에 문제가 생길 수 있다.
> ㉡ 분무
> • 등에 기계를 메고 엔진레버를 서서히 올린다.
> • 분무콕크를 열어 분무액을 분무한다. 분무액의 양은 분무 상태에 따라 분무액콕크로 조절한다.

ANSWER 7.④ 8.④ 9.④ 10.④

11 제초 작업의 유의사항으로 적절하지 못한 것은?

① 환기가 되지 않는 곳에서는 작업을 하지 않는다.
② 정확한 취급으로 안전하게 작업을 한다.
③ 칼날 종류에 상관없이 모든 작업에 사용한다.
④ 시동시나 작업 중에 칼날에 주의한다.

> **ADVICE** 제초기 사용상의 일반적인 주의사항
> ㉠ 지정용도 이외에는 절대 사용하지 않는다.
> ㉡ 정확한 취급으로 안전하게 작업을 한다.
> ㉢ 작업할 때 주의를 꼭 확인한다.
> ㉣ 환기가 되지 않는 곳에서는 작업을 하지 않는다.
> ㉤ 연료 취급시 화재에 주의한다.
> ㉥ 시동시나 작업 중에 칼날에 주의한다.
> ㉦ 칼날 종류에 따라 지정용도에만 사용한다.
> ㉧ 작업 전에 작업복의 안전여부를 확인한다.
> ㉨ 눈비 올 때나 너무 더울 때 그리고 너무 무리한 작업은 사고의 원인이 된다.
> ㉩ 정기적인 점검, 정비는 안전의 기본이다.
> ㉪ 남은 연료의 처리방법은 연료통에서 연료를 모두 빼내어 밀봉된 통에 보관하고, 기화기에 남아있는 연료를 모두 빼어두고 시동이 스스로 꺼질 때까지 시동을 끄지 않는다.

12 봄맞이 농기계 관리 요령으로 적절하지 못한 것은?

① 겨우내 장기 보관했던 농기계는 외부에 묻은 흙이나 먼지 등을 깨끗이 씻어내고 기름칠을 해 준다.
② 오일필터도 점검하여 교환한다.
③ 냉각수는 보조 물탱크의 하한선에 있으면 정상이다.
④ 시동을 걸어 정상적으로 작동되면 3~4분간 난기운전을 하고, 이상이 없으면 배터리의 방전 유무 등을 다시 한 번 확인한다.

> **ADVICE** ③ 냉각수가 새는 곳이 없는지, 냉각수 양은 적당한지 확인한다. 냉각수는 보조 물탱크의 상한선과 하한선 사이에 있으면 정상이다.
> ※ 봄맞이 농기계 공통 점검요령
> ㉠ 겨우내 장기 보관했던 농기계는 외부에 묻은 흙이나 먼지 등을 깨끗이 씻어내고 기름칠을 해 준다.
> ㉡ 윤활유 주입이 필요한 곳은 정기점검 일람표에 따라 윤활유를 주입하고 각 부위의 볼트, 너트가 풀린 곳이 없는지 확인한다.
> ㉢ 엔진오일, 미션오일의 양 및 상태를 점검하여 보충하거나 교환한다.
> ㉣ 유량점검 게이지를 확인하여 부족하면 보충하고, 오일 색깔이 검거나 점도가 낮으면 교환한다.

ⓜ 오일필터도 점검하여 교환한다.
ⓑ 연료필터를 확인하여 청소하거나 교환하고 연료탱크나 연료관, 연결부 등에 균열이 있거나 찌그러진 곳이 있는지를 확인한다. 또한 연료탱크 내에 침전물 등 오물이 있으면 깨끗이 씻어내고 연료를 채워둔다.
ⓐ 냉각수가 새는 곳이 없는지, 냉각수 양은 적당한지 확인한다. 냉각수는 보조 물탱크의 상한선과 하한선 사이에 있으면 정상이다.
ⓞ 에어클리너를 점검하고 청소한다. 건식 에어클리너는 엘리먼트의 오염 상태를 보아 청소하거나 교환한다. 습식의 경우에는 경유나 석유를 이용하여 깨끗이 세척한다.
ⓩ 배터리 충전 및 단자 상태를 확인한다. 충전상태는 배터리 윗면의 점검창을 통해서 확인하고, 단자가 부식되었거나 흰색가루가 묻어 있을 경우에는 깨끗하게 청소 하고 윤활유를 발라준다.
ⓒ 각종 전기배선 및 접속부, 전구, 퓨즈 등을 점검하여 이상이 있으면 교환한다.
ⓚ 시동을 걸어 정상적으로 작동되면 3~4분간 난기운전을 하고, 이상이 없으면 배터리의 방전 유무 등을 다시 한 번 확인한다.
ⓣ 농번기에 사용될 간단한 소모품이나 연료, 엔진오일 등은 사전에 확보해 두는 것이 좋다.

13 경운기의 점검 사항으로 적절하지 못한 것은?

① 기관이 운행할 때 V벨트 장력을 벨트 가운데를 손가락으로 눌러 확인한다.
② 주클러치 로드의 길이는 주클러치 레버를 '연결' 위치에서 '끊김' 위치로 작동시킬 때 '연결' 위치의 2~3cm 앞에서부터 힘이 걸리기 시작하도록 조정한다.
③ 조향 클러치레버 유격이 적절한지 제대로 작동되는지 확인한다.
④ 로터리 케이스 및 미션 케이스 오일을 확인하여 보충하거나 교환한다.

❯ADVICE ① V벨트 장력을 벨트 가운데를 손가락으로 눌러 확인하는 것은 맞지만 어떠한 경우라도 시동이 걸린 상태에서는 작동 중인 기구를 만져서 안전사고가 나지 않도록 주의를 해야 한다.
※ 경운기 점검 요령
　　㉠ V벨트 장력을 벨트 가운데를 손가락으로 눌러 확인한다. 벨트가 2~3cm 정도 들어가면 정상이며, 장력이 맞지 않으면 텐션 풀리(tension Pulley)를 이용하여 조정한다.
　　㉡ 조속 케이블 길이는 핸들에 위치하고 있는 조속레버의 작동범위가 엔진의 속도범위와 일치하도록 조정한다.
　　㉢ 주클러치 로드의 길이는 주클러치 레버를 '연결' 위치에서 '끊김' 위치로 작동시킬 때 '연결' 위치의 2~3cm 앞에서부터 힘이 걸리기 시작하도록 조정한다. 주클러치 로드 길이는 조정너트를 이용하여 조정하면 된다.
　　㉣ 조향 클러치레버 유격이 적절한지 제대로 작동되는지 확인한다. 조향 클러치레버 유격은 1~2mm 정도이며, 유격조정은 조향 클러치 케이블 길이를 조정하면 된다.
　　㉤ 타이어 공기압은 양쪽 모두 108~137kPa(1.1~1.4kg/cm^2)이 되도록 조정한다.
　　㉥ 로터리 케이스 및 미션 케이스 오일을 확인하여 보충하거나 교환한다.

✎ ANSWER　11.③　12.③　13.①

14 다음 중 트랙터의 점검사항으로 보기 어려운 것은?

① 로터베이터 경운날 상태와 쟁기 보습의 상태는 확인할 필요가 없다.
② 핸들 유격이 제조사의 규정범위 내에 있는지 확인한다.
③ 팬벨트의 표면 균열여부, 마모상태 등을 확인하여 필요시 교환한다.
④ 도로 주행 등을 고려하여 방향지시등, 경음기, 제동등 등이 제대로 작동하는지 확인하고 야광반사판은 깨끗이 닦아준다.

> **ADVICE** ① 로터베이터 경운날 상태와 쟁기 보습의 상태를 점검하여 마모된 것은 교환한다.
>
> ※ 트랙터 점검사항
> ㉠ 팬벨트의 표면 균열여부, 마모상태 등을 확인하여 필요시 교환한다. 또한 팬벨트를 눌러 장력을 확인하고, 정해진 범위보다 더 많이 눌러지면 조정한다.
> ㉡ 라디에이터의 방충망에 먼지나 이물질이 끼었는지 등을 확인하여 청소하고, 코어부분은 찌그러지거나 깨진 곳이 없는지 확인한다.
> ㉢ 핸들 유격이 제조사의 규정범위 내에 있는지 확인한다.
> ㉣ 브레이크 페달 및 클러치 페달을 가볍게 밟았을 때 유격이 정해진 범위가 되도록 조정하고, 좌우 브레이크 유격이 동일한지 확인한다. 또한, 주차브레이크 작동상태도 함께 점검한다.
> ㉤ 유압작동상태가 정상인지를 확인한다. 유압 작동상태 점검은 견인력 제어 레버를 내린 상태에서 위치제어 레버를 올렸을 때 작업기가 상승하는지와 위치제어 레버를 내렸을 때 작업기가 하강하는지 여부를 확인하면 된다. 또한 유압파이프에서 오일이 새는 곳이 있는지도 확인한다.
> ㉥ 타이어 공기압을 규격에 따라 조정한다. 공기압을 높게 하면 미끄러짐이 커져 견인력이 감소하고 타이어가 빨리 마모되며, 반대로 낮게 하면 타이어에 균열이 생겨 내구성이 떨어진다. 또한 차축부와 바퀴의 볼트 풀림 여부를 확인하여 조여 준다.
> ㉦ 도로 주행 등을 고려하여 방향지시등, 경음기, 제동 등이 제대로 작동하는지 확인하고 야광반사판은 깨끗이 닦아준다.
> ㉧ 로터베이터 경운날 상태와 쟁기 보습의 상태를 점검하여 마모된 것은 교환한다. 로터베이터 경운날의 체결 볼트는 규격품을 사용한다.

15 장마철 농기계의 보관 요령으로 적절하지 못한 것은?

① 전기기구에는 정격용량의 퓨즈, 차단기, 전선 등을 사용하며, 누전차단기를 설치하고 접지한다.

② 물에 잠겼던 농기계에 시동을 걸어 이상 유무를 확인한다.

③ 농기계에 붙어 있는 흙 등의 불순물을 깨끗이 씻어내고 물기를 없앤 다음 부품 등이 부식되지 않도록 기름칠을 하여 보관한다.

④ 침수된 농기계는 전기 배선을 깨끗이 씻은 후 완전히 건조시키고, 손상된 부분은 절연 테이프로 감아주거나 새것으로 교환한다.

> **ADVICE** ② 물에 잠겼던 농기계를 절대 시동을 먼저 걸지 않는다. 만약 아무런 조치 없이 시동을 걸면 연소실내의 이물질로 인해 엔진이 손상되거나 전기누전이나 합선으로 인해 배선 등이 타버릴 수 있다.
>
> ※ 장마철 농기계 보관요령
> ㉠ 농기계가 비를 맞지 않고 물에 잠기지 않도록 보관창고 같은 안전한 장소에 보관한다.
> ㉡ 농기계에 붙어 있는 흙 등의 불순물을 깨끗이 씻어내고 물기를 없앤 다음 부품 등이 부식되지 않도록 기름칠을 하여 보관한다.
> ㉢ 그리스 주입이 필요한 곳에는 그리스를 충분히 주입하여 둔다.
> ㉣ 각종 클러치나 벨트는 풀림상태로 조작해 둔다.
> ㉤ 농기계용 유류 보관용기는 빗물, 습기 등이 들어가지 않도록 잘 보관한다.
> ㉥ 물에 잠겼던 농기계는 절대 시동을 먼저 걸지 않는다.
> ㉦ 만약 아무런 조치 없이 시동을 걸면 연소실내의 이물질로 인해 엔진이 손상되거나 전기누전이나 합선으로 인해 배선 등이 타버릴 수 있다.
> ㉧ 먼저 농기계를 깨끗한 물로 세척하여 오물을 완전히 제거하고, 물기가 완전히 마른 다음 기름칠을 한다.
> ㉨ 오일과 연료는 새로 교환하고, 필요한 곳에는 그리스를 주입한다.
> ㉩ 공기청정기, 연료필터 등 각종 필터류는 새것으로 교환한다.
> ㉪ 전기 배선은 깨끗이 씻은 후 완전히 건조시키고, 손상된 부분은 절연 테이프로 감아주거나 새것으로 교환한다.
> ㉫ 배터리는 연결된 전선을 분리한 뒤 마른 걸레 등으로 물기를 닦아준 다음 기름칠을 하고 배터리 단자에는 그리스를 칠한다. 단, 완전히 방전된 경우에는 새것으로 교환한다.
> ㉬ 소음기(머플러)는 물이 차 있는 경우가 많으므로 반드시 고정 볼트를 풀어 소음기 내부의 물과 이물질을 제거 한다.
> ㉭ 휘발유 엔진의 경우에는 기화기를 분리하여 깨끗이 청소하고 연료흡입구가 막히지 않도록 정비하고, 점화플러그와 전기장치를 잘 씻은 후 말려주어야 한다.
> ㉮ 엔진 속에 흙탕물이나 오물이 들어간 경우에는 농기계 전문 기술자의 도움을 받아 엔진을 분해수리 한다.

ANSWER 14.① 15.②

16 겨울철 농기계 관리 요령으로 적절하지 못한 것은?

① 휘발유는 연료탱크, 기화기 등에서 휘발유를 완전히 빼내고, 경유는 물이나 녹발생을 방지하기 위하여 연료탱크에 가득 채워둔다.
② 내부에 녹이 슬거나 먼지, 새, 쥐 등이 들어가는 것을 예방하기 위해 공기청정기, 배기구 등을 종이 등으로 막는다.
③ 냉각수는 완전히 빼지 않는다.
④ 농기계 도난, 배터리 방전 방지를 위하여 시동키는 빼 놓는다.

> ADVICE ③ 냉각수는 완전히 뺀다. 이때 핸들 등 잘 보이는 곳에 '냉각수 없음' 표시를 부착하여 냉각수 없이 운전하는 일이 없도록 한다. 단, 부동액을 사용하는 경우에는 부동액의 농도를 확인하고 필요시 교환한다.
> ※ 겨울철 점검 및 보관요령
>   ㉠ 외관 및 보관장소
>   • 기체에 녹이 발생하거나 부식되는 것을 방지하기 위해 깨끗한 물로 세척한 후 완전히 건조시켜 기름칠을 한다.
>   • 농업기계는 가능한 건조한 실내에 보관한다. 실내 보관이 어려울 경우에는 햇빛, 비, 눈 등을 피할 수 있도록 덮개를 씌워 평지에 보관한다.
>   • 내부에 녹이 생기거나 먼지, 새, 쥐 등이 들어가는 것을 예방하기 위해 공기청정기, 배기구 등을 종이 등으로 막는다.
>   • 볼트, 너트의 잠김 상태를 점검하고 풀려 있으면 바로 조여 준다.
>   • 각종 클러치, 레버, V벨트는 풀림 상태로 보관한다.
>   • 정비가 필요한 부분은 정비하여 보관한다.
>   ㉡ 연료 및 윤활관련 장치
>   • 각종 오일 상태를 점검하여 필요시 교환한다. 교환 후에는 약 5분 정도 가동하여 각부에 오일이 공급되게 한다. 보관 중에도 1주일에 1회 정도는 가동시킨다.
>   • 휘발유는 연료탱크, 기화기 등에서 휘발유를 완전히 빼내고, 경유는 물이나 녹발생을 방지하기 위하여 연료탱크에 가득 채워둔다.
>   • 그리스 주입이 필요한 곳에는 그리스를 주입한다.
>   ㉢ 엔진
>   • 냉각수는 완전히 뺀다. 이때 핸들 등 잘 보이는 곳에 '냉각수 없음' 표시를 부착하여 냉각수 없이 운전하는 일이 없도록 한다. 단, 부동액을 사용하는 경우에는 부동액의 농도를 확인하고 필요시 교환한다.
>   • 누전으로 인한 화재, 방전 등을 방지하기 위하여 배터리는 떼어 놓거나 (-)단자를 분리해 놓는다. 분리해 놓은 배터리는 1달에 1회 정도 충전한다.
>   • 농기계 도난, 배터리 방전 방지를 위하여 시동키는 빼 놓는다.
>   ㉣ 주행 관련 장치
>   • 타이어는 고임목을 고여 땅에 닿지 않게 하거나 타이어 압력을 표준보다 조금 더 넣어서 보관한다.
>   • 주차브레이크를 걸고 차륜 앞뒤에 고임목 등을 놓아 차륜을 고정시킨다.

17 다음 중 농기계의 내용년수가 다른 하나는?

① 시비 파종기 ② 방제기
③ 이식기 ④ 곡물건조기

> ADVICE ④ 내용년수란 건축물의 소모, 그 밖의 요인으로 구조적으로 사용할 수 없게 될 때까지의 년수를 말한다. 방제기, 시비 파종기, 이식기는 재배관리용 기계로 내용년수가 5년이고, 곡물건조기는 8년이다.

18 보기의 작업이 가능한 장치는?

• 과수원, 하우스의 시비용 구굴작업 및 배수로 및 관수작업
• 딸기, 야채재배 등의 두둑작업
• 농수로 및 배수로작업
• 전작물의 복토 및 북주기작업
• 인삼밭 삼포만들기 작업
• 월동용 무, 배추묻기 구덩이 파기작업
• 뽕밭 심경퇴비 넣기작업
---

① 구굴기 ② 복토기
③ 비닐피복기 ④ 관리기

> ADVICE ② 파종 후 흙을 덮어 주는 장치 또는 비닐피복기의 비닐 끝을 묻어 주는 장치를 말한다.
> ③ 지표면에 비닐 등 플리스틱 필름을 덮는 비닐피복을 도와주는 장치를 말한다.
> ④ 씨를 뿌릴 고랑을 만드는데 사용하는 괭이나 쟁기 등의 농기구를 말하며 작조기라고도 한다.

ANSWER 16.③ 17.④ 18.①

19 탈망기의 구성품이 아닌 것은?

① 핸들　　　　　　　　　　② 회전날
③ 고정날　　　　　　　　　④ 배출구

> **ADVICE** 탈망기
> ㉠ 개념 : 국내에 보급되고 있는 탈망기는 곡물 이송 방향에 따라 수평형과 수직형으로 구분되며 회전날에 의한 곡물의 마찰에 의해서 까락과 이삭가지가 떨어지는 원리이다. 탈망기는 콤바인, 탈곡기 등의 수확기로 충분히 탈곡 정선되지 못한 종자를 낱알로 분리하고 까락 등을 정선하여 기계 파종시에 파종균일도를 높이는데 쓰인다. 까락과 이삭가지가 붙어 있는 종자로 기계파종을 할 경우에는 종자배출롤러의 홈이 막혀 파종상태가 매우 불량하게 되고 입모율도 저하된다.
> ㉡ 구성 : 탈망기는 종자투입구, 회전날, 고정날, 배출구, 팬, 모터 등으로 구성되어 있으며 종자 투입구의 투입량 조절판으로 곡물량을 적절히 조절한다.
> ㉢ 작동 : 회전날과 고정날은 곡물을 교반하면서 마찰력으로 까락 등을 분리하고 종자를 배출구 쪽으로 이송시킨다. 배출구에는 배출량 조절 압력장치가 부착되어 탈망기 내부의 마찰 압력 조절에 따라 배출량을 조절할 수 있다.

20 농업기계에 사용되는 연료 중 이앙기와 관리기에 주로 사용되는 연료는?

① 경유　　　　　　　　　　② 휘발유
③ 등유　　　　　　　　　　④ 아스팔트유

> **ADVICE** ② 농업기계의 연료로 주로 사용되는 것은 휘발유와 경유이다. 휘발유는 이앙기와 관리기 등에 주로 사용되고, 경유는 경운기, 트랙터, 콤바인 등에 사용된다.

21 다음 중 경유를 보관하는 요령이 아닌 것은?

① 물과 혼합 보관
② 냉암소에 보관
③ 하절기용과 하절기용 경유 혼합 보관 금지
④ 계절에 맞는 연료 사용

> ADVICE ① 경유는 물 등이 침투되지 않도록 완전히 밀폐시킨 후 냉암소에 보관하여야 한다. 또한 동절기용 경유와 하절기용 경유가 섞이지 않도록 주의하고 계절에 맞게 사용하며 연료를 저장탱크에 주입할 경우에는 급유후 24시간 이상 방치하여 물이나 먼지를 침전시키고 위쪽 청정한 것만 사용한다.

22 다음 중 농기계에 사용되는 부동액 취급법으로 적절하지 못한 것은?

① 부동액의 농도가 60% 이상이 되면 동결방지 및 냉각효과가 감소한다.
② 교환시에는 냉각장치의 내부에 있는 기존의 냉각수를 완전히 배출시키지 않는다.
③ 라디에이터에 냉각수가 조금 부족하다고 하여 물을 자꾸 채워 넣는 것은 팽창에 의한 손실로 인해 냉각수의 농도가 낮아질 우려가 있다.
④ 냉각수 보조 탱크를 라디에이터캡과 연결 설치하여 냉각수의 온도변화에 따른 손실이 없도록 해 주는 것이 좋다.

> ADVICE ② 교환시에는 냉각장치의 내부에 있는 기존의 냉각수를 완전히 배출시킨 뒤 수돗물을 주입한 후 공회전시켜 다시 배출하는 작업을 2회 이상 해주는 것이 교환하는 새로운 냉각수의 효과를 100% 발휘하게 한다.
>   ※ 부동액의 관리 … 부동액이 각 제조회사마다 배합비가 다르며 품질의 차이가 심하므로 제조회사가 추천하는 동일 제품을 사용하는 것이 바람직하며 교환시에는 냉각장치의 내부에 있는 기존의 냉각수를 완전히 배출시킨 뒤 수돗물을 주입한 후 공회전시켜 다시 배출하는 작업을 2회 이상 해주는 것이 교환하는 새로운 냉각수의 효과를 100% 발휘하게 한다.
>   부동액의 농도가 60% 이상이 되면 동결방지 및 냉각효과가 감소하며, 30% 이하일 경우 부식 방지 능력이 약하므로 30%이상, 60% 이하의 농도로 사용하여야 한다. 50% 농도의 부동액 혼합수일 경우 냉각수 온도가 0℃에서 82℃로 상승할 때 부피가 약 5% 정도 팽창하여 넘치므로 주입 시에는 냉각수 용량의 4~5% 정도를 적게 넣는 것이 좋으며 라디에이터에 냉각수가 조금 부족하다고 하여 물을 자꾸 채워 넣는 것은 팽창에 의한 손실로 인해 냉각수의 농도가 낮아질 우려가 있다.
>   그러므로 냉각수 보조 탱크를 라디에이터캡과 연결 설치하여 냉각수의 온도변화에 따른 손실이 없도록 해 주는 것이 좋다. 부동액을 사용할 경우 라디에이터 보정제를 넣지 않는다. 부동액에는 방청제가들어 있으므로 보정제를 혼입하면 찌꺼기가 생성될 수도 있어 엔진부품에 나쁜 영향을 주기 때문이다.

ANSWER 19.① 20.② 21.① 22.②

23 연료 필터의 공기빼기 방법으로 적절하지 못한 것은?

① 제일 먼저 공기빼기 볼트를 손으로 푼다.
② 가볍게 손바닥으로 연료필터 윗부분의 펌프장치를 눌러주면 공기빼기가 끝난다.
③ 공기빼기가 끝나면 공기빼기 볼트를 조여 준다.
④ 공기빼기 실시 후 차체에 묻은 연료는 닦지 않아도 된다.

> **ADVICE** ④ 공기빼기가 끝나면 공기빼기 볼트를 조여 준다. 공기빼기 실시 후 차체에 묻은 연료는 반드시 닦아 내도록 한다. 그렇지 않으면 엔진의 열로 인하여 연기나 화재가 발생하게 된다.
> ※ 연료필터 공기빼기 순서
>   ㉠ 공기빼기 볼트를 손으로 푼다.
>   ㉡ 가볍게 손바닥으로 연료필터 윗부분의 펌프장치를 눌러주면 공기빼기가 끝난다. 이때 공기와 함께 약간의 연료가 나오게 된다.
>   ㉢ 공기빼기가 끝나면 공기빼기 볼트를 조여 준다. 공기빼기 실시 후 차체에 묻은 연료는 반드시 닦아 내도록 한다. 그렇지 않으면 엔진의 열로 인하여 연기나 화재가 발생하게 된다.

24 냉각수 점검 방식으로 적절하지 못한 것은?

① 냉각수를 배출할 때에는 라디에이터와 엔진 내부에 있는 냉각수를 모두 배출한다.
② 못 쓰는 부동액은 인체에 치명적인 영향을 줄 수 있으므로 바로 버리도록 한다.
③ 냉각수 캡으로 확인하는 경우에는 라디에이터 캡을 열어 라디에이터 내의 냉각수의 양을 확인한다.
④ 보조물탱크의 냉각수량은 Low(하한선)와 Full(상한선)의 눈금 사이에 냉각수가 있으면 정상이다.

> **ADVICE** ② 배출되는 냉각수를 받을 용기를 미리 준비하여야 하며, 못 쓰는 부동액은 인체에 치명적인 영향을 줄 수 있고, 환경오염원이 되므로 아무 곳에나 버리면 안 된다.
> ※ 농기계 냉각수 점검 요령
>   ㉠ 냉각수를 배출할 때에는 라디에이터와 엔진 내부에 있는 냉각수를 모두 배출해야 한다. 배출되는 냉각수를 받을 용기를 미리 준비하여야 하며, 못쓰는 부동액은 인체에 치명적인 영향을 줄 수 있고, 환경오염원이 되므로 아무 곳에나 버리면 안 된다.
>   ㉡ 냉각수 캡으로 확인하는 경우에는 라디에이터 캡을 열어 라디에이터 내의 냉각수의 양을 확인한다. 단, 라디에이터 캡은 뜨거울 때나 운전 직후에는 절대로 열면 안된다. 뜨거운 물이 밖으로 흘러나와 화상의 위험이 있으므로 반드시 냉각된 후에 캡을 열어야 한다.
>   ㉢ 보조물탱크의 냉각수량은 Low(하한선)와 Full(상한선)의 눈금 사이에 냉각수가 있으면 정상이며, Full 이상 냉각수가 있으면 라디에이터의 온도가 올라갔을 때 냉각수가 넘치게 되므로 지정된 양만큼만 냉각수를 넣어야 한다.

25 농작업 사고에 관한 내용으로 적절하지 못한 것은?

① 농업기계 사고는 농업기계 농작업 사고와 교통사고로 구분한다.
② 농업기계 농작업 사고는 농업기계가 사람, 자동차, 오토바이 등과 충돌 및 추돌 등에 의한 사고만을 말한다.
③ 농작업 사고는 농업용 시설 내에서의 산소 결핍, 유독 가스에 의한 중독, 비닐이나 유리교환 시의 추락, 시설의 파괴 등과 같이 시설 작업과 관련되는 사고를 말한다.
④ 농작업 사고는 농업경영의 파탄으로까지 연결될 수 있다.

> ADVICE ② 농업기계 농작업 사고는 작업준비 및 정비, 이동, 농작업 중에 발생한 사고를 말하며, 농업기계 교통사고는 도로에서 농업기계 단독사고를 포함하여 농업기계가 사람, 자동차, 오토바이 등과 충돌 및 추돌 등에 의한 사고를 말한다.
> 농작업 사고는 농업생산 활동에 수반되는 모든 작업 즉, 생산자재의 조정이나 운반, 농기구 또는 농업시설의 수리나 정비, 생산물을 시장까지 출하하는데 따른 작업이나 출하장 등에서의 작업 중에 발생한 모든 사고를 말한다. 농작업 사고와 관련하여 사상자가 발생하거나 농업기계 또는 농업시설, 농산물의 파손 및 손실은 물론 인적 · 물적 피해는 없지만 시간과 비용의 손실을 초래한 사고를 말한다.
> 농작업 사고는 농업경영의 파탄으로까지 연결될 수 있다. 사망사고가 일어나면 농가의 경영주나 기간 노동자를 잃게 되어 지금까지의 농사를 유지하기 어렵게 된다. 사망사고와 같은 큰 사고가 아니더라도 부상 및 농업기계 파손으로 농작업이 어렵게 되어 생산성이 큰 폭으로 떨어지게 된다. 또한, 농작업 수위탁이나 공동이용조직에서는 수탁작업이 곤란하게 되어 다른 농가의 농사에도 큰 영향을 미치게 되므로 사회적 책임도 생길 수 있다.

ANSWER 23.④ 24.② 25.②

26 농작업 사고의 특성이 아닌 것은?

① 어제의 안전한 장소도 환경에 따라 위험한 지역으로 변한다.
② 매년 같은 작업을 반복함으로써 익숙하다는 생각을 갖게 한다.
③ 대부분의 농작업이 1년에 한번 밖에 하지 않기 때문에 아무래도 농업기계 정비를 철저하게 하지 않게 될 뿐만 아니라 감을 잃을 우려가 높다.
④ 농작업 사고 후 즉시 이송되는 경우가 많다.

> ADVICE ④ 농작업은 대부분 옥외에서 이루어지고, 또한 혼자서 작업을 하는 경우가 많기 때문에 사고가 일어나도 도와줄 사람이 없다는 것이다. 따라서 사고자체는 경미하더라도 발견이 늦어져 과다 출혈 또는 치료의 지연으로 큰 화를 초래하기도 한다.
> ※ 농작업 및 농업기계 사고의 특징
>   ㉠ 작업의 대상이 자연조건에 따라 변화한다. 즉, 어제 안전했던 곳이 오늘도 안전하다고 할 수 없다. 비가 갠 뒤의 농로의 가장자리가 위험하다는 생각을 하지 못하여 농업기계가 전도되는 일이 발생하기도 한다.
>   ㉡ 매년 같은 작업을 반복함으로써 익숙하다는 생각을 갖게 한다. 즉, 위험한 작업을 위험하다고 생각하지 않게 되어 사고의 우려가 높다. 또한 대부분의 농작업이 1년에 한번 밖에 하지 않기 때문에 아무래도 농업기계 정비를 철저하게 하지 않게 될 뿐만 아니라 감을 잃을 우려가 높다.
>   ㉢ 농작업은 대부분 옥외에서 이루어지고, 또한 혼자서 작업을 하는 경우가 많기 때문에 사고가 일어나도 도와줄 사람이 없다는 것이다. 따라서 사고자체는 경미하더라도 발견이 늦어져 과다 출혈 또는 치료의 지연으로 큰 화를 초래하기도 한다.

27 농작업시 여성이나 연소자에 대한 내용으로 적절하지 못한 것은?

① 임산부 및 연소자에게 무거운 물건을 취급하지 않도록 한다.
② 높은 곳에서의 작업은 시킬 수 있다.
③ 고령자가 농작업을 직접하기보다는 위탁에 의하여 농작업을 수행하도록 유도하는 것이 현명하다.
④ 농업기계를 선정할 때에도 고령자의 이용을 고려해야 한다.

> ADVICE ② 임산부 및 연소자에게 무거운 물건을 취급하게 하거나, 높은 곳에서의 작업 및 진동이 심한 환경에서 작업하게 하는 등 위험성이 높은 작업 또는 약제를 다루는 일은 시키지 않는다.
> ※ 여성, 연소자 및 고령자의 배려
>   ㉠ 임산부 및 연소자에게 무거운 물건을 취급하게 하거나, 높은 곳에서의 작업 및 진동이 심한 환경에서 작업하게 하는 등 위험성이 높은 작업 또는 약제를 다루는 일은 시키지 않는다. 또한 임산부 및 연소자에게는 심야작업을 시키지 않는다.
>   ㉡ 앞으로 여성 농업자가 농업기계를 조작할 기회가 더욱 많아질 것으로 예상되기 때문에 여성 농작업자를 대상으로 농업기계 조작을 위한 지식이나 농작업 안전의식 향상을 위한 교육 및 홍보 등을 강화하도록 한다.
>   ㉢ 고령자에 대해서는 나이가 들수록 순발력이 떨어지는 등 심신기능이 감퇴하는 것을 고려하여 평소의 건강관리를 포함한 종합적인 안전교육을 실시하도록 한다. 또한 가급적 고령자가 농작업을 직접하기보다는 위탁에 의하여 농작업을 수행하도록 유도한다. 작업현장은 가능한 한 누구라도 안전하고 쾌적하게 이용할 수 있도록 하고, 농업기계를 선정할 때에도 고령자의 이용을 고려해야 한다.

28 안전한 농작업을 위한 주위사항으로 보기 어려운 것은?

① 농작업자는 자신은 물론 타인에게 위해를 가하지 않도록 평소부터 안전의식을 갖고 작업에 임해야 한다.
② 농작업을 시키기 위하여 타인을 농작업자를 고용할 경우, 고용주로서 피고용자에 대한 안전성을 확보하면서 주변환경에도 배려한다.
③ 농작업자 및 고용주는 농작업 안전에 관한 교육 및 홍보활동 등에 적극적으로 참가하여 안전의식을 높이고, 도로교통법 등 관계법령을 숙지하는 등 안전한 농작업을 위해 노력해야 한다.
④ 임신 중이거나 해당 작업이 임신 또는 출산과 관련하여 기능장애 등 건강상태에 악영향을 미친다고 생각되는 자는 본인 의사에 따라 작업을 시키도록 한다.

> **ADVICE** ④ 약물을 복용하고 있어 작업에 지장이 있는 자, 병이나 부상, 과로 등으로 정상적인 작업이 곤란한 자, 임신 중이거나 해당 작업이 임신 또는 출산과 관련하여 기능장애 등 건강상태에 악영향을 미친다고 생각되는 자, 연소자의 경우에는 농업기계를 이용한 농작업과 고소작업 등 위험을 수반한 농작업을 수행하지 말아야 하고 또한 시키지도 말아야 한다.
> ※ 농작업을 안전하게 하기 위한 기본사항
>   ㉠ 농작업자는 자신은 물론 타인에게 위해를 가하지 않도록 평소부터 안전의식을 갖고 작업에 임해야 한다. 또한, 농업용 기계·기구의 일상점검이나 적정한 조작 등을 통해 농작업을 안전하게 실시할 수 있도록 노력하면서 주변환경도 배려해야 한다.
>   ㉡ 농작업을 시키기 위하여 타인을 농작업자를 고용할 경우, 고용주로서 피고용자에 대한 안전성을 확보하면서 주변환경에도 배려한다.
>   ㉢ 농작업자 및 고용주는 농작업 안전에 관한 교육 및 홍보활동 등에 적극적으로 참가하여 안전의식을 높이고, 도로교통법 등 관계법령을 숙지하는 등 안전한 농작업을 위해 노력해야 한다.

ANSWER 26.④ 27.② 28.④

29 농작업을 실시할 때의 유의사항으로 적절하지 못한 것은?

① 하루의 작업을 시작하기 전에는 준비운동을, 작업 후에는 정리운동을 하여 몸을 풀어준다. 또한 기후조건이나 작업자의 몸 상태를 감안하여 무리 없는 작업을 하도록 해야 하며, 여럿이서 작업할 경우에는 사전에 그날의 작업에 대해 미리 협의한다.
② 농작업에 종사하는 자는 적당히 쉬고, 정기적으로 건강진단을 받는 등 평소 건강관리에 노력하여야 한다. 질병이 있을 경우에는 의사 등 건강관리 전문가와 상담하고 건강상태에 따라 무리 없는 작업계획을 수립하여 사고발생으로 이어지지 않도록 배려한다.
③ 농작업자는 평상시에 작업환경이나 위험지역에 대해 체크하고, 작업방법을 재검토하거나 작업현장의 개선 및 위험지역의 표시 등 안전하고 효율적인 농작업을 하기 위해 노력해야 한다.
④ 가능한 한 하루의 작업시간은 12시간을 넘지 않도록 하며 피로가 축적되지 않도록 3시간 마다 정기적으로 휴식을 취하도록 한다.

> **ADVICE** ④ 가능한 한 하루의 작업시간은 8시간을 넘지 않도록 하며 피로가 축적되지 않도록 2시간 마다 정기적으로 휴식을 취하도록 한다.
> ※ 농작업 환경의 점검 및 개선
> ㉠ 농작업자는 평상시에 작업환경이나 위험지역에 대해 체크하고, 작업방법을 재검토하거나 작업현장의 개선 및 위험지역의 표시 등 안전하고 효율적인 농작업을 하기 위해 노력해야 한다.
> ㉡ 수로, 도랑 등이 유실된 장소에서 농업기계가 빈번히 전복되며, 사각지대의 모퉁이, 좁은 교량, 급 커브, 경사지, 미끄러운 바닥 등 농작업 사고의 위험이 있는 곳의 환경을 개선해야 한다.
> ㉢ 위험요소가 발견되면 적극적으로 개선을 하여야 한다. 주위에 산재해 있는 위험요소를 줄이기 위하여 다음 사항을 이행하도록 한다.
> ㉣ 농업기계 운전자는 수로나 도랑 근처에 너무 가까이 가지 않고 안전하게 회전할 수 있는 충분한 공간을 확보한다.
> ㉤ 위험 요소를 숨기고 있는 농로의 가장자리는 제초작업을 잘해서 농로경계, 수로 등을 명확히 알 수 있도록 한다.
> ㉥ 운전자의 시야 확보를 위해서는 나뭇가지를 잘라내고 나무 그루터기나 그 밖의 장애물들은 제거한다. 침식된 지역은 뚜렷이 표시를 해 두거나 채워서 평평하게 해 둬야 한다.
> ㉦ 위험성이 높은 작업을 할 경우에는 작업자의 부담 경감이나 조기에 위험한 상황을 알려줄 수 있는 보조자를 배치하도록 하고 가능한 한 혼자서는 작업하지 않도록 한다. 어쩔 수 없이 혼자 작업할 경우에는 작업내용이나 작업장소를 가족 등에게 확실히 알려주어 사고가 발생할 때에 조기발견을 위해 필요한 조치를 취해둔다.

30 농작업시 복장으로 적절하지 못한 것은?

① 농작업을 할 때에는 농업기계에 두발이나 의류 등이 말려 들어가지 않도록 각 작업에 적당한 복장과 작업모 및 사고방지에 필요한 보호구를 착용한다.
② 더위로 인한 땀의 배출을 쉽게 하기 위해 헐렁한 옷을 착용하는 것이 좋다.
③ 신발은 발에 꼭 맞고 미끄럼 방지 처리가 된 안전화가 적당하다.
④ 보석류는 빼놓고 작업에 임하도록 한다.

> **ADVICE** ② 헐렁한 옷이나 소매가 긴 옷을 입거나 장갑을 착용하고 농업기계를 다루는 것은 매우 위험하다.
> ※ 복장 및 보호구 점검 요령
> ㉠ 농작업을 할 때에는 농업기계에 두발이나 의류 등이 말려 들어가지 않도록 각 작업에 적당한 복장과 작업모 및 사고방지에 필요한 보호구를 착용한다.
> ㉡ 헐렁한 옷이나 소매가 긴 옷을 입거나 장갑을 착용하고 농업기계를 다루는 것은 매우 위험하다.
> ㉢ 신발은 발에 꼭 맞고 미끄럼 방지 처리가 된 안전화가 적당하다.
> ㉣ 긴 머리칼은 작동하고 있는 기계 안으로 빨려 들어가서 머리 손상을 입기 쉬우므로 뒤로 묶거나 모자 속으로 집어넣도록 한다.
> ㉤ 보석류는 빼놓고 작업에 임하도록 한다.
> ㉥ 농작업에 임할 때에는 다른 작업자나 주변에 있는 사람에게 미치는 위험성을 고려하여 안정성이 충분히 확보되었는지 주의를 기울여 작업한다. 특히, 어린이가 주변에 있는 경우에는 가동 중인 농업기계에 접근하지 않도록 사전에 충분한 주의를 주는 것이 필요하다.
> ㉦ 농업기계를 이용한 작업 중 발생되는 소음, 진동, 분진, 악취, 약제의 비산 등으로 주변 주민이나 환경에 영향을 미치지 않도록 작업기계의 선정이나, 기상조건 등을 충분히 고려하여 필요한 조치를 강구하도록 해야 한다.

ANSWER 29.④ 30.②

31 도로주행 농기계의 운전 요령으로 적절하지 못한 것은?

① 커브 안에서는 급제동 또는 핸들 조작을 급하게 하지 않는다.
② 주변 자동차를 고려하여 정지, 좌·우 신호는 일찍 한다.
③ 전조등은 비오는 날에만 켜도록 한다.
④ 교차로에서는 반드시 신호를 지킨다.

> ADVICE ③ 야간, 흐리거나 비오는 날, 안개 낀 날, 눈 오는 날에는 반드시 전조등을 켠다.
> ※ 도로주행용 농기계 이용 요령
> ㉠ 곡선도로에 진입하기 전에는 속도를 낮춘다.
> ㉡ 커브 안에서는 급제동 또는 핸들 조작을 급하게 하지 않는다.
> ㉢ 교차로에서는 반드시 신호를 지킨다.
> ㉣ 주변 자동차를 고려하여 정지, 좌·우 신호는 일찍 한다.
> ㉤ 교차로에서는 속도를 낮추고 반드시 일단 정지한다.
> ㉥ 야간 또는 악천후에는 반드시 등화장치를 작동한다.
> ㉦ 야간, 흐리거나 비오는 날, 안개 낀 날, 눈 오는 날에는 반드시 전조등을 켠다.
> ㉧ 평상시 보다 안전거리를 여유 있게 확보하고 감속하여 운행한다.
> ㉨ 음주운전은 하지 않는다.
> ㉩ 운전자 시야 확보 및 사물 지각능력이 떨어진다.

32 추락이나 전도사고의 위험 지역에서 올바른 작업 요령이 아닌 것은?

① 농로의 가장자리에 너무 붙어 주행하지 않도록 주의한다.
② 트랙터 등을 운전할 때에는 좌우 독립 브레이크 페달을 가진 것은 사전에 연결하고, 폭이 좁은 농도나 모퉁이에서는 특히 속도를 낮추고 주행한다.
③ 안전하게 통행할 수 있는 도로 폭을 확보하고, 최행장소를 미리 염두에 두고 작업에 임하도록 한다.
④ 포장에 출입할 경우에는 경사방향에서, 차체가 옆으로 기울지 않도록 주의하고, 포장 옆에 수로 등이 있는 경우에는 가장자리까지 가야 한다.

> ADVICE ④ 포장에 출입할 경우에는 경사방향에서, 차체가 옆으로 기울지 않도록 주의하고, 포장 옆에 수로 등이 있는 경우에는 너무 가장자리까지 가지 않도록 한다. 논둑을 넘을 때는 차체가 논둑에 대해 직각이 되도록 하고, 높이 차가 큰 경우 디딤판을 사용한다.
> ※ 추락, 전도사고의 위험 지역
> ㉠ 농도
> • 트랙터 등을 운전할 때에는 좌우 독립 브레이크 페달을 가진 것은 사전에 연결하고, 폭이 좁은 농도나 모퉁이에서는 특히 속도를 낮추고 주행한다. 또한 농로의 가장자리에 너무 붙어 주행하지 않도록 주의한다.

- 안전하게 통행할 수 있는 도로 폭을 확보하고, 회행장소를 미리 염두에 두고 작업에 임하도록 한다.
- 모퉁이 주행시에는 충분한 시야를 확보하도록 노력하고, 농로의 가장자리는 알아보기 쉽도록 예초하고, 연약한 지반은 자갈 등을 이용하여 보강한다. 또한 노면의 바퀴자국, 물웅덩이, 침식되어 생긴 도랑 등은 평평하게 한다.

ⓒ 포장
- 포장에 출입할 경우에는 경사방향에서, 차체가 옆으로 기울지 않도록 주의하고, 포장 옆에 수로 등이 있는 경우에는 너무 가장자리까지 가지 않도록 한다. 논둑을 넘을 때는 차체가 논둑에 대해 직각이 되도록 하고, 높이 차가 큰 경우 디딤판을 사용한다.
- 포장의 출입로는 경사를 완만하게 하고 충분한 폭을 가지도록 하며, 연약한 부분은 보강하여 농업기계가 출입하는데 용이하도록 정비한다.

33 농기계를 운행하는 경우 준수사항으로 보기 어려운 것은?

① 운전자가 경사를 잘못 판단하거나 지면의 상태가 바뀐 것을 인지하지 못한 경우, 또는 하중이 농업기계의 균형에 미치는 영향을 인지하지 못할 때 사고가 일어나기 쉽다.
② 경사지나 언덕길에서는 저속으로 주행하고, 좌우독립 브레이크 페달을 연결하고, 작업기를 내려 무게중심을 낮추어 준다.
③ 경사지에서 작업할 때는 앞차륜이 들리지 않도록 밸런스 웨이트를 부착한다.
④ 급한 내리막에서는 반드시 유압브레이크를 사용한다.

> ADVICE ④ 급한 내리막에서는 반드시 엔진브레이크를 이용한다. 또 내리막길을 이동하는 도중에 주행클러치를 조작하지 않도록 한다. 오르막 방향으로 주행할 때에는 전륜이 들리기 쉬우므로 주의한다.
> ※ 경사지에서의 작업 및 이동
> ㉠ 운전자가 경사를 잘못 판단하거나 지면의 상태가 바뀐 것을 인지하지 못한 경우, 또는 하중이 농업기계의 균형에 미치는 영향을 인지하지 못할 때 사고가 일어나기 쉽다.
> ㉡ 포장 진출입로, 밭의 배수로 근처, 경사지 등에서 사고의 위험성이 높은데 특히, 경사면에서 농작업시 위험성을 잘 인지해야 한다.
> ㉢ 경사지나 언덕길에서는 저속으로 주행하고, 좌우독립 브레이크 페달을 연결하고, 작업기를 내려 무게중심을 낮추어 준다.
> ㉣ 경사지에서 작업할 때는 앞차륜이 들리지 않도록 밸런스 웨이트를 부착한다. 경사지에서 등고선 방향으로 주행할 경우에는 분담하중이 큰 쪽을 가능한 한 산쪽으로 향하도록 한다. 경운기 등은 경사지의 포장이나 언덕길에서 조향클러치를 조작하면 평지에서의 조작과는 반대 방향으로 선회하므로 주의한다.
> ㉤ 급한 내리막에서는 반드시 엔진브레이크를 이용한다. 또 내리막길을 이동하는 도중에 주행클러치를 조작하지 않도록 한다. 오르막 방향으로 주행할 때에는 전륜이 들리기 쉬우므로 주의한다.

ANSWER 31.③ 32.④ 33.④

CHAPTER 05 농업경영자

1 다음 중 농업경영자의 활동과 임무에 적절하지 않은 행동은?

① 경제, 재무, 유통 등 필요한 정보 습득
② 기술적 지식의 관리 및 향상
③ 인적·물적 자원의 획득, 통제 및 관리
④ 농산물 생산에만 전념

> ADVICE ④ 농업경영자가 합리적인 경영을 펼치려면 계획과 문제점을 명확히 파악하고 분석·평가하여 기술, 생산자원, 사회경제적 제요소 등을 잘 활용하고 적절히 배분하여야 하며, 작목별 작업 단계별로 가장 수익성이 높게 자원이 배분된 장단기 계획수립과 실천이 요구된다. 또한 시장변화에 따른 출하시기·지역의 선택 및 출하방법 등에 적절히 대응하는 것 역시 필요하다고 볼 수 있다.

2 신지식농업인에 대한 내용으로 잘못된 것은?

① 농어업·농어촌 및 식품산업 기본법 규정에 의한 농업인이 신지식농업인에 해당한다.
② 신지식농업인 선발은 신지식농업인으로 선발하기 위하여 시장·군수(구청장 포함)가 시·도를 통하여 농림축산식품부에 추천한 자를 그 대상자로 한다.
③ 신지식농업인의 선발은 국무총리가 최종적으로 선발한다.
④ 신지식농업인으로 선발된 자에 대해서는 신지식농업인장을 수여하여야 한다.

> ADVICE ③ 신지식농업이란 지식의 생성, 저장, 활용, 공유를 통해 농업의 생산·가공·유통 등을 개발·개선하여 높은 부가가치를 창출하고, 나아가 농업·농촌의 변화와 혁신을 주도하는 농업활동을 말한다. 신지식농업인의 선발은 신지식농업인운영위원회에서 최종적으로 선발한다(신지식농업인 운영규정 제3조 제2항).

3 신지식농업인의 선발기준이 아닌 것은?

① 창의성
② 실천성
③ 경영성
④ 가치창출성

> **ADVICE** ③ 신지식농업인의 선발기준은 창의성, 실천성, 가치창출성, 자질 등이다(신지식농업인 운영규정 제4조 제1항).
> ※ 신지식농업인 운영규정 제4조(선발기준)
> ① 신지식농업인의 선발기준은 다음의 세부기준을 적용한다.
> 1. 창의성 : 농업분야에 기존방식과는 차별되는 새로운 지식이나 기술을 활용한 정도
> 2. 실천성 : 습득한 창의적 지식과 기술을 농업분야에 적용함으로써, 일하는 방식을 혁신한 정도 또는 타인과 적극적으로 공유한 정도
> 3. 가치창출성 : 업무의 효율성, 생산성 향상 등으로 인한 조수입이나 순이익 등 경제적 부가가치의 창출정도와 전통문화, 사회봉사 등 사회적·문화적 부가가치 창출 정도
> 4. 자질 등 : 신지식농업인으로서의 자질과 지식을 습득·창조하려는 노력의 정도, 학력·사회적 편견 등의 극복 정도, 국민 계몽적 효과 및 지역농업인의 조직화 실적 등

4 신지식농업인으로 선발된 자가 수행해야 하는 역할이 아닌 것은?

① 지식기반사회를 주도할 창의적·자주적 지식농업의 중심인력으로서 새로운 농업지식의 창조자
② 농업의 부가가치를 높이는 생산자·경영자 및 신지식을 이용한 농업·농촌발전의 지도자
③ 평가기준의 설정 및 변경
④ 농업인을 신지식농업인으로 양성하는 교육자 또는 자원자

> **ADVICE** ③은 해당되지 않는다(신지식 농업인 운영규정 제18조 제2항).
> ※ 신지식 농업인 운영규정 제18조(신지식농업인의 역할 등)
> ① 신지식농업인으로 선발된 자에 대해서는 신지식농업인장을 수여하여야 한다.
> ② 신지식농업인으로 선발된 자는 다음의 역할을 수행하기 위한 노력을 하여야 한다.
> 1. 지식기반사회를 주도할 창의적·자주적 지식농업의 중심인력으로서 새로운 농업지식의 창조자·전파자·공유자
> 2. 농업의 부가가치를 높이는 생산자·경영자 및 신지식을 이용한 농업·농촌발전의 지도자
> 3. 농업인을 신지식농업인으로 양성하는 교육자 또는 자원자

ANSWER 1.④ 2.③ 3.③ 4.③

03

농업 생산과 비용

01. 생산함수
02. 생산비용

생산함수

1 생산함수가 $Y = -X^2 + 6X$일 때, X의 값이 각각 ㉠ 2, ㉡ 5, ㉢ 6인 경우 총생산은?

	㉠	㉡	㉢
①	6	18	24
②	7	15	30
③	8	5	0
④	8	20	30

>**ADVICE** ③ 산출량과 생산요소의 투입량과의 관계를 나타내는 생산함수 중에서 총생산량은 생산요소가 추가적으로 투입됨에 따라 산출량이 체증·일정·체감비율로 생산되는 총생산물량을 말한다.
총생산(TP) 값을 구하려면 X의 값에 각각 2, 5, 6을 대입하면 된다.
$Y = -X^2 + 6X$에서 각각 2, 5, 6을 대입한다.
㉠ 2를 대입하면 $-(2^2) + 6(2) = -4 + 12 = 8$
㉡ 5를 대입하면 $-(5^2) + 6(5) = -25 + 30 = 5$
㉢ 6을 대입하면 $-(6^2) + 6(6) = -36 + 36 = 0$이다.
따라서 생산요소 X값이 2일 때 총생산(Y)은 8이며, 5일 때 총생산(Y)은 5, X값이 6일 때 총생산(Y)은 0이 된다.
※ 생산함수 … 생산함수란, 투입(input)과 산출(output)의 상관관계(기술적 관계)를 나타내는 함수를 말한다.

*생산물(Q), 자본(K), 노동(L)	Q=f(K, L)

구분	내용
총생산(TP ; total production)	$Y = f(x)$
평균생산(AP ; average production)	$\dfrac{Y}{X}$, $\dfrac{생산물생산량(총생산)}{생산요소투입량(1단위당)}$
한계생산(MP ; marginal production)	$\dfrac{\Delta Y}{\Delta X}$, $\dfrac{산출량}{생산요소1단위당 변화}$

2 다음 중 생산가능곡선의 기울기에 대한 특징으로 옳지 않은 것은?

① 생산가능곡선의 기울기는 다른 재화 대신 한 재화를 선택해 생기는 기회비용이다.
② 원점에 대해 오목한 모양의 생산가능곡선에서는 X축 재화 생산량을 늘릴수록 기회비용이 증가한다는 사실을 알 수 있다.
③ 한계변환율은 생산가능곡선의 접선의 기울기이다.
④ 한계변환율은 Y재의 생산량을 1단위 증가시키기 위하여 감소시켜야 하는 X재의 수량으로 정의된다.

> ADVICE 한계변환율은 X재의 생산량을 1단위 증가시키기 위하여 감소시켜야 하는 Y재의 수량으로 정의된다.

3 $Y = -X^2 + 5X$ (단, $X \leq 10$)일 때, 평균생산은? (단, X의 값은 ㉠ 2, ㉡ 5, ㉢ 7로 한다).

	㉠	㉡	㉢
①	1	2	3
②	3	0	-2
③	-2	5	7
④	1	8	3

> ADVICE ② 평균생산이란 총생산물물량을 특정생산요소의 투하단위수로 나누어 얻어지는 평균 생산량을 말한다. 평균생산(AP)은 $\frac{Y}{X} = \frac{-x^2 + 5x}{x}$ 이며 X값으로 Y(총생산)를 나누면 $-x+5$가 된다. 이 때 각각의 2, 5, 7을 대입하면
> ㉠ $-(2) + 5 = 3$
> ㉡ $-(5) + 5 = 0$
> ㉢ $-(7) + 5 = -2$가 된다.
> 따라서 생산요소 X값이 2일 때 평균생산은 3이며, X값이 5일 때 평균생산(AP)은 0이고, X값이 7일 때 평균생산(AP)은 -2가 된다.

ANSWER 1.③ 2.④ 3.②

4 $Y = -X^2 + 10X$ (단, $X \leq 10$)일 때, 한계생산은? (단, X의 값은 ㉠ 2, ㉡ 5, ㉢ 7로 한다).

	㉠	㉡	㉢
①	6	5	2
②	6	0	-4
③	7	5	-2
④	3	7	9

> **ADVICE** ② 한계생산이란 추가투입량 1단위에서 얻어지는 생산량의 증가분을 말한다. 한계생산은 $\frac{\Delta Y}{\Delta X}$이므로 먼저 함수 ΔX, ΔY를 미분하는 절차를 거쳐야 한다.
> 한계생산(MP) = $-2x + 10$으로 도출되고
> 이에 각각의 숫자를 대입하면
> ㉠ $-2(2) + 10 = 6$
> ㉡ $-2(5) + 10 = 0$
> ㉢ $-2(7) + 10 = -4$가 된다.
> 따라서 생산요소 X값이 2일 때 한계생산(MP)은 6이며, X값이 5일 때 한계생산(MP)은 0이고, X값이 7일 때 한계생산(MP)은 -4가 된다.

5 생산함수가 $Y = -X^2 + 15X$일 때, 총 생산은? (단, X의 값은 ㉠ 1, ㉡ 3, ㉢ 5로 한다).

	㉠	㉡	㉢
①	10	20	35
②	20	35	60
③	14	36	50
④	40	50	60

> **ADVICE** ③ 산출량과 생산요소의 투입량과의 관계를 나타내는 생산함수 중에서 총생산(TP) 값을 구하려면 X의 값에 각각 1, 3, 5를 대입하면 된다.
> $Y = -X^2 + 15X$에서 각각 1, 3, 5를 대입한다.
> ㉠ 1을 대입하면 $-(1^2) + 15(1) = -1 + 15 = 14$
> ㉡ 3을 대입하면 $-(3^2) + 15(3) = -9 + 45 = 36$
> ㉢ 5을 대입하면 $-(5^2) + 15(5) = -25 + 75 = 50$이다.
> 따라서 생산요소 X값이 1일 때 총생산(Y)은 14이며, 3일 때 총생산(Y)은 36, X값이 5일 때 총생산(Y)은 50이 된다.

6 생산함수가 $Y = -X^3 + 15X^2$일 때 평균생산이 최대인 지점 X의 값은? (단, X ≤ 30)

① 4
② 7.5
③ 8
④ 10

> **ADVICE** ② 먼저 평균생산이 최대인 지점을 구하는 공식은 $\frac{dAP}{dX} = 0$이며, 그 전에 평균생산 값을 알아야 한다. 평균생산(AP)= $\frac{Y}{X}$이므로 $\frac{-X^3 + 15X^2}{X}$를 도출하면 $-X^2 + 15X$가 구해진다. 평균생산을 $\frac{dAP}{dX}$에 대입하면 $\frac{d(-X^2 + 15X)}{dX}$가 되어 이를 다시 미분하게 되면 $-2X + 15$가 나오게 된다. 이때 X값에 각각의 숫자를 대입하면
> ① $-(2 \times 4) + 15 = -8 + 15 = 7$
> ② $-(2 \times 7.5) + 15 = -15 + 15 = 0$
> ③ $-(2 \times 8) + 15 = -16 + 15 = -1$
> ④ $-(2 \times 10) + 15 = -20 + 15 = -5$가 된다. 평균생산이 최대인 지점은 $\frac{dAP}{dX}$의 값이 0이 나오는 지점이어야 하므로 0의 값이 나온 ②번이 정답이 된다.

7 생산가능곡선을 우측으로 이동시키는 요인이 아닌 것은?

① 기술의 진보
② 새로운 자원의 발견
③ 실업의 감소
④ 인적 자본의 축적

> **ADVICE** ③ 생산가능곡선의 내부의 한 점에서 생산하고 있을 때는 실업이 존재하고 있으므로 실업을 감소시키기 위해서는 생산가능곡선 내부의 한 점을 우측으로 이동하게 하면 된다.
> ※ 생산가능곡선의 이동(우측 이동)
>
> | 구분 | 내용 |
> | --- | --- |
> | 기술의 진보 | 생산요소 부존량은 일정하더라도 기술진보가 이루어지면 생산 가능한 X재와 Y재의 수량이 증가하므로 생산가능곡선이 이동한다. |
> | 천연자원의 발견 | 생산 가능한 재화의 수량이 증가하므로 생산가능곡선이 바깥쪽으로 이동한다. |
> | 노동력의 증가 | 인구의 증가, 여성의 경제활동참가율 상승, 새로운 인구의 유입 등이 이루어지면 노동력이 증가하므로 생산가능곡선이 바깥쪽으로 이동한다. |
> | 교육수준의 향상 | 교육 수준의 향상은 노동의 질 개선으로 노동의 생산성이 증가하여 결국 노동력의 증가를 가져온다. |

ANSWER 4.② 5.③ 6.② 7.③

8 다음 중 생산가능곡선이 원점(0)에 대하여 오목한 형태를 취하는 이유로 옳은 것은?

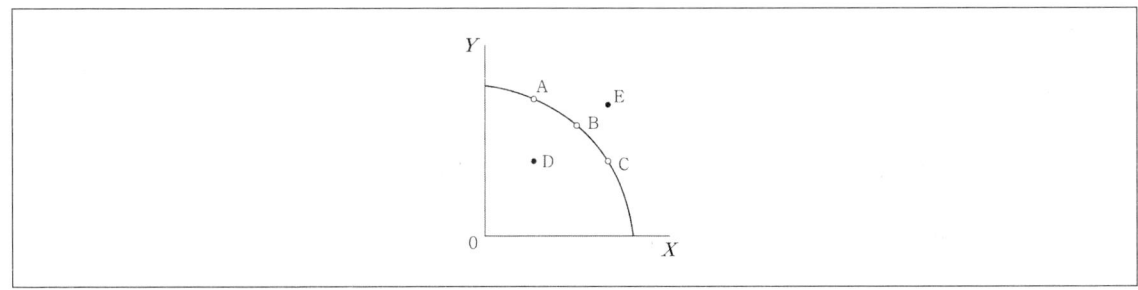

① 자원이 재화 생산에 비효율적으로 사용되고 있기 때문이다.
② 생산에 투입되는 자원의 기회비용이 일정하기 때문이다.
③ 재화 생산에 사용되는 자원이 희소하기 때문이다.
④ 재화 생산에 있어서 특화의 이익이 발생하기 때문이다.

> ADVICE ③ 생산가능곡선이란 경제 내의 모든 생산요소를 가장 효율적으로 투입했을 때 최대로 생산 가능한 두 개의 재화(X재와 Y재)에 대한 조합을 나타내는 곡선이다. 제시된 그림과 같이 바깥을 향해 볼록한(원점에 대해 오목한) 경우에 어느 한 생산물을 차차 더 생산함에 따라 한계기회비용이 체증한다. 이는 자원의 희소성을 반영한다. 그리고 생산가능곡선 내부의 점은 자원의 실업상태를 뜻하며, 생산가능곡선은 기술수준의 향상 또는 자원부존량의 증가 등에 따라서 바깥으로 확장된다.
>
> ※ 생산가능곡선(Production Possibility Curve) … 생산가능곡선(production possibility curve)은 한 사회의 자원과 기술이 일정하게 주어져 있을 때 모든 자원을 가장 효율적으로 사용하여 생산할 수 있는 생산물의 조합들을 연결한 곡선이다. 일반적으로 천연자원의 발견, 기술의 진보, 노동력 증가, 교육수준의 향상 등의 요인처럼 생산능력이 향상되면 생산가능곡선이 바깥쪽으로 이동을 하게 된다.

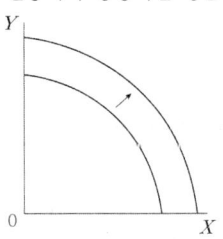

9 어떤 경제가 생산가능곡선 내부에서 생산하고 있다면 다음 중 그 이유로 타당하지 않은 것은?

① 독점 ② 실업
③ 기술진보 ④ 시장실패

> ADVICE ③ 생산가능곡선의 내부에서 생산하고 있다는 것은 일부 자원(노동, 자본, 토지 등)이 생산에 이용되지 않고 있거나 가격기구의 불완전성이나 경제외적인 요인들 때문에 비효율적으로 이용되고 있음을 의미한다.
>
> ※ 생산가능곡선의 내부와 외부
>
>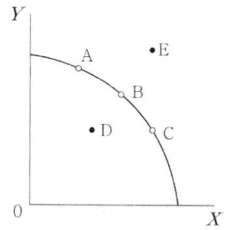
>
> ⊙ 내부의 점 : 생산가능곡선 내부의 점(D)은 생산이 비효율적으로 이루어지고 있는 점이다. 만일 현재 생산가능곡선 내부의 한 점에서 생산하고 있다면 이는 실업이 존재하거나 일부 공장설비가 유휴상태에 있음을 의미한다.
> ⓒ 외부의 점 : 생산가능곡선 바깥쪽의 점(E)은 현재의 기술수준으로 도달 불가능한 점을 나타낸다.
> ⓒ 생산가능곡선상의 A, B, C는 모두 생산이 효율적으로 이루어지는 점이다.

10 일정량의 상품생산을 위하여 투입되어야 할 두 가지 생산요소 조합의 궤적을 무엇이라고 하는가?

① 등비용선 ② 등수입선
③ 생산가능곡선 ④ 등량선

> ADVICE ④ 등량선이란 일정 생산량을 생산하는데 필요로 하는 두 가지 생산요소의 조합을 연결한 선을 말한다.

11 다음 중 그 개념이 잘못된 것은?

① 생산함수란 생산요소 투입량과 산출량 사이의 관계를 보여주는 함수를 말한다.
② 생산요소란 노동, 자본, 토지 등으로 구성된다.
③ 생산함수는 노동과 토지 두 생산요소만 사용된다고 가정한다.
④ 고정요소란 단기에 고정된 생산요소로, 자본, 건물, 기계설비 등이 포함된다.

> ADVICE ③ 생산요소는 노동, 자본, 토지 등으로 구성된다. 단, 생산함수는 노동과 자본 두 생산요소만 사용된다고 가정한다.
> ※ 생산
> ㉠ 개념

구분	내용
생산	사회후생을 증대시키는 행위로 생산요소를 적절히 배합하여 유용한 재화나 서비스를 창출하는 것을 말한다.
생산요소	노동, 자본, 토지 등으로 구성된다. 단, 생산함수는 노동과 자본 두 생산요소만 사용된다고 가정한다.
생산함수	생산요소 등의 특정한 배합들에 의하여 생산될 수 있는 생산물의 최대 생산량(Q)을 나타낸다. $Q = F(K, L)$, K : 자본, L : 노동

> ㉡ 생산에 있어서의 장기와 단기

구분	내용
단기	하나 또는 그 이상의 생산요소의 투입량을 변화시킬 수 없는 기간을 말한다.
장기	모든 생산요소들의 투입량을 변화시킬 수 있는 기간을 말한다.

CHAPTER 02 생산비용

1 다음의 설명에 해당하는 비용은?

> 생산량의 증감에 따라 변동하는 비용을 말한다. 생산비와 생산량, 또는 조업도와의 관계에서 분류된 비용으로 불변비용(不變費用)과 대응되는 말이며, 이 부류에 속하는 비용요소가 생산량의 영향을 받아 변동하는 정도에는 감량이 있다.

① 매몰비용
② 기회비용
③ 고정비용
④ 가변비용

> **ADVICE** ④ 비용에는 고정비용(Fixed cost)과 가변비용(Variable cost)이 있다. 보기는 가변비용으로 가변비용은 생산량을 늘리면 그에 따라서 같이 늘어나는 비용이며, 고정비용은 생산량이 늘어나던, 줄어들던 일정하게 지출되는 비용을 말한다.
> ※ 고정비용과 가변비용
> 생산비용은 고정비용(fixed costs : FC)과 가변비용(variable costs : VC)으로 구성된다.
>
> | 구분 | 내용 |
> |---|---|
> | 총 고정비용(TFC ; Total Fixed Costs) | 산출량에 따라 변하지 않는 비용 |
> | 총 가변비용(TVC ; Total Variable Costs) | 산출량에 따라 변하는 비용 |
> | 총 비용(TC ; Total Costs) | TC = TFC + TVC |

2 다음 중 고정비용에 해당하는 것은?

① 원자재
② 설비비용
③ 임금
④ 감가삼각비

> **ADVICE** ② 생산비는 설비비용과 같은 고정비용과 원자재, 임금 같은 가변비용으로 이루어져 있다.

✎ **ANSWER** 11.③ / 1.④ 2.②

3 생산량을 한 단위 증가시키는데 필요한 생산비의 증가분은?

① 한계비용　　　　　　　　　　　② 생산비용
③ 평균비용　　　　　　　　　　　④ 한계비용

> ADVICE ① 한계비용(限界費用)에 대한 질문으로 한계비용은 생산량을 한 단위 증가시키는데 필요한 생산비의 증가분을 가리킨다. 한계비용(MC ; marginal cost)은 상품 생산량을 1단위 증가시키는 데 추가적으로 드는 비용으로 고정비용과 아무 관계도 갖지 않고 오직 가변비용과만 관계를 맺는다.

4 ㉠과 ㉡이 올바르게 연결된 것은?

> ㉠ 기업의 직접적인 화폐지출(direct outlay of money)을 필요로 하는 요소비용으로 다른 사람들이 가진 생산요소를 사용하는 대가로 지불하는 비용을 말한다.
> ㉡ 직접적인 화폐지출을 필요로 하지 않는 요소비용(input cost)으로 자신이 선택하지 않고 포기하는 다른 기회의 잠재적 비용을 말한다.

	㉠	㉡		㉠	㉡
①	명시적 비용	회계적 비용	②	암묵적 비용	경제적 비용
③	명시적 비용	암묵적 비용	④	암묵적 비용	회계적 비용

> ADVICE 명시적 비용과 암묵적 비용

구분	내용
명시적 비용 (explicit cost)	기업의 직접적인 화폐지출(direct outlay of money)을 필요로 하는 요소비용을 말한다. 즉 다른 사람들이 가진 생산요소를 사용하는 대가로 지불하는 비용을 말한다.
암묵적 비용 (implicit cost)	직접적인 화폐지출을 필요로 하지 않는 요소비용(input cost)을 말한다. 눈에 보이지 않는 비용, 즉 자신이 선택하지 않고 포기하는 다른 기회의 잠재적 비용을 말한다. 암묵적 비용에는 매몰비용(sunk cost)이 포함된다.

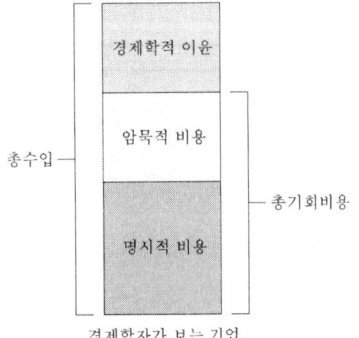

5 다음 중 틀린 것은?

① 회계적 이윤이란 총수입에서 명시적 비용을 뺀 것을 말한다.
② 경제적 이윤은 총수입에서 명시적 비용만을 제한 것을 말한다.
③ 기업의 주인이 제공하는 모든 자원의 기회비용
④ 총비용이란 생산요소 구입에 지불한 금액을 의미한다.

> **ADVICE** 이윤의 구분
> ㉠ 회계적 이윤 = 총수입 – 명시적 비용
> ㉡ 경제적 이윤 = 총수입 – 명시적 비용 – 암묵적 비용

6 제한된 자원 및 재화의 이용은 다른 목적의 생산 및 소비를 포기한다는 전제하에 이루어진다. 이때, 포기되거나 희생된 것을 선택된 것의 무엇이라 부르는가?

① 메뉴 비용
② 기회비용
③ 매몰비용
④ 구두창 비용

> **ADVICE** 기회비용과 매몰비용
>
> | 구분 | 내용 |
> |---|---|
> | 기회비용 | 자원의 희소성으로 인하여 다수의 재화나 용역에서 가장 합리적인 선택을 하고자 어느 하나를 선택했을 때 그 선택을 위해 포기한 선택을 '기회비용'이라고 한다. 예를 들어 중요한 시험을 앞둔 학생들에게 공부와 관련된 행위를 제외한 자유시간이 2시간 정도 주어진다면 각자 하고 싶은 여러 가지 행위가 있을 것이다. 머리를 식히기 위한 오락, 부족한 수면을 위한 낮잠, 외부 체육 활동 등 여러 가지 행동이 있으나 가장 하고 싶은 행위가 낮잠이라면 나머지 포기해야 하는 활동의 체육활동과 오락이 기회비용이 되는 것이다. |
> | 매몰비용 | 지출이 될 경우 다시 회수할 수 없는 비용을 의미한다. 기회비용이 하나를 선택함으로 인해 포기해야 하는 것 중에서 가장 큰 가치라면, 매몰비용은 일단 지출된 뒤에는 어떤 선택을 하던 다시 회수할 수 없는 비용이다. 보유한 주식의 주가가 계속해서 떨어지고 있음에도 불구하고 잃게 될 돈이 아까워 주식을 매도하지 못하는 경우가 매몰비용에 연연하여 합리적인 선택을 하지 못한 것이라 할 수 있다. 따라서 경제적 의사결정이나 선택을 내릴 때 되찾을 수 없는 매몰비용에 연연하는 것보다 과거로 묻어 버리는 행동이 합리적이라 할 수 있다. |

ANSWER 3.① 4.③ 5.② 6.②

7 다음과 같은 경제현상을 설명하는데 가장 유용한 경제개념은?

> - 농업 경영의 성과를 올리려면 농업 이외에 관련된 다른 활동 시간을 줄여야 한다.
> - 정부가 경제개발을 위한 지출을 늘리면 농민의 복지혜택은 상대적으로 줄어든다.
> - 새 묘목을 사기 위해서는 간식비를 줄일 수밖에 없다.

① 저축
② 기회비용
③ 형평성
④ 합리적 소비

> **ADVICE** ② 자원의 희소성으로 인하여 다수의 재화나 용역에서 가장 합리적인 선택을 하고자 어느 하나를 선택했을 때 그 선택을 위해 포기한 선택을 '기회비용'이라고 한다.

8 비용함수에 대한 내용으로 적절하지 못한 것은?

① 비용함수란 어떤 생산량에서의 최소 생산비용을 대응한 함수를 말한다.
② 비용함수를 알면 투입과 산출 관계를 알 수 있다.
③ 비용함수를 그림으로 나타낸 그래프를 비용곡선이라 하며 가변 생산요소의 존재여부에 따라 장기와 단기 비용곡선으로 구분한다.
④ 산출량을 늘릴수록 비용이 감소할 때, 즉, 평균비용이 감소하는 구간에서 기업은 규모의 경제를 누린다.

> **ADVICE** ③ 비용함수의 장기와 단기의 구분은 고정 생산요소의 존재 여부에 따라 결정된다. 단기의 경우에는 투입량을 변화시킬 수 없는 하나 이상의 고정 생산요소가 존재하는 경우를 의미한다. 장기에는 모든 생산요소가 가변 요소인 경우이다.
>
> ※ 비용함수
>   ㉠ 개념 : 비용함수는 생산량 증감에 따라 비용이 어떻게 변화하는지 알기 위한 함수를 말한다. 투입과 산출 관계에서 투입량을 결정하는 데는 일정한 범위가 있어, 적당한 투입량을 결정하는 것이 중요하다.
>   ㉡ 구성
>
> | 구분 | 내용 |
> |---|---|
> | 총비용(TC) | TFC + TVC {총고정비용(TFC), 평균고정비용(AFC), 총유동비용(TVC), 평균유동비용(AVC)} |
> | 한계비용(MC) | 1단위의 산출량을 더 생산하는데 소요되는 추가비용, 한계비용은 온전히 유동비용만으로 구성 |

9 다음 중 한계효용에 해당하지 않는 것은?

① 목이 말라서 냉수를 한 잔 마셨더니 갈증이 해소되었다.

② 새 옷을 입으면 기분이 좋다.

③ 첫 술밥에 배부르랴?

④ 장미꽃이 아무리 아름답더라도 자꾸 보면 시들해진다.

> ADVICE ③ 효용이란 상품이나 서비스를 소비함으로써 느끼는 소비자의 만족감을 말하며, 한계효용이란 재화소비량이 1단위 증가할 때 총효용의 증가분을 말한다. 보통 재화의 경우 소비하는 양이 증가함에 따라 전체 효용은 증가하지만 한계효용은 감소를 한다. 예를 들면 무더운 날, 청량음료를 마시는 경우 맨 처음 음료수를 마실 때는 굉장히 시원하며 맛있을 것이다. 즉, 효용은 굉장히 클 것이다. 하지만 두 번째 음료를 마시는 경우 처음 마실때보다 청량감이 작을 것이고, 이후 5병, 10병을 마신다고 할 경우 청량감보다는 배가 불러 불쾌감이 더 클 것이다. 즉, 효용은 오히려 감소하게 된다.
> ① 목마른 사람이 물을 한 잔 마실 때 얻는 한계효용은 매우 크다.
> ② 새 옷을 입을 때 한계효용은 매우 크다.
> ③ 첫 술밥(적은 분량의 음식 섭취분)으로는 총효용이 그리 크지 않음을 뜻한다.
> ④ 장미꽃의 한계효용이 체감함을 뜻한다.
> ※ 한계효용 이론

구분	내용
효용	재화나 서비스를 소비함에 따라 느끼는 주관적 만족도를 나타낸 수치
총효용	일정기간 동안에 재화나 서비스를 소비함에 따라 얻게 되는 주관적인 만족도의 총량
한계효용	재화나 서비스의 소비량이 한 단위 증가할 때 변화하는 총효용의 증가분

ANSWER 7.② 8.③ 9.③

10 다음에서 설명하고 있는 것은?

> 우리는 항상 처음 경험하는 일에 큰 감흥을 받는다. 첫사랑을 못 잊는 것도, 새 옷을 즐겨 찾는 것도, 남이 갖지 않은 새 것을 원하고, 해 보지 않은 일을 시도하는 용기도 모두 이에서 비롯된다. 모든 일을 처음 시작할 때의 다짐처럼 추진한다면 얼마나 좋을까? 하지만 항상 처음처럼 살아가지 못하는 것이 우리들의 모습이다. 처음 순간에 만끽했던 그 기쁨과 감흥, 때로는 큰 결심이나 고통마저도 시간이 흐르면 무덤덤하게 일상의 흐름에 묻혀 버린다. 세월이 흐를수록 첫 경험은 빛바랜 추억으로 묻히고, 반복되는 일상은 별다른 감동을 주지 못한다.

① 기회비용 ② 한계효용 체감의 법칙
③ 형평성 ④ 규모에 대한 수확체감의 법칙

> ADVICE ② 한계효용 체감의 법칙(law of deminishing marginal utilities)에 대한 내용이다. 재화나 서비스의 소비에서 느끼는 주관적 만족도를 효용이라 하며 한계효용은 재화나 서비스의 소비량이 한 단위 증가할 때 변화하는 총효용의 증가분을 말한다. 한계효용 체감의 법칙은 재화나 소비가 증가할수록 그 재화의 한계효용은 감소하는 것을 말한다.

11 기업주가 그가 고용하고 있는 노동자를 해고시킬 수가 없다면 이 기업주가 당해 노동자에게 지불하는 임금은 무슨 비용으로 보아야 하는가?

① 기회비용
② 가변비용
③ 고정비용
④ 일부는 고정비용, 일부는 가변비용으로 보아야 한다.

> ADVICE ③ 고정비용이다.
> ※ 고정비용과 가변비용

구분	내용
고정비용 (fixed cost)	단기에서 기업이 사용하는 생산요소 중에는 고정되어 있는 요소(예를 들어 공장이나 기계, 최고경영자 등)가 있다. 이와 같이 고정되어 있는 생산요소를 고정요소라고 부르며, 고정비용은 고정요소로 말미암은 비용을 의미한다. 고정비용은 생산량의 변화와는 관계없이 일정하며, 심지어 일시적으로 조업을 중단해도 이 비용의 부담을 피할 수는 없다.
가변비용 (variable cost)	조업률에 따라서 변화하는 생산요소(예를 들어 노동, 원료 등)를 가변요소라고 부르며, 가변비용은 가변요소로 말미암은 비용이다.

12 다음이 가리키는 것은?

> 이것은 일정한 농지에서 작업하는 노동자수가 증가할수록 1인당 수확량은 점차 적어진다는 경제법칙을 말한다. 즉 생산요소가 한 단위 증가할 때 어느 수준까지는 생산물이 증가하지만 그 지점을 넘게 되면 생산물이 체감하는 현상으로 농업이나 전통 제조업에서 이 현상이 주로 나타난다.
> 농사를 짓는데 비료를 주게 되면 배추의 수확량이 처음에는 늘어나지만 포화상태에 다다르면 그 때부터는 수확량이 감소하게 되는 것이 바로 이 법칙의 전형적인 예라 할 수 있다.

① 수확체감의 법칙
② 거래비용의 법칙
③ 코즈의 정리
④ 약탈 가격 법칙

> ADVICE ① 수확체감의 법칙에 대한 내용이다. 수확체감의 법칙(한계생산물체감의 법칙)이란 고정요소가 존재하는 단기에 가변요소 투입량을 증가시키면 어떤 단계를 지나고부터는 그 가변 요소의 한계생산물이 지속적으로 감소하는 현상을 말한다. 수확체감의 법칙은 정도의 차이는 있으나 단기에 거의 모든 산업부문에서 나타나는 일반적인 현상이다.

13 다른 생산요소를 일정하게 하고 한 생산요소를 증가시키면 처음에는 생산량의 증가율이 증가하다가 다음에는 그 증가율이 감소한다는 것은 어떤 의미인가?

① 외부변동 법칙
② 대규모생산의 법칙
③ 가변비용의 법칙
④ 규모의 경제와 규모의 불경제

> ADVICE ③ 다른 생산요소는 일정하게 하고 한 생산요소만 증가하면 생산요소들 사이에 투입비율이 변하게 되어 처음에는 수확체증의 법칙이 나타나다가 수확체감의 법칙이 나타난다. 이 현상을 가변비용의 법칙이라고 한다.

ANSWER 10.② 11.③ 12.① 13.③

14 구원모씨는 컴퓨터 보안업체에서 5,000만원의 연봉을 받고 근무하다가 그만두고 벼농사를 짓기로 결심했다. 토지임대료 1,500만원, 농사장비대여비 300만원, 기타 부대비용 100만원, 공공요금 100만원, 노무비 2,500만원이 1년간 들어갔다. 그는 이들 비용을 연간 500만원의 이자수입이 있었던 1억원의 예금으로 충당하고 남은 금액을 금고에 보관했다. 추가적인 비용이 없다고 가정할 때 구원모씨의 1년간 명시적 비용과 암묵적 비용은 모두 얼마인가?

	명시적 비용	암묵적 비용
①	4,500만원	5,500만원
②	4,500만원	5,000만원
③	6,500만원	1억원
④	1억원	7,000만원

> **ADVICE** ① 명시적 비용(explicit cost)은 기업이 실제로 화폐를 지불한 회계상의 비용을 말한다.
>
> 문제에서의 명시적 비용은 토지임대료(1,500만원) + 농사장비대여비(300만원) + 기타 부대비용(100만원) + 공공요금(100만원) + 노무비(2,500만원) = 4,500(만원)이다.
>
> 암묵적 비용(implicit cost)은 잠재적 비용이라고도 하며 기업이 생산에 투입한 생산요소의 기회비용으로 회계상 나타나지 않는 비용을 말한다. 여기에는 포기한 연봉(5,000만원) + 사업에 투입된 금융자본 기회비용(500만원) = 5,500(만원)이 있다.
>
> ※ 명시적 비용과 암묵적 비용
>> ⊙ 명시적 비용 : 명시적 비용이란 기업의 생산활동과정에서 실제로 지출된 금액을 말한다. 원료구입비, 임금, 이자, 임대료 등이 명시적 비용(회계적 비용)에 포함된다.
>> ⓒ 암묵적 비용(귀속비용) : 일반적으로 자신이 소유한 생산요소에 대한 비용으로 명시적 비용에 포함되지 않는 비용이다. 암묵적 비용은 회계적 비용에는 포함되지 않으나 경제적 비용에는 포함된다.

15 다음 중 암묵적 비용에 해당되는 것은?

① 실현된 기업의 이익
② 기업이 보유한 자산에 대한 조세
③ 귀속이자
④ 임차한 기계장비에 대한 비용

> ADVICE ③ 기업이 생산에 투입하는 생산요소는 대가를 지불하고 외부에서 조달하는 것과 자체적으로 보유하면서 생산에 투입하는 것으로 나눌 수 있다. 외부에서 조달한 생산요소에 대해 지급하는 비용을 명시적 비용(explicit cost), 기업이 보유하고 있으면서 생산에 투입한 요소의 기회비용을 암묵적 비용(implict cost)이라고 한다. 암묵적인 비용은 귀속비용(imputed cost)이라고도 한다. 회계적 비용에는 명시적 비용만 포함되는데 비해, 경제적 비용에는 명시적 비용뿐만 아니라 암묵적 비용도 포함된다.
> ※ 명시적 비용과 암묵적 비용
>
> | 구분 | 내용 | 예 |
> | --- | --- | --- |
> | 명시적 비용 | • 외부에서 고용한 생산요소에 대해 지불한 비용을 말한다.
• 실제로 비용지불이 이루어지므로 회계적 비용에 포함된다. | 임금, 지대, 이자, 이윤 |
> | 암묵적 비용 | • 기업이 보유하고 있으면서 생산에 투입한 요소의 기회비용을 말한다.
• 실제로는 비용지불이 이루어지지 않으므로 회계적 비용에 포함되지 않는다. | 귀속임금, 귀속지대, 귀속이자, 정상이윤 |

16 한달 임대료가 100만원인 약국건물을 소유한 어떤 약사가 자신의 약국에서 약사로서 일을 하여 월 매상액이 500만원이고 총회계적 비용이 월 200만원이다. 이 약사는 다른 약국에 고용되어 일을 한다면 월 150만원의 보수를 받을 수 있다고 한다. 이때 이 약사가 자신의 약국에서 약사로서 일을 하며 약국을 경영할 때 경제적 이윤은 월 얼마인가?(단, 총회계적 비용에 대한 은행이자는 고려하지 않는다)

① 30만원
② 50만원
③ 150만원
④ 300만원

> ADVICE ② 경제적 이윤(economic profit)은 총수입에서 명백한 비용뿐만 아니라 암묵적인 비용까지 빼야 한다. 즉, 진정한 경제적 이윤은 총수입에서 기회비용을 뺀 나머지로서 구해져야 한다는 뜻이다.
> 따라서 경제적 이윤 = 총수입 - 명시적 비용 - 암묵적 비용 = 500 - 200 - (100 + 150) = 50만원이다.

ANSWER 14.① 15.③ 16.②

04

농업경영전략

01. 투자 전략
02. 농산물의 유통과정
03. 마케팅 전략
04. FTA 등 농산물유통환경의 변화

CHAPTER 01 투자 전략

1 농업투자의 특징이 아닌 것은?

① 처음부터 정부 융자와 같은 거액의 차입금으로 시작하는 경우가 많다.
② 사업자의 자부담분을 자기자본이 아닌 외부 단기차입하는 경우, 부채는 사업개시도 하기 전에 거액화가 된다.
③ 어떤 업종이든 손익분기점에 도달하기 위해서는 적어도 2~3년 필요하나, 초기투자가 과다한 경우 판매촉진, 생산관리 강화 등 경영관리 보다는 단기부채의 상환원리금, 원재료·유류·인건비 등의 운영자금 조달에 몰두한다.
④ 경영자 대부분이 꾸준하고 체계적 장부정리로 수익성은 나빠지지 않는다.

> **ADVICE** ④ 경영자 대부분이 회계지식의 부족으로 장부정리가 미흡하여, 돈이 어디로 새는지 모르는 채 하루하루를 보내므로 자금난과 수익성 저하가 계속되기도 한다.
> ※ 농업투자의 특징
> ㉠ 처음부터 거액의 차입금(정부 융자)으로 시작한다.
> ㉡ 예상보다 초과된 시설투자비 및 초기 운영자금을 차입금에 의존하여 부채가 누적되기도 한다.
> ㉢ 사업자의 자부담분을 자기자본이 아닌 외부 단기 차입하는 경우, 부채는 사업개시도 하기 전에거액화 된다.
> ㉣ 어떤 업종이든 손익분기점에 도달하기 위해서는 적어도 2~3년이 필요하나, 초기투자가 과다한 경우 판매촉진, 생산관리 강화 등 경영관리 보다는 단기부채의 상환원리금, 원재료·유류·인건비 등의 운영자금 조달에 몰두한다.
> ㉤ 경영자 대부분이 회계지식의 부족으로 장부정리가 미흡하여, 돈이 어디로 새는지 모르는 채 하루하루를 보내므로 자금난과 수익성 저하가 계속되기도 한다.

2 투자안의 경제성 분석 방법 중 순현재가치법의 특징이 아닌 것은?

① 편익의 순현재가치에서 비용의 순현재가치를 차감하여 구한다.
② NPV가 1보다 크면 경제적 가치가 있다고 판단한다.
③ 복수 선택지의 경제성을 비교하는데 유리하다.
④ 일반적으로 수치의 해석이 용이하다.

> **ADVICE** NPV가 0보다 크면 경제적 가치가 있다고 판단한다.

3 다음 중 내부수익률법의 특징이 아닌 것은?

① 비율에 규모의 차이를 반영하지 않는다.
② IRR이 기준이 되는 할인율보다 큰 경우에는 투자의 타당성이 정당화된다.
③ IRR의 답이 존재하지 않는 경우가 있다.
④ 총편익을 총비용으로 나누어서 구한다.

> ADVICE 총편익을 총비용으로 나누어서 구하는 방법은 비용편익분석법이다.

4 농업 경영에 부정적인 영향을 미치는 위험 요인 가운데 농업에 국한된 위험이 아닌 것은?

① 생태적 위험
② 생산위험
③ 거시 경제적 위험
④ 정책적 위험

> ADVICE ③ 거시 경제적 위험은 모든 경영에 공통적으로 작용하는 위험이라 할 수 있다.
> ※ 농업의 위험과 유형(OECD)
>   ⊙ 모든 경영에 공통적인 위험 : 건강, 개인적 사고, 거시 경제적 위험
>   ⓒ 농업에 국한된 위험

구분	내용
생산위험	병해충, 날씨, 질병, 기술변화 등
생태적 위험	기후변화, 수자원 관리 등
시장 위험	산출물과 투입물 가격의 변화, 품질, 유통, 안정성 등
제도적 위험	농업 정책, 환경규제 등

ANSWER 1.④ 2.② 3.④ 4.③

5 농업 경영의 위험을 줄이기 위한 노력 가운데 농가의 노력에 해당하는 것은?

> ㉠ 경영의 다각화 ㉡ 계약 생산 체결
> ㉢ 정보 수집과 분석 ㉣ 가격 안정화 정책
> ㉤ 기후관측사업 진행 ㉥ 선물 또는 옵션

① ㉠, ㉡, ㉢
② ㉡, ㉢, ㉥
③ ㉠, ㉢, ㉤
④ ㉠, ㉡, ㉢, ㉣

> **ADVICE** 각 주체별 농업의 위험 관리 방식

정부	시장	농가
• 소득안정화 정책 • 재해 보험료 보조 • 수출신용보증정책 • 수출보험 지원 • 기후관측사업 • 유통명령제	• 선물 • 선도 • 옵션	• 저장과 생산 등 유통시기 조절 • 경영의 다각화 • 정보의 수집과 분석 • 자원 사용과 유보

6 두 가지 이상의 품목을 재배하여 생산, 가격에서 나타나는 위험들을 통합함으로써 위험을 완화하는 방법은?

① 영농의 다각화
② 수직적 통합
③ 수평적 통합
④ 유통협약

> **ADVICE** ① 영농의 다각화(diversification)에 대한 내용이다. 영농의 다각화는 여러 종류의 생산물에 위험 손실을 분산시켜 경영의 위험을 줄이는 방법으로, 한 품목에서 수익이 감소한 것을 수익이 높은 다른 품목의 영농활동으로 보완함으로써 농가소득이 변동위험을 방지할 수 있다. 영농의 다각화는 동일한 작물을 서로 다른 시기에 경작하여 가격의 연중 변동에 따른 위험을 회피하기에 효과적인 시간배분적 다각화와 동일한 시기에 여러 작물을 경작하는 작물배분적 다각화로 구분하고 있다.
> ② 수직적 통합은 수직적 관계에 있는 하나 이상의 생산활동을 한 농가가 함께 수행하여 소유와 통제권을 갖는 것으로 활동간의 거래를 시장거래가 아닌 내부거래로 전환된 것을 말한다. 즉 조사료 생산과 양축을 통합하는 것과 모돈 사육과 비육돈 사육을 함께 하는 일관사육체계 등이 해당되고, 원예분야에서는 생산과 선별, 수집, 포장 등을 함께 수행하는 것이 수직적 통합의 대표적이다.
> ④ 유통협약이란 수확 전 혹은 출하 전에 구매자와 생산자가 생산할 농산물에 대해 품질별 거래가격을 협상에 의해 미리 결정하는 것으로 가격위험을 축소하는 장점을 가지고 있다.

7 농업에 영향을 미치는 위험 요인 가운데 환경, 영농과 관련된 정부 규제 변화, 소송 가능성 위험과 관련된 위험은?

① 제도적 위험 ② 생산위험
③ 시장위험 ④ 재정적 위험

> ADVICE ① 제도적 또는 환경적 위험은 환경, 영농과 관련된 정부 규제 변화, 소송 가능성 위험과 관련된 위험을 말한다. 예를 들어 수매정책이나 농업통상정책 등의 변화처럼 농업경영에 관련된 정부의 정책이나 법령의 변화는 위험의 원인이 되어 농산물가격과 소득에 영향을 미친다.
>
> ※ 농업 위험 요인
>
> | 구분 | 내용 |
> |---|---|
> | 생산위험 | • 날씨, 질병, 병충해 등에 의한 산출량의 변화를 말한다.
• 농업생산은 자연조건에 영향을 많이 받기 때문에 수확기 이전에는 생산량을 정확하게 예측이 불가능하여 동일한 양의 생산요소를 투입하더라도 생산량은 항상 달라지며 정확한 생산량을 예측하는 것은 희박하다. |
> | 시장위험 | • 생산물 가격과 거래량의 변동 관계에 의한 위험을 말한다.
• 농산물의 가격은 매년 공급량과 수요량에 따라서 변하고 계절적 요인에 따라서도 연중 변동하기 때문에 농산물의 가격을 예측하는 것은 매우 어려우며, 시장상황과 가격변동은 매우 중요한 위험과 불확실성의 요인이 될 수밖에 없다. |
> | 재정적 위험 | • 부채상환능력 및 파산 등과 관련된 위험을 가리킨다.
• 농업인은 자기자본에 대한 부채의 비율이 너무 높거나 경영에 의한 현금수입이 갑자기 감소하였을 경우 차입금 및 이자를 상환하지 못하여 자기자본을 잠식하고 파산하게 되는 위험이 크다. |
> | 제도적 또는 환경적 위험 | • 환경, 영농과 관련된 정부 규제 변화, 소송 가능성 위험과 관련된 위험을 말한다.
• 수매정책이나 농업통상정책 등의 변화처럼 농업경영에 관련된 정부의 정책이나 법령의 변화는 위험의 원인이 되어 농산물가격과 소득에 영향을 미친다. |
> | 인적자원 위험 | • 가족 또는 고용인의 노동 제공이 불가능한 상황 발생 위험을 말한다.
• 경영자를 포함한 가족노동자 및 고용노동자는 질병과 사망, 이혼처럼 스스로 위험요소를 지닐 수 있어 결국 농업경영에 영향을 줄 수 있다. |

8 현재시점에서 계약을 체결하고 미래 일정시점에서 대상물을 인수도 및 대금결제를 하는 것은?

① 선도 거래 ② 선물 거래
③ 옵션 거래 ④ 스왑 거래

> ADVICE ② 선물 거래는 특정대상물을 장래일정시점에서 계약 시 정한 가격으로 인수 또는 인도할 것을 약속하는 거래를 말한다. 선물 거래가 옵션, 선도 등과 같은 다른 거래와 구분되는 중요한 특징으로 증거금 제도가 있다. 증거금 제도란 거래 상대방의 계약불이행으로부터 매입자와 매도자를 보호하고자 거래소가 징수하는 계약이행보증금을 말한다. 거래소는 각 거래자에게 계약이행보증금으로서 증거금을 징수하며 선물시장의 안전장치로서 중요한 역할을 한다.

ANSWER 5.① 6.① 7.① 8.②

9 농업의 위험관리수단 중 하나인 유통협약 가운데 수확 시점에서 최소가격은 결정되어 있지만 가격이 상승할 경우에는 계약서에서 제시된 공식에 의해 추가로 기초가격의 일정부분을 더 지불하는 계약은?

① 지불연기계약
② 기초계약
③ 헤징계약
④ 최소가격보장계약

> **ADVICE** 유통협약 유형 … 유통협약이란 수확 전 혹은 출하 전에 구매자와 생산자가 생산할 농산물에 대해 품질별 거래가격을 협상에 의해 미리 결정하는 것을 말한다. 유통협약은 계약생산과는 달리 인도되기 전까지는 농산물의 소유권을 생산자가 가지며, 생산과정에서 의사결정도 생산자에게 있는 특징이 있다. 유통협약은 생산위험뿐만 아니라 투입재 가격변동 위험도 가지고 있고, 단지 가격변동 위험과 시장출하 위험을 축소하는 수단에 불과하다.
> 유통협약은 거래가격을 결정하는 방식에 따라 기초계약, 지불연기계약, 최소가격보장계약, 헤징계약으로 구분된다.
>
> | 구분 | 내용 |
> | --- | --- |
> | 지불연기계약 | 고정된 가격으로 농산물을 인도하지만 그 즉시 가격을 지불하지 않은 형태의 계약을 말한다. |
> | 기초계약 | 사후적으로 관찰할 수 있는 기준가격에 기초하여 거래가격을 결정하는 방식을 말한다. 기준가격으로는 도매시장의 가격과 선물가격 등을 활용하여 가격을 결정하는 공식에 대해 계약하는 것이다. |
> | 헤징계약 | • 기초가격과 지불가격의 차이인 선물가격은 고정되어 있지만 기초가격은 변하는 형태의 계약을 말한다.
• 기초가격(basis)=현물가격-선물가격(Futures) |
> | 최소가격보장계약 | 수확 시점에서 최소가격은 결정되어 있지만 가격이 상승할 경우에는 계약서에서 제시된 공식에 의해 추가로 기초가격의 일정부분을 더 지불하는 계약을 말한다. |

10 선물거래의 기능으로 보기 어려운 것은?

① 가격예시기능
② 새로운 투자기회 제공
③ 위험관리수단의 제공
④ 경제안정기능

> **ADVICE** ④ 선물거래가 경제안정기능을 한다고 보기는 어렵다. 선물거래는 새로운 투자기회를 제공하며, 가격변동에 대한 위험을 회피하는 수단임과 동시에 미래 가격을 예측하는 기능을 한다.
> ※ 선물거래의 기능
>
> | 구분 | 내용 |
> | --- | --- |
> | 새로운 투자기회 제공 | 저렴한 비용, 높은 레버리지 효과의 새로운 투자수단 |
> | 위험관리수단의 제공 | 가격변동위험을 효율적으로 관리할 수 있는 수단 제공 |
> | 가격예시기능 | 선물가격은 미래가격에 대한 시장의 합의이므로 미래가격에 대한 예측 가능 |

11 위험을 기피하는 사람이 보다 위험을 선호하는 측에게 위험을 이전시킴으로써 위험을 축소하는 방법을 무엇이라 부르는가?

① 선물
② 헤징
③ 옵션
④ 보험

> **ADVICE** ① 선물이란 장래의 일정한 시기에 현품을 넘겨준다는 조건으로 매매 계약을 하는 거래로 위험을 기피하는 사람이 보다 위험을 선호하는 측에게 위험을 이전시킴으로써 위험을 축소하는 방법이다. 선물가격은 미래 납품기의 상품의 가치를 반영하고 있으므로 선물계약의 결과에 따라 지역의 현재가격이 변하게 된다.
> 실제 농가에서 선물거래시 농가는 수수료를 지불하고, 예탁금의 금융비용을 부담하는 등의 비용을 부담하게 되며 위험을 전가한 만큼의 기대가격에서 비용을 지불하게 된다.
>
> ※ 용어정리
>
> | 구분 | 내용 |
> |---|---|
> | 선물
(Futures) | 일정기간 후에 일정량의 특정상품을 미리 정한 가격에 사거나 팔기로 계약하는 거래형태를 의미한다. 이는 매매계약의 성립과 동시에 상품의 인도와 대금지급이 이루어지는 현물거래에 대응되는 개념으로서 선도거래에 비해 결제이행을 보증하는 기관이 있고 상품이 표준화된 것이 차이점이라 할 수 있다. |
> | 선도
(Forward) | 선물거래와 상대되는 개념으로 미래 일정시점에 현물상품을 사거나 팔기로 합의한 거래로 선물거래와 달리 상품이 표준화되지 않고 결제이행 기관이 별도로 없는 계약이다. 인도일, 계약금액 등 구체적인 계약조건은 당사자간의 협상에 의해 결정된다. |
> | 옵션
(Option) | 옵션은 특정한 자산을 미리 정해진 계약조건에 의해 사거나 팔 수 있는 권리를 가리킨다. 선물의 경우에는 계약조건에 의해 반드시 사거나 팔아야 하지만, 옵션은 옵션 매입자의 경우 사거나 팔 것을 선택할 수 있고, 매도자의 경우 매입자의 선택에 따라야 할 의무를 지며, 옵션 중에서 특정 자산을 살 수 있는 권리를 콜(Call)옵션, 팔 수 있는 권리를 풋(Put)옵션이라고 부른다. |
> | 스왑
(Swap) | 교환의 의미를 가지고 있는 스왑거래는 두 당사자가 각기 지니고 있는 미래의 서로 다른 자금흐름을 일정기간 동안 서로 교환하기로 계약하는 거래를 의미한다. 이 때 교환되는 현금흐름의 종류 및 방식에 따라 크게 금리스왑(Interest Rate Swap)과 통화스왑(Cross Currency Swap)의 두 가지 유형으로 구분이 된다. |

12 다음 중 괄호 안에 들어갈 말을 순서대로 바르게 나열한 것을 고르면?

> 콜옵션의 만기가치는 기초자산인 주식의 가격이 (㉠), 행사가격이 (㉡), 위험이자율이 커질수록, 만기가 길수록, 분산이 클수록 콜옵션의 가격은 높아지게 된다.

① ㉠ 높을수록, ㉡ 낮을수록
② ㉠ 낮을수록, ㉡ 높을수록
③ ㉠ 높을수록, ㉡ 높을수록
④ ㉠ 낮을수록, ㉡ 낮을수록

> ADVICE ① 콜옵션의 만기가치는 기초자산인 주식의 가격이 높을수록, 행사가격이 낮을수록, 위험이자율이 커질수록, 만기가 길수록, 분산이 클수록 콜옵션의 가격은 높아지게 된다.

13 다음은 위험(Risk)에 대한 내용들이다. 이 중 가장 옳지 않은 것을 고르면?

① 위험이란 미래에 발생 가능한 상황 및 객관적인 확률을 알고 있는 상태이다.
② 위험의 경우 기대수익률의 변동가능성을 의미하기도 한다.
③ 위험의 측정은 표준편차 혹은 통계학의 분산으로 측정한다.
④ 위험의 측정에서 표준편차 혹은 분산을 위험의 척도로 활용하기는 어렵다.

> ADVICE ④ 위험의 측정에서 표준편차 혹은 분산을 위험의 척도로 활용할 수 있다.

14 옵션에 대한 내용으로 잘못된 설명은?

① 옵션이란 미리 정한 가격으로 미래 일정시점에 상품을 인도하고 대금을 결제하기로 약속하는 거래를 말한다.
② 상승할 것으로 예상해서 미리 정한 가격에 살 권리를 콜옵션(Call Option)이라 한다.
③ 하락할 것으로 예상해서 미리 정한 가격에 팔 권리를 풋옵션(Put Option)이라 한다.
④ 콜옵션 매수자는 매도자에게 옵션가격인 프리미엄을 지불하는 대신 기본자산을 살 수 있는 권리를 소유하게 되고, 매도자는 프리미엄을 받는 대신 콜옵션 매수자가 기본자산을 매수하겠다는 권리행사를 할 경우 그 기본자산을 미리 정한 가격에 팔아야 할 의무를 진다.

> ADVICE ① 미리 정한 가격으로 미래 일정시점에 상품을 인도하고 대금을 결제하기로 약속하는 거래는 선물이다. 옵션거래는 가격이 상승할 것으로 예상 되면 미래시점에서 살 수 있는 권리를, 하락할 것으로 예상되면 팔 수 있는 권리를 사고파는 거래를 말한다. 상승할 것으로 예상해서 미리 정한 가격에 살 권리(Call Option)를 사두었는데 미래 약속한 시점에 가서 상품의 시장가격이 상승하지 않았다면 살 권리를 포기하면 되며, 그리고 하락할 것으로 예상해서

미리 정한 가격에 팔 권리(Put Option)를 사두었는데 미래 시점에 가서 시장가격이 하락하지 않았다면 팔 권리를 포기하는 방식이 바로 옵션이다.

※ 콜옵션과 풋옵션

구분	내용
콜옵션 (call option)	특정의 기본자산을 사전에 정한 가격으로 지정된 날짜 또는 그 이전에 매수할 수 있는 권리를 말한다. 콜옵션 매수자는 매도자에게 옵션가격인 프리미엄을 지불하는 대신 기본자산을 살 수 있는 권리를 소유하게 되고, 매도자는 프리미엄을 받는 대신 콜옵션 매수자가 기본자산을 매수하겠다는 권리행사를 할 경우 그 기본자산을 미리 정한 가격에 팔아야 할 의무를 가진다.
풋옵션 (put option)	특정의 기본자산을 사전에 정한 가격으로 지정된 날짜 또는 그 이전에 매도할 수 있는 권리를 말한다. 풋옵션 매수자는 매도자에게 사전에 정한 가격으로 일정시점에 기본자산을 매도할 권리를 소유하게 되는 대가로 옵션가격인 프리미엄을 지불하게 되고 풋옵션 매도자는 프리미엄을 받는 대신 풋옵션 매수자가 기본자산을 팔겠다는 권리행사를 할 경우 그 기본자산을 미리 정한 가격에 사줘야 할 의무를 진다.

15 간접투자의 내용이 아닌 것은?

① 펀드
② 대규모자금 운용
③ 분산투자
④ 자신의 판단과 책임

> ADVICE ④ 금융투자는 투자자산의 운용주체에 따라 다음과 같이 직접투자와 간접투자로 구분할 수 있으며 이 가운데 직접투자란 자신의 판단과 책임하에 직접 주식, 파생상품, 부동산, 실물자산 등에 투자하는 것을 말한다. 투자자 자신의 책임하에 직접 투자 대상을 선정하여 투자하는 것으로, 주식이나 채권을 직접 구입하는 것을 말한다. 펀드는 간접투자의 방식이다. 간접투자란 전문적인 투자대행 기관이 불특정 다수의 일반투자자로부터 투자자금을 모아 이를 증권, 파생상품, 부동산, 실물자산 등에 운용하고 그 결과를 투자자에게 귀속시키는 것을 가리킨다. 여기에서 투자를 위해 일반투자자로부터 모아진 자금의 운용단위를 펀드(Fund)라고 칭한다.
> 직접투자를 위해서는 증권시장에 대해 나름대로 상당한 수준의 경제적 식견과 실제적인 경험이 필요하지만 간접투자는 일반대중으로부터 모은 대규모자금을 다양한 종목에 분산투자함으로써 직접투자 시 발생하는 위험을 최소화할 수 있다.

※ 직접투자와 간접투자

구분	직접투자	간접투자
자금출처	소액의 개인투자	거액의 공동 투자
운용주체	본인	펀드 매니저
투자 책임	본인	본인
위험성	비전문가일 경우 취약	체계적 관리로 위험서이 상대적으로 적음

✎ ANSWER   12.①   13.④   14.①   15.④

16 간접투자 상품이 아닌 것은?

① 은행 신탁
② 채권
③ 펀드
④ 투자신탁

> ADVICE ② 간접투자의 대표적인 상품은 펀드와 투자신탁, 은행 신탁이 있으며, 채권은 투자자가 직접 투자하는 직접투자 상품에 해당한다. 직접투자는 투자자가 주식이나 채권 등을 직접 선정하여 투자 하는 것이고, 간접투자는 자산운용 회사가 운용하는 펀드에 투자자가 가입하는 것으로 펀드투자와 같은 의미이다. 특히 펀드는 투자자로부터 모은 자금을 자산운용 회사가 주식 및 채권 등에 투자·운용한 후 그 결과를 돌려주는 간접투자상품의 한 종류이다.

17 다음이 의미하는 것은?

> 주식을 발행하여 투자자로부터 투자자금을 모집한 후 이 자금을 전문적인 자산운용 회사에 운용을 맡겨 그 이익금을 투자자에게 배당하는 투자회사를 말한다.

① 선물
② MMF
③ 뮤추얼 펀드
④ 옵션

> ADVICE ③ 주식을 발행하여 투자자로부터 투자자금을 모집한 후 이 자금을 전문적인 자산운용 회사에 운용을 맡겨 그 이익금을 투자자에게 배당하는 투자회사를 뮤추얼 펀드(Mutual Fund)라 한다. 미국 등에는 약 6,000개가 넘는 뮤추얼 펀드가 운용되고 있는데 가장 활발하게 운용되고 있는 대표적인 Mutual Fund로는 템플텐, 피델리티, 슈로더, 메릴린치 등이 있다.
> 뮤추얼 펀드는 본질적으로 소액자금을 모아 거대 자금화하여 유가증권에 투자한다는 것과 전문가에 의해 자산이 대행운용 된다는 것, 분산투자로 투자위험을 감소할 수 있다는 점에서 기존의 투자신탁과 비슷하다. 뮤추얼 펀드는 다수의 일반인들의 소액자금을 모아 거대한 자금을 형성하고 이것을 뮤추얼 펀드의 자본금으로 납입하여 운용회사에서 이 자금을 일반인들을 대신하여 운용해주는 구조이므로 일반인들이 뮤추얼 펀드에 투자한다는 것은 뮤추얼 펀드가 발행한 주식을 매입한다는 것을 의미하게 된다. 따라서 뮤추얼 펀드에 투자하는 개인은 일반회사의 주주가 가지는 것과 동일한 권리와 의무가 생기게 된다.

18 다음 중 펀드의 특징으로 볼 수 없는 것은?

> ㉠ 다양한 투자대상에 적은 돈으로도 쉽게 투자할 수 있다.
> ㉡ 분산투자로 위험을 줄일 수 있다.
> ㉢ 집중 투자가 가능하다.
> ㉣ 주식, 채권, 부동산 등 각 분야에 전문적인 지식을 갖춘 투자관리자가 투자·운용을 한다.

① ㉠
② ㉡
③ ㉢
④ ㉣

> **ADVICE** ③ 펀드는 다양한 투자대상에 적은 돈으로도 쉽게 투자할 수 있으며 주식이나 채권 등에 직접투자하려면 목돈이 필요하나 펀드는 적은 돈으로 투자할 수 있는 장점이 있다. 또한 펀드는 주식 및 채권 등 여러 종목에 분산하여 투자하기 때문에 집중 투자에 따른 위험을 줄일 수 있다. 펀드는 펀드매니저가 투자를 대신해 준다. 주식, 채권, 부동산 등 각 분야에 전문적인 지식을 갖춘 투자관리자가 투자·운용한다. 다만, 펀드는 은행의 정기예금과는 달리 그 운용결과를 그대로 투자자에게 분배하는 실적배당원칙이 기본이며, 예금자보호대상에서는 제외된다.

19 자본시장에 대한 내용으로 틀린 것은?

① 증권시장은 자금을 유통시키는 시장이라는 점에서 금융시장의 한 범주로 해석된다.
② 금융시장에서는 주로 기업에 장기자본을 조달하는데 반하여 증권시장은 자본증권을 통하여 기업의 단기자금을 조달하는 역할을 한다.
③ 자본시장은 기업과 정부 등이 장기적으로 필요한 자금을 조달하는 시장이기도 하다.
④ 증권시장은 발행시장(1차 시장)과 유통시장(2차 시장)으로 구성되어 있다.

> **ADVICE** ② 금융시장에서는 주로 단기자금을 조달하는데 반하여 증권시장은 주식과 채권 같은 자본증권을 통하여 기업의 장기자본을 조달하는 역할을 하므로 협의로는 증권시장을 자본시장이라고도 한다. 따라서 주식, 채권 등 장기 금융상품이 거래되는 금융시장을 자본시장이라 할 수 있다. 자본시장은 주식, 채권 등 유가증권을 주축으로 거래가 이루어지는 직접금융시장으로서 정부, 지방자치단체, 혁신형 기업 등에 대한 자금공급기능을 수행하는 역할을 한다.

ANSWER 16.② 17.③ 18.③ 19.②

20 증권시장의 역할로 볼 수 없는 것은?

① 산업자본의 조달 기능　　　　　② 자금의 효율적 배분 기능
③ 국제통일 규칙에 의해서 상거래 질서 유지 기능　　④ 투자수단 기능

〉ADVICE ③ 국제 통일 규칙에 의해서 상거래 질서가 유지가 되는 것은 무역의 특징이라 할 수 있다. 증권시장은 산업자본의 조달 기능, 자금의 효율적 배분 기능, 투자수단처로서 역할을 한다.

※ 증권시장의 역할

구분	내용
산업자본의 조달 기능	증권시장은 기업에 대하여는 자금조달원이 가능해져 유동성 자금을 산업자본화함으로써 시설투자확대 및 기술혁신을 할 수 있다.
자금의 효율적 배분 기능	증권시장에서 형성되는 주가는 장기적으로 기업의 수익성을 반영하므로 주가 변동에 따라 투자자금이 생산성이 낮은 기업에서 생산성이 높은 기업으로 이동하게 되어 자금의 효율적 배분을 촉진하게 된다.
투자수단 기능	일반대중에 대하여 증권시장은 저축 내지 자산의 운용을 위한 투자대상을 제공하는 역할을 한다.

21 발행시장에 대한 내용으로 적절하지 못한 것은?

① 발행시장은 자금을 필요로 하는 기업이 발행주체가 되어 인수기관을 통해 자금의 공급자인 투자자에게 자금을 조달하는 시장을 말한다.
② 발행시장은 유통시장에서 증권의 자유로운 유통성이 보장될 때 활성화될 수 있다.
③ 발행시장은 주식, 채권 등의 금융상품이 투자자들 간에 거래
④ 광범위한 투자자층으로부터 거액의 장기자금을 일시에 조달할 수 있게 하여 기업자본의 대규모화를 가능하도록 만든다.

〉ADVICE ③ 유통시장에 대한 설명이다.

22 "(　)이란 기업이 발행하는 유가증권의 하나로서 투자자로부터 돈을 받고 그 증표를 발행한 것을 말한다."에서 (　) 안에 들어갈 말은?

① 주주　　　　　② 채권
③ 주식　　　　　④ 옵션

〉ADVICE ③ 주식이란 기업이 발행하는 유가증권의 하나로서 투자자로부터 돈을 받고 그 증표를 발행한 것을 말한다. 「자본시장과 금융투자업에 관한 법률」에서는 주식을 증권 중 지분증권에 해당하는 것으로서 정의하고 있으며, 주주의 지분은 1주 단위로 분할되고 각 주주의 지분의 크기는 보유주식 수에 따라 다르며 지분은 주권으로 나타나게 된다.

23 발행주체가 스스로 발행위험을 부담하고 직접 사무를 처리함으로써 유가증권을 발행하는 방법은?

① 간접발행
② 직접발행
③ 공모발행
④ 사모발행

> ADVICE ② 발행주체가 스스로 발행위험을 부담하고 직접 사무를 처리함으로써 유가증권을 발행하는 방법은 직접발행이다. 유가증권의 발행형태는 발행될 유가증권의 수요자를 구하는 방법에 따라 공모발행(公募發行)과 사모발행(私募發行)으로 나누어지며, 발행에 따른 위험부담과 발행모집 사무를 누가 부담하느냐에 따라 직접발행과 간접발행으로 나누어진다.
> ③ 주식의 공모발행은 발행주체가 신규로 발행된 주식이나, 발행회사의 대주주 등이 소유한 주식을 다수의 투자자에게 취득할 것을 권유하는 방법으로 주식을 분산하는 것을 말한다. 공모발행은 사모발행시보다 비용은 증가하나 다수의 투자자를 상대로 복잡한 업무처리를 하여야 하므로 간접발행의 형태를 취하게 된다.
> ④ 사모발행이란 발행주체가 50명 미만의 소수의 투자자에게 유가증권의 취득할 것을 권유하는 방법으로 유가증권을 분산하는 것을 말한다. 사모발행은 소수의 투자자를 상대하기에 판매절차가 비교적 간단하고 대부분 직접발행의 형태를 취한다.

24 유통시장에 대한 설명으로 틀린 것은?

① 증권의 유통시장은 이미 발행된 유가증권이 투자자 서로간에 매매 거래되는 시장이다.
② 유통시장은 발행된 주식이나 채권의 시장성과 유통성을 높여 일반투자자의 투자를 촉진시킨다.
③ 거래소시장에는 한국거래소가 개설하는 프리보드(Free board)시장이 있으며, 장외시장에는 금융투자협회가 운영하는 유가증권 시장과 코스닥 시장이 있다.
④ 발행시장에서의 장기자본조달을 원활하게 해줄 뿐만 아니라 유통시장에 의한 유가증권의 시장성과 유통성은 유가증권의 담보력을 높여준다.

> ADVICE ③ 유통시장은 투자자가 소유하고 있는 주식을 매각하여 투자자금을 회수하거나 이미 발행된 유가증권을 취득하여 금융자산을 운용하는 시장이다. 유통시장은 이미 발행된 유가증권이 투자자 서로간에 매매 거래되는 시장으로서 거래소시장과 장외시장으로 나누어지며 거래소시장에는 한국거래소가 개설하는 유가증권 시장과 코스닥 시장이 있으며, 장외시장에는 금융투자협회가 운영하는 프리보드(Free board)시장이 있다.
> ※ 유통시장의 형태

구분		내용
거래소 시장 (장내시장)	증권시장	증권의 매매를 위하여 거래소가 개설하는 시장
		유가증권시장
		코스닥시장
	파생상품시장	장내파생상품의 매매를 위하여 거래소가 개설하는 시장
장외시장 (프리보드)		증권시장에 상장되지 않은 주권의 장외매매거래를 위해 금융투자협회가 운영하는 장외시장

ANSWER 20.③ 21.③ 22.③ 23.② 24.③

CHAPTER 02 농산물의 유통과정

1 도매시장이 하는 기능이 아닌 것은?

① 상적유통기능
② 유통정보기능
③ 수급조절기능
④ 재할인기능

> ADVICE ④ 도매시장은 상적유통기능과 유통정보기능, 수급조절기능, 물적유통기능을 담당한다.
> ※ 도매시장의 기능

구분	내용
상적유통기능	농축수산물의 매매거래에 관한 기능으로서 가격형성, 대금결제, 금융기능 및 위험부담 등의 기능
유통정보기능	도매시장에서는 각종 유통 관련 자료들이 생성, 전파됨. 즉 시장동향, 가격정보 등의 수집 및 전달기능
물적유통기능	생산물 즉 재화의 이동에 관한 기능으로서 집하, 분산, 저장, 보관, 하역, 운송 등의 기능
수급조절기능	도매시장법인 및 중도매인에 의한 물량반입, 반출, 저장, 보관 등을 통해 농축수산물의 공급량을 조절하고 가격변동을 통하여 수요량을 조절하는 기능

2 농산물 유통의 주요 특성으로 옳지 않은 것은?

① 농산물 작황에 따른 가격의 변동성이 매우 크다.
② 농산물은 제품의 차별화가 다소 어렵다.
③ 일반적으로 수요와 공급이 가격 및 소득에 대해 탄력적이다.
④ 생산의 계절성 및 기후 조건의 영향으로 공급불안정성과 불확실성이 크다.

> ADVICE 농산물은 일반적으로 수요와 공급이 가격 및 소득에 대해 비탄력적이다.

3 농산물 물류 관리에 있어서 3S 1L원칙에 해당하지 않는 것은?

① 상품과 용역의 신속한(speedy) 제공
② 상품과 용역의 안전한(safety) 제공
③ 상품과 용역의 확실한(surely) 제공
④ 상품과 용역의 불량품 최저(low condemned) 제공

> ADVICE 3S 1L원칙은 고객서비스 수준과 물류비 간 균형이 기업의 경쟁력이며, 이 달성을 위해 상품과 용역의 신속성(speedy), 안전성(safety), 확실성(surely), 값싸게(low cost) 제공하는 원칙을 말한다.

4 도매시장의 유통종사자인 도매시장법인의 역할로 보기 어려운 것은?

① 물량집하기능
② 가격결정기능
③ 대금결제기능
④ 상장농수산물에 대한 경매 우선순위의 결정

> ADVICE ④ 도매시장법인은 대량의 농수산물을 능률적으로 집하, 분산시키고 공정한 입장에서 도매업무를 수행하는 도매시장 운영의 주체이다. 도매시장법인은 도매시장의 개설자로부터 지정을 받아 농축수산물을 수탁·상장하여 도매거래하거나 이를 매수하여 도매거래를 하는 법인이다.
>
> ※ 도매시장 유통종사자 주요역할
>
> | 구분 | 내용 |
> | --- | --- |
> | 물량집하기능 | 전국에서 생산되는 다양한 농축수산물을 수집하는 기능 |
> | 대금결제기능 | 경락즉시 출하주에게 대금을 지급해 주는 대금결제기능 |
> | 가격결정기능 | 경매 또는 입찰의 방법으로 공정하게 판매해주는 기능 |
> | 정보전달기능 | 시장거래상황을 그때 그때 알려주는 정보전달기능 |

ANSWER 1.④ 2.③ 3.④ 4.④

5 비교적 저장성이 높은 농수산물을 수집하여 저장하였다가 일정한 시기에 도매시장에 출하하는 산지유통인은?

① 밭떼기형
② 저장형
③ 순회수집형
④ 직판형

> **ADVICE** ② 저장형 산지유통인에 대한 내용이다. 저장형 산지유통인은 비교적 저장성이 높은 농수산물을 수집하여 저장하였다가 일정한 시기에 도매시장에 출하를 하는 형태이다.
> ① 밭떼기형은 농산물을 파종직후부터 수확 전까지 밭떼기로 매입하였다가 적당한 시기에 수확하여 도매시장에 출하를 하는 자이다.
> ③ 순회수집형은 비교적 소량인 품목을 순회하면서 수집하여 도매시장에 출하하는 자를 말한다.
> ※ 도매시장 구성

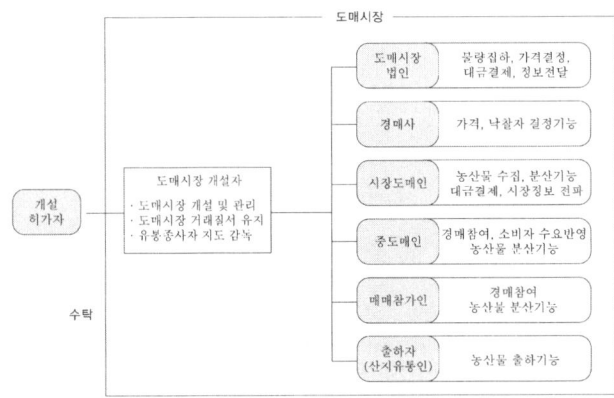

6 경매사의 주요 역할로 보기 어려운 것은?

① 상장농수산물의 경락자의 결정을 맡는다.
② 상장농수산물의 가격을 평가하는 자이다.
③ 경매사는 상장농수산물에 대한 경매 우선순위의 결정하는 역할을 한다.
④ 경매 후 출하자 낙찰자에 대한 사후관리는 책임지지 않는다.

> **ADVICE** ④ 경매사는 출하자 낙찰자에 대한 사후관리를 책임지는 고객관리자이다.
> 경매사는 경매사 자격시험에 합격한 자로서 「농수산물유통 및 가격안정에 관한 법률」에 의거해 소속 도매시장법인의 경매업무를 진행하는 자이다.
> ※ 경매사의 주요역할
> ㉠ 상장농수산물에 대한 경매 우선순위의 결정
> ㉡ 상장농수산물의 가격평가
> ㉢ 상장농수산물의 경락자의 결정
> ㉣ 고객관리자(경매 후 출하자 낙찰자에 대한 사후관리)

7 다음 중 연결이 올바른 것은?

① 도매시장법인 – 분산기능만 가능
② 도매시장법인 – 생산자 보호 목적으로 도입
③ 중도매인 – 수집기능만 가능
④ 시장도매인 – 수집과 분산기능 모두 불가능

> ADVICE 도매시장 유통주체의 기능과 역할

구분	내용
도매시장법인	수집기능만 가능, 농가판매대행(수탁판매원칙), 수수료상인, 생산자 보호 목적 도입
중도매인	분산기능만 가능, 차익상인, 소비자 보호 목적 도입
시장도매인	수집과 분산기능 모두 가능, 차익상인

8 다음 중 묶음가격의 효과에 관한 설명으로 틀린 것은?

① 판매자는 핵심제품 또는 서비스에 대한 수요를 더욱 증대시킬 수 있다.
② 판매자는 부수적인 제품 또는 서비스의 수요를 창출할 수 있다.
③ 판매자는 묶음가격을 통한 시너지 효과로 보다 높은 가격으로 제품 또는 서비스를 제공할 수 있다.
④ 소비자는 보다 많은 제품 또는 서비스에 대한 정보를 얻을 수 있다.

> ADVICE ③ 묶음판매는 개별 상품의 가격보다 낮은 가격으로 제품 또는 서비스를 제공하는 것으로 판매량을 늘리는 역할을 하는데, 늘어난 판매량이 할인으로 감소된 수익을 대체해 주기 때문에 상품을 개별적으로 판매했을 때보다 더 많은 수익을 올릴 수 있다.

ANSWER 5.② 6.④ 7.② 8.③

9 다음 중 A와 B에 들어갈 알맞은 것은?

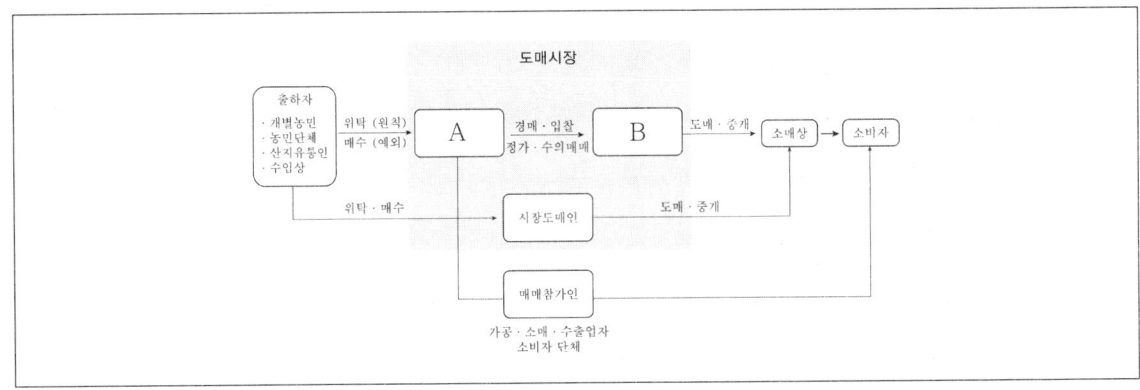

	A	B
①	도매시장법인	중도매인
②	소매상	위탁상인
③	소매지장법인	중도매인
④	산지유통인	매매참가인

> ADVICE ① A는 도매시장법인이나 공판장, B는 중도매인이다.
> 도매시장법인은 농수산물도매시장의 개설자로부터 지정을 받고 농수산물을 위탁받아 상장(上場)하여 도매하거나 이를 매수(買受)하여 도매하는 법인을 말하며, 중도매인은 농수산물도매시장·농수산물공판장 또는 민영농수산물도매시장의 개설자의 허가 또는 지정을 받아 농수산물도매시장·농수산물공판장 또는 민영농수산물도매시장에 상장된 농수산물을 매수하여 도매하거나 매매를 중개하는 영업을 하거나 농수산물도매시장·농수산물공판장 또는 민영농수산물도매시장의 개설자로부터 허가를 받은 비상장(非上場) 농수산물을 매수 또는 위탁받아 도매하거나 매매를 중개하는 영업을 하는 자를 가리킨다.
> ※ 도매시장 거래체계

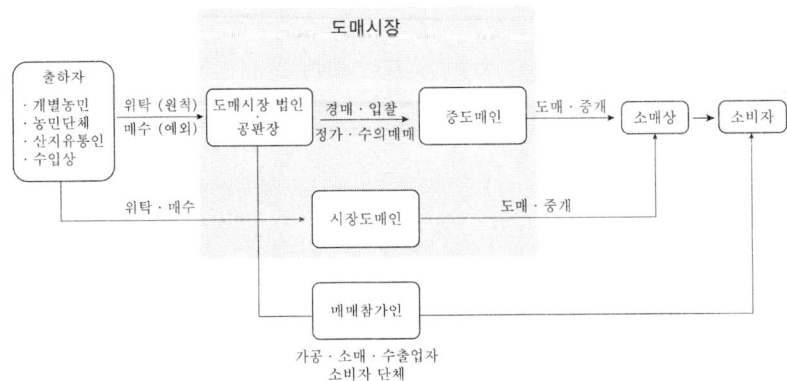

10 농수산물도매시장·농수산물공판장 또는 민영농수산물도매시장의 개설자에게 등록하고, 농수산물을 수집하여 농수산물도매시장·농수산물공판장 또는 민영농수산물도매시장에 출하(出荷)하는 영업을 하는 자를 무엇이라 하는가?

① 산지유통인
② 시장도매인
③ 도매시장법인
④ 매매참가인

> ADVICE ① 산지유통인에 대한 설명이다.
>
> ※ 용어해설
>
> | 구분 | 내용 |
> |---|---|
> | 농수산물 도매시장 | 특별시·광역시·특별자치시·특별자치도 또는 시가 양곡류·청과류·화훼류·조수육류(鳥獸肉類)·어류·조개류·갑각류·해조류 및 임산물 등 대통령령으로 정하는 품목의 전부 또는 일부를 도매할 수 있게 관할구역에 개설하는 시장 |
> | 중앙도매 시장 | 특별시·광역시·특별자치시 또는 특별자치도가 개설한 농수산물도매시장 중 해당 관할구역 및 그 인접지역에서 도매의 중심이 되는 농수산물도매시장 |
> | 지방도매 시장 | 중앙도매시장 외의 농수산물도매시장 |
> | 농수산물 공판장 | 지역농업협동조합, 지역축산업협동조합, 품목별·업종별협동조합, 조합공동사업법인, 품목조합연합회, 산림조합 및 수산업협동조합과 그 중앙회(농림수협 등), 그밖에 대통령령으로 정하는 생산자 관련 단체와 공익상 필요하다고 인정되는 법인으로서 대통령령으로 정하는 법인이 농수산물을 도매하기 위하여 특별시장·광역시장·특별자치시장·도지사 또는 특별자치도지사의 승인을 받아 개설·운영하는 사업장 |
> | 민영농수산 물도매시장 | 국가, 지방자치단체 및 농수산물공판장을 개설할 수 있는 자 외의 자가 농수산물을 도매하기 위하여 시·도지사의 허가를 받아 특별시·광역시·특별자치시·특별자치도 또는 시 지역에 개설하는 시장 |
> | 도매시장 법인 | 농수산물도매시장의 개설자로부터 지정을 받고 농수산물을 위탁받아 상장(上場)하여 도매하거나 이를 매수(買受)하여 도매하는 법인 |
> | 시장도매인 | 농수산물도매시장 또는 민영농수산물도매시장의 개설자로부터 지정을 받고 농수산물을 매수 또는 위탁받아 도매하거나 매매를 중개하는 영업을 하는 법인 |
> | 매매참가인 | 농수산물도매시장·농수산물공판장 또는 민영농수산물도매시장의 개설자에게 신고를 하고, 농수산물도매시장·농수산물공판장 또는 민영농수산물도매시장에 상장된 농수산물을 직접 매수하는 자로서 중도매인이 아닌 가공업자·소매업자·수출업자 및 소비자단체 등 농수산물의 수요자 |
> | 산지유통인 | 농수산물도매시장·농수산물공판장 또는 민영농수산물도매시장의 개설자에게 등록하고, 농수산물을 수집하여 농수산물도매시장·농수산물공판장 또는 민영농수산물도매시장에 출하(出荷)하는 영업을 하는 자 |

ANSWER 9.① 10.①

11 주산지의 지정 해제에 대한 사항으로 잘못 언급된 것은?

① 주산지는 주요 농수산물의 재배면적 또는 양식면적이 농림축산식품부장관이 고시하는 면적 이상일 경우 지정될 수 있다.
② 주요 농수산물의 출하량이 농림축산식품부장관이 고시하는 수량 이상일 경우도 주산지 지정 사유에 해당된다.
③ 농림축산식품부장관은 지정된 주산지가 지정요건에 적합하지 아니하게 되었을 때에는 그 지정을 변경하거나 해제할 수 있다.
④ 시·도지사는 주산지에서 주요 농수산물을 생산하는 자에 대하여 생산자금의 융자 및 기술지도 등 필요한 지원을 할 수 있다.

> ADVICE ③ 시·도지사는 지정된 주산지가 지정요건에 적합하지 아니하게 되었을 때에는 그 지정을 변경하거나 해제할 수 있다(농수산물유통 및 가격안정에 관한 법률 제4조 제4항).
> ※ 농수산물유통 및 가격안정에 관한 법률 제4조(주산지의 지정 및 해제 등)
> ① 시·도지사는 농수산물의 수급(需給)을 조절하기 위하여 생산 및 출하를 촉진 또는 조절할 필요가 있다고 인정할 때에는 주요 농수산물의 생산지역이나 주산지를 지정하고 그 주산지에서 주요 농수산물을 생산하는 자에 대하여 생산자금의 융자 및 기술지도 등 필요한 지원을 할 수 있다.
> ② 주요 농수산물은 국내 농수산물의 생산에서 차지하는 비중이 크고 생산·출하의 조절이 필요한 것으로서 농림축산식품부장관이 지정하는 품목으로 한다.
> ③ 주산지는 다음의 요건을 갖춘 지역 또는 수면(水面) 중에서 구역을 정하여 지정한다.
>   1. 주요 농수산물의 재배면적 또는 양식면적이 농림축산식품부장관 또는 해양수산부장관이 고시하는 면적 이상일 것
>   2. 주요 농수산물의 출하량이 농림축산식품부장관 또는 해양수산부장관이 고시하는 수량 이상일 것
> ④ 시·도지사는 지정된 주산지가 지정요건에 적합하지 아니하게 되었을 때에는 그 지정을 변경하거나 해제할 수 있다.

12 농산물 유통에 대한 설명 중 잘못된 것은?

① 농림축산식품부장관은 주요 농산물의 원활한 수급과 적정한 가격 유지를 위하여 지역농업협동조합, 지역축산업협동조합, 품목별·업종별협동조합, 조합공동사업법인, 품목조합연합회, 산림조합과 그 중앙회(농협경제지주회사를 포함)나 생산자단체 또는 농산물 수요자와 생산자 간에 계약생산 또는 계약출하를 하도록 장려할 수 있다.
② 농림축산식품부장관은 농산물의 수급안정을 위하여 가격의 등락 폭이 큰 주요 농산물에 대하여 매년 기상정보, 생산면적, 작황, 재고물량, 소비동향, 해외시장 정보 등을 조사하여 이를 분석하는 농림업관측을 실시하고 그 결과를 공표하여야 한다.
③ 농림축산식품부장관은 채소류 등 저장성이 없는 농산물의 가격안정을 위하여 필요하다고 인정할 때에는 그 생산자 또는 생산자단체로부터 세금으로 해당 농산물을 수매할 수 있다.
④ 농림축산식품부장관은 국내 농산물 시장의 수급안정 및 거래질서 확립을 위하여 「관세법」 및 「검찰청법」에 따라 몰수되거나 국고에 귀속된 농산물을 이관받을 수 있다.

> **ADVICE** ③ 농림축산식품부장관은 채소류 등 저장성이 없는 농산물의 가격안정을 위하여 필요하다고 인정할 때에는 그 생산자 또는 생산자단체로부터 농산물가격안정기금으로 해당 농산물을 수매할 수 있다. 다만, 가격안정을 위하여 특히 필요하다고 인정할 때에는 도매시장 또는 공판장에서 해당 농산물을 수매할 수 있다(농수산물 유통 및 가격안정에 관한 법률 제9조 제1항).
> ① 동법 제6조 제1항
> ② 동법 제5조 제1항
> ④ 동법 제9조의2 제1항

13 도매시장 개설자가 거래 관계자의 편익과 소비자 보호를 위하여 준수해야 하는 의무로 보기 어려운 것은?

① 도매시장 시설의 정비
② 경쟁 촉진과 공정한 거래질서의 확립
③ 상품성 향상을 위한 규격화, 포장 개선
④ 상장농수산물에 대한 경매 우선순위의 결정

> **ADVICE** ④ 상장농수산물에 대한 경매 우선순위의 결정은 경매사의 역할이다.
> ※ 농수산물유통 및 가격안정에 관한 법률 제20조(도매시장 개설자의 의무)
>   ① 도매시장 개설자는 거래 관계자의 편익과 소비자 보호를 위하여 다음의 사항을 이행하여야 한다.
>   1. 도매시장 시설의 정비·개선과 합리적인 관리
>   2. 경쟁 촉진과 공정한 거래질서의 확립 및 환경 개선
>   3. 상품성 향상을 위한 규격화, 포장 개선 및 선도 유지의 촉진
>   ② 도매시장 개설자는 제1항의 사항을 효과적으로 이행하기 위하여 이에 대한 투자계획 및 거래제도 개선방안 등을 포함한 대책을 수립·시행하여야 한다.

ANSWER 11.③ 12.③ 13.④

14 2014년 농림축산식품부에서 추진 중인 농산물 유통구조개선 종합대책에 대한 내용으로 적절하지 못한 것은?

① 지난 유통정책이 도매시장 중심 공정성 위주 정책추진으로 공정성 확보에는 성공하였으나 효율성이 낮고, 유통경로간 경쟁이 부족하다는 입장에서 나온 대책이다.
② 농업관측 비축 계약재배 확대 등 수급관리를 강화하여 가격 변동성을 완화하려고 한다.
③ 생산자는 제값으로 팔고, 소비자는 더 싸게 사는 건강하고 지속가능한 유통생태계 조성하도록 바뀌어야 한다고 주장한다.
④ 농림축산식품부는 농산물 유통 합리화를 위해 도매시장에서는 정가 포전매매 비중을 확대하기로 하였다.

> **ADVICE** ④ 농림축산식품부는 도매시장 효율화와 다양한 신유통경로의 육성 등 유통경로간 경쟁촉진을 통해 유통구조의 효율성 제고 및 농업관측 비축 계약재배 확대 등 수급관리 강화를 통해 가격변동성 완화를 목표로 도매시장에서 정가 수의매매 비중 확대와 규제완화, 물류효율화 및 시장기능 특화를 추진하기로 하였다.
> 또한 (정가 수의매매) 도매시장 결정방식을 경매중심에서 정가 수의매매 거래로 다양화하는 것도 포함시켰다.
> 이에 따라 유통경로간 경쟁이 촉진되고 유통단계가 축소되어 10~15% 수준의 유통비용 축소될 것으로 전망되며, 수급불안 가능성이 높은 품목인 배추, 무, 마늘, 고추, 양파 등 5개 품목의 가격변동폭이 줄어들 것으로 예측하고 있다.
> ※ 경매제도와 정가 수의 제도

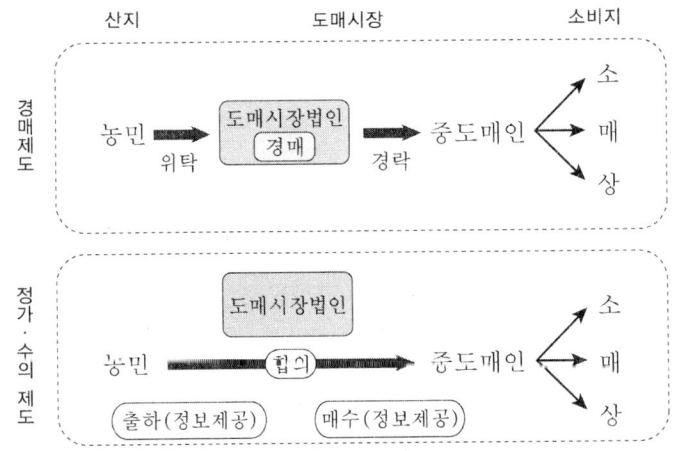

15 유통경로에 관한 설명 중 틀린 것은?

① 유통경로는 생산자로부터 소비자에게 제품이 전달되는 과정이다.

② 유통경로의 구성원들은 재화를 수송하고 저장하며, 정보를 수집한다.

③ 유통경로의 길이는 중간상 수준의 수를 말한다.

④ 유통경로의 서비스나 아이디어는 생산자들에게는 큰 의미가 없다.

> ADVICE ④ 제품이나 서비스가 다양한 경로를 거쳐 최종고객에게 전달되거나 소비되는 경로를 유통경로라 한다.
> ※ 유통경로의 의미 … 제품이나 서비스는 다양한 경로를 거쳐 최종고객에게 전달되거나 소비되고 있는데, 이 경로를 유통경로(Marketing channel 혹은 Distribution channel)라 한다. 따라서 유통경로란 어떤 상품을 최종 구매자가 쉽게 구입할 수 있도록 만들어 주는 과정으로 정의된다.
> 유통경로는 대표적인 마케팅 믹스(4P) 중 하나이다. 제품이나 서비스자체의 흐름을 중심으로 이해하는 것을 물류라 하고, 유통경로에 참여하여 일정한 역할을 하는 기관을 중심으로 고찰하는 것을 일반적인 유통이라 한다.

ANSWER 14.④ 15.④

CHAPTER

03 마케팅 전략

1 다음 중 마케팅에 대한 정의는?

① 기업활동에 필요한 자금을 조달하고 이를 운용하는데 관련된 의사결정문제를 주된 연구대상으로 하는 분야이다.
② 제품을 생산자로부터 소비자에게 원활하게 이전하기 위한 기획 활동을 말한다. 시장 조사, 상품화 계획, 선전, 판매 촉진 따위가 있다.
③ 자사의 제품이나 서비스를 어떤 유통경로를 통해 표적 시장이나 고객에게 제공할 것인가를 결정하고 새로운 시장기회와 고객 가치를 창출하는 일련의 활동을 말한다.
④ 소비대중을 대상으로 하여 상품의 판매나 서비스의 이용 또는 기업이나 단체의 이미지 증진 등을 궁극 목표로 이에 필요한 정보를 매체를 통하여 전달하는 활동을 말한다.

>ADVICE ② 마케팅은 제품을 생산자로부터 소비자에게 원활하게 이전하기 위한 기획 활동으로 시장 조사, 상품화 계획, 선전, 판매 촉진 등의 형태가 있다.
③은 유통에 관한 설명이다.

※ 마케팅의 정의

구분	내용
미국 마케팅 학회	미국 마케팅 학회에서 마케팅은 개인과 조직의 목표 달성을 위해 아이디어, 제품, 서비스에 관하여 제품화, 가격, 촉진, 유통을 계획하고 집행하는 과정이라고 정의하고 있다.
코틀러 (P. Kotler)	코틀러(P. Kotler)는 마케팅이란 개인과 집단이 제품과 가치를 창출하고 교환함으로써 필요와 욕구를 충족시키는 사회적·관리적 과정이라고 서술하고 있다. 그의 마케팅 정의에서 핵심적인 것은 교환(Exchange)과 교환 관계(Exchange Relationship)라고 할 수 있다. 마케팅은 개인 소비자와 집단을 대상으로 한다. 개인 소비자를 대상으로 하는 마케팅은 소비자 마케팅(Consumer Marketing)이라고 하고 집단이나 조직을 대상으로 하는 마케팅은 산업재 마케팅(Industrial Marketing)이라고 한다. 여기서 소비자 마케팅이란 소비자의 구매를 유도하는 모든 활동뿐만 아니라 재화나 서비스의 획득, 소비, 처분에 관련된 기업의 포괄적인 활동으로 이해하는 것이 바람직하다.

2 다음 중 마케팅의 특징이 아닌 것은?

① 마케팅이란 제품, 서비스, 아이디어를 창출하고 이들의 가격을 결정하고 이들에 관한 정보를 제공하고 이들을 배포하여 개인 및 조직체의 목표를 만족시키는 교환을 성립하게 하는 일련의 인간 활동이다.
② 고객의 욕구에 부응하는데 있어 나타나는 사회적 결과보다 개인의 관심에 더 큰 관심을 가진다.
③ 마케팅은 계획·실시·통제라는 경영관리의 성격을 지닌다.
④ 마케팅은 고객의 욕구를 충족시킴으로써 모든 목표, 즉 금전적, 사회적, 개인적인 목표를 달성할 수 있다는 점을 강조한다.

> ADVICE ② 마케팅은 고객의 욕구에 부응하는데 있어 나타나는 사회적 결과에 관심을 가진다.
> ※ 마케팅의 특징
> ㉠ 모든 기업 조직의 활동들(생산, 재무, 판매 등)을 고객의 욕구에 부응하도록 통합한다.
> ㉡ 고객의 욕구를 충족시킴으로써 모든 목표, 즉 금전적, 사회적, 개인적인 목표를 달성할 수 있다는 점을 강조한다.
> ㉢ 고객의 욕구에 부응하는데 있어 나타나는 사회적 결과에 관심을 가진다.
> ㉣ 제품, 서비스, 아이디어를 창출하고 이들의 가격을 결정하고 이들에 관한 정보를 제공하고 이들을 배포하여 개인 및 조직체의 목표를 만족시키는 교환을 성립하게 하는 일련의 인간 활동이다.
> ㉤ 마케팅은 단순히 영리를 목적으로 하는 기업뿐만 아니라 비영리조직까지 적용되고 있다.
> ㉥ 마케팅은 단순한 판매나 영업의 범위를 벗어나 고객을 위한 인간 활동이며, 눈에 보이는 유형의 상품뿐만 아니라 무형의 서비스까지도 마케팅 대상이 되고 있다.
> ㉦ 마케팅은 계획·실시·통제라는 경영관리의 성격을 지닌다.

3 고객의 다양한 정보를 컴퓨터에 축적하여 이것을 가공·비교·분석·통합하여 마케팅 활동에 재활용할 수 있도록 하는 마케팅 기업은?

① 표적 마케팅
② 고객관리 마케팅
③ 데이터베이스 마케팅
④ 정보화 마케팅

> ADVICE ③ 기업이 고객에 대한 여러 가지 다양한 정보를 컴퓨터를 이용하여 Data Base화하고, 구축된 고객 데이터를 바탕으로 고객 개개인과의 지속적이고 장기적인 관계구축을 위한 마케팅 전략을 수립하고 집행하는 여러 가지 활동이다.

ANSWER 1.② 2.② 3.③

4 마케팅 믹스(Marketing Mix)의 4P에 해당하지 않는 것은?

① 제품(Product) ② 가격(Price)
③ 판매촉진(Promotion) ④ 과정(Process)

> ADVICE ④ 마케팅 믹스란 기업이 통제할 수 있는 마케팅 수단을 그 효과가 극대화되도록 적절하게 믹스(mix)하여 효율적으로 마케팅 활동을 수행할 것인가에 대한 의사결정이다. 이러한 수단으로는 제품(product), 유통(place), 가격(price), 촉진(promotion)의 4P가 있다.

5 STP전략을 구성하는 요소가 아닌 것은?

① 세분화(Segmentation) ② 타겟(Targeting)
③ 포지셔닝(Positioning) ④ 파워(Power)

> ADVICE ④ STP전략이란 시장 세분화(Segmentation), 타겟(Targeting), 포지셔닝(Positioning)의 줄임말로 소비자들을 세분화하여 핵심 표적 시장을 추출한 후 포지셔닝을 진행하는 전략을 말한다.
> ※ STP 전략

구분	내용
시장세분화 (segmentation)	전체시장을 비슷한 기호와 특성을 가진 차별화된 마케팅 프로그램을 원하는 집단별로 나누는 것이다.
표적시장의 선정 (Targeting)	전체 시장을 여러 개의 세분시장으로 나누고, 이들 모두를 목표시장으로 삼아 각기 다른 세분시장의 상이한 욕구에 부응할 수 있는 마케팅믹스를 개발하여 적용함으로써 기업 조직의 마케팅 목표를 달성하고자 하는 것을 말한다.
포지셔닝 (Positioning)	자사 제품의 경쟁우위를 찾아 선정된 목표시장의 소비자들의 마음속에 자사의 제품을 자리 잡게 하는 것을 말한다.

6 기업이 시장세분화를 기초로 정해진 표적시장 내 고객들의 마음속에 시장분석, 고객분석, 경쟁분석 등을 기초로 하여 전략적 위치를 계획하는 것은?

① 판매촉진 ② 표적시장
③ 상표전환 ④ 포지셔닝

> ADVICE ④ 포지셔닝은 소비자의 마음속에 자사제품이나 기업을 표적시장·경쟁·기업능력과 관련하여 가장 유리한 포지션에 있도록 노력하는 과정 또는 소비자들의 인식 속에 자사의 제품이 경쟁제품과 대비하여 차지하고 있는 상대적 위치를 말한다.

7 STP 전략의 절차를 바르게 나열한 것은?

① 시장세분화 → 표적시장 선정 → 포지셔닝
② 표적시장 선정 → 시장세분화 → 포지셔닝
③ 포지셔닝 → 표적시장 선정 → 시장세분화
④ 시장세분화 → 포지셔닝 → 표적시장 선정

> **ADVICE** ① STP 전략은 시장세분화(Segmentation), 표적시장 선정(Targeting), 포지셔닝(Positioning)을 의미한다. 시장을 조사하면 각기 다른 욕구를 가진 소비자들로 구성된 서로 다른 세분시장들(S)이 드러난다. 기업은 자신들이 경쟁자보다 탁월하게 충족시킬 수 있는 세분시장을 설정(T)하는 것이 현명하다. 기업은 각 표적시장별로 상품을 포지셔닝(P)하여 자사 상품이 경쟁상품과 어떻게 다른가하는 것을 알려야 한다.

8 자사 브랜드를 명시적 혹은 묵시적으로 타사 브랜드와 비교하는 비교 광고를 함으로써 자사의 브랜드를 부각시키는 포지셔닝 방법은?

① 사용자 포지셔닝
② 가격 포지셔닝
③ 경쟁적 포지셔닝
④ 이미지 포지셔닝

> **ADVICE** ③ 경쟁 브랜드와 비교하여 자사 브랜드를 부각시키는 포지셔닝은 경쟁적 포지셔닝에 해당한다.
> ※ 포지셔닝의 유형
>
> | 구분 | 내용 |
> | --- | --- |
> | 제품속성 및 편익에 의한 포지셔닝 | 제품의 가격, 품질, 스타일, 성능 등이 주는 편익 및 효용에 따라 포지셔닝하는 것을 말한다. |
> | 이미지 포지셔닝 | 자사 제품을 보면 긍정적인 연상이 가능하도록 하는 포지셔닝을 말한다. |
> | 사용상황에 따른 포지셔닝 | 사용상황을 제시하여 포지셔닝하는 방법을 말한다. |
> | 제품 사용자에 의한 포지셔닝 | 제품을 사용하는 데 적합한 사용자, 집단 및 계층에 의해 포지셔닝을 하는 방법을 말한다. |
> | 경쟁사에 의한 포지셔닝 | 경쟁 브랜드와 비교하여 자사 브랜드를 부각시키는 포지셔닝을 말한다. |

9 시장세분화 요건에 해당하지 않는 것은?

① 접근가능성　　　　　　　　　　② 측정가능성
③ 유지가능성　　　　　　　　　　④ 내부적인 이질성 및 외부적인 동질성

> **ADVICE** ④ 특정 마케팅 믹스에 대한 반응 또는 시장세분화 근거에 있어 동일한 세분시장의 구성원은 동질성을 보여야 하고, 다른 세분시장의 구성원과는 이질성을 보여야 한다. 즉 내부적인 동질성 및 외부적인 이질성이 있어야 한다.
>
> ※ 시장세분화의 요건

구분	내용
유지가능성 (Sustainability)	세분시장이 충분한 규모이거나 또는 해당 시장에서 이익을 낼 수 있는 정도의 크기가 되어야 하는 것을 의미한다.
측정가능성 (Measuraability)	마케팅 관리자가 각각의 세분시장 규모 및 구매력 등을 측정할 수 있어야 한다는 것을 말한다.
행동가능성 (Actionability)	각각의 세분시장에서 소비자들에게 매력 있고, 이들의 욕구에 충분히 부응할 수 있는 효율적인 마케팅 프로그램을 계획하고 실행할 수 있는 정도를 의미한다.
내부적인 동질성 및 외부적인 이질성	시장세분화를 바탕으로 자신의 제품을 소비할 핵심타켓층을 집중 공략하는 단계이다.
접근가능성 (Accessibility)	시기적절한 마케팅 노력으로 인해 해당 세분시장에 효과적으로 접근하여 소비자들에게 제품 및 서비스를 제공할 수 있는 적절한 수단이 있어야 한다는 것을 말한다.

10 효과적인 시장세분화의 조건으로 틀린 것은?

① 세분시장은 정보의 측정 및 획득이 용이해야 한다.
② 세분시장에 효과적으로 접근할 수 있는 적절한 수단이 존재해야 한다.
③ 세분시장 사이에 차별적인 반응(differentiability)이 나오지 않도록 주의해야 한다.
④ 각 세분시장은 기업이 개별적인 마케팅 프로그램을 실행할 수 있을 정도로 충분한 규모를 지니고 있어야 한다.

> **ADVICE** ③ 세분시장 사이에 차별적인 반응(differentiability)이 도출되어야 경쟁력이 있다고 볼 수 있다.
>
> ※ 효과적인 세분화의 조건

구분	내용
측정가능성	세분시장의 규모와 구매력이 측정될 수 있는 정도
접근가능성	세분시장에 도달할 수 있고 그 시장에서 어느 정도 영업할 수 있는가의 정도
실질성	어느 세분시장의 규모가 충분히 크고, 이익이 발생할 가능성이 큰 정도
행동가능성	세분시장으로 유인하고, 그 세분시장에서 영업활동을 할 수 있도록 구성되어 질 수 있는 효과적인 프로그램의 정도

11 시장세분화를 위한 소비자 개인적 특성 변수로 옳지 않은 것은?

① 거주지 ② 성별
③ 교육 수준 ④ 브랜드 애호도

> ADVICE ④ 브랜드 애호도는 행동적 세분화 변수에 해당한다.
>
> ※ 시장세분화를 위한 소비자 개인적 특성 변수와 제품관련 변수
>
> | 개인적 특성변수 | 제품관련 특성변수 |
> |---|---|
> | • 지리적 변수 : 지역, 도시, 기후 등
• 인구통계적 변수 : 가족생활주기, 직업, 교육, 종교, 세대, 국적 등
• 심리분석적 변수 : 라이프스타일, 개성 등 | • 추구하는 편익
• 제품에 대한 태도
• 상표충성도
• 사용량
• 지식
• 사용상황 등 |

12 시장세분화의 기준에 대한 설명으로 틀린 것은?

① 지리적 세분화 - 시장을 국가, 지역, 군, 도시, 인근 등의 단위로 분할하는 것이다.
② 인구통계적 세분화 - 연령, 성별, 가족 수, 소득, 직업, 학력, 종교, 인종, 국적 등의 변수들에 기초하여 시장을 여러 집단으로 분할하는 것이다.
③ 심리분석적 세분화 - 지역, 라이프스타일, 개성, 특성 등에 기초하여 상이한 집단으로 분할한다.
④ 행위적 세분화 - 구매자들은 각자의 제품에 대한 지식, 태도, 용도, 반응 등에 기초해서 집단화된다.

> ADVICE ③ 지역은 심리분석적 세분화에 속하지 않는다.
>
> ※ 시장 세분화
>
> | 구분 | 내용 |
> |---|---|
> | 지역적 세분화
(geographic segmentation) | 시장을 지역 단위들로 세분화 하는 것을 의미한다. 국가, 지역, 농촌, 도시 또는 우편번호로 구분하거나 대도시권, 인구밀도, 기후로 구분한다. |
> | 인구통계학적 세분화
(demographic segmentation) | 인구통계학적인 변수를 기초로 한다. 나이, 가족규모, 성별, 교육수준, 수입, 세대, 국적, 인종, 종교 등으로 세분화 할 수 있다. |
> | 심리분석적 세분화
(psychological segmentation) | 개성 및 성향별, 사회계층별, 라이프스타일별, 태도별로 세분화한다. |
> | 행위적 세분화
(behavioral segmentation) | 구매자가 제품에 대해 가지고 있는 지식, 태도, 사용법 또는 반응 등에 기초하여 여러 집단으로 분할된다. |

ANSWER 9.④ 10.③ 11.④ 12.③

13 다음 중 시장세분화의 인구 통계적 변수에 해당하지 않는 것은?

① 나이 ② 종교
③ 개성 ④ 소득

> ADVICE ③ 인구통계적 변수에는 나이, 성별, 가족규모, 가족수명주기, 소득, 직업, 교육수준, 종교 등이 있다. 개성은 심리분석적 변수에 해당한다.
> ※ 인구 통계적 세분화 … 나이, 성별, 가족규모, 가족수명주기, 소득, 직업, 교육수준, 종교 등 사회를 구성하는 사람들의 특성을 나타내는 변수가 사용된다. 인구 통계적 변수들은 고객의 요구 및 구매행동과 밀접하게 관련된 경우가 많으며 측정하기가 비교적 쉽기 때문에 세분화 변수로서 가장 널리 사용되고 있으며, 가장 기본적인 세분화 변수라고 할 수 있다.

14 표적시장의 선정 중에서 전체 시장을 하나의 동일한 시장으로 보고, 단일의 제품으로 제공하는 전략을 무엇이라 하는가?

① 포괄적 마케팅 전략 ② 차별적 마케팅 전략
③ 무차별적 마케팅 전략 ④ 집중적 마케팅 전략

> ADVICE ③ 전체 시장을 하나의 동일한 시장으로 보고, 단일의 제품으로 제공하는 전략은 무차별적 마케팅 전략이다.
> ※ 표적시장의 선정 종류
> ㉠ 차별적 마케팅 전략 : 전체 시장을 여러 개의 세분시장으로 나누고, 이들 모두를 목표시장으로 삼아 각기 다른 세분시장의 상이한 욕구에 부응할 수 있는 마케팅믹스를 개발하여 적용함으로써 기업 조직의 마케팅 목표를 달성하고자 하는 것을 말한다. 주로 자원이 풍부한 대기업이 활용한다.
> • 장점 : 전체 시장의 매출은 증가한다.
> • 단점 : 각 세분시장에 차별화된 제품과 광고 판촉을 제공하기 위해 비용 또한 늘어난다.
> ㉡ 무차별적 마케팅 전략 : 전체 시장을 하나의 동일한 시장으로 보고, 단일의 제품으로 제공하는 전략
> • 장점 : 비용을 줄일 수 있다.
> • 단점 : 경쟁사가 쉽게 틈새시장을 찾아 시장에 진입할 수 있다.
> ㉢ 집중적 마케팅 전략 : 전체 세분시장 중에서 특정 세분시장을 목표시장으로 삼아 집중 공략하는 전략을 말한다. 이 전략은 특히, 자원이 한정된 중소기업이 활용한다.
> • 장점 : 해당 시장의 소비자 욕구를 보다 정확히 이해하여 그에 걸 맞는 제품과 서비스를 제공함으로서 전문화의 명성을 얻을 수 있다.
> • 단점 : 대상으로 하는 세분시장의 규모가 축소되거나 경쟁자가 해당 시장에 뛰어들 경우 위험이 크다.

15 다음 중 세분시장의 평가에 대한 설명으로 틀린 것은?

① 세분시장이 기업의 목표와 일치한다면 그 세분시장에서 성공하는데 필요한 기술과 자원을 보유한 것으로 본다.
② 세분시장을 평가하기 위하여 가장 먼저 각각의 세분시장의 매출액, 성장률 그리고 기대수익률을 조사하여야 한다.
③ 세분시장 내에 강력하고 공격적인 경쟁자가 다수 포진하고 있다면 그 세분시장의 매력성은 크게 떨어진다.
④ 세분시장 내에 다양한 대체 상품이 존재하는 경우에는 당해 상품의 가격이나 이익에도 많은 영향을 미친다.

> ADVICE ① 세분시장은 각기 서로 다른 목표를 가져야 한다. 따라서 세분시장이 기업의 목표와 일치한다고 하여 그 세분시장에서 성공하는데 필요한 기술과 자원을 보유한 것으로 보기는 어렵다.

16 제품수명주기 중 시장 확대 전략, 제품 수정 전략, 상표 재포지셔닝 전략을 사용해야 하는 주기는?

① 도입기　　　　　　　　　　　　② 성장기
③ 성숙기　　　　　　　　　　　　④ 쇠퇴기

> ADVICE ③ 성숙기(maturity)는 높은 수익성으로 인하여 새로운 기업이 시장에 속속 진입하기 시작하고 수요가 포화상태로 접어들면서 가격의 인하를 통한 경쟁이 시작되는 시기이므로 경쟁력이 약한 기업은 산업에서 도태되는 위험한 시기이다. 따라서 성숙기에는 시장 확대 및 제품 수정, 상표 재포지셔닝 등의 전략을 사용해야 한다.

ANSWER　13.③　14.③　15.①　16.③

17 제품수명주기에 따른 마케팅 전략 중 제품에 대한 원가가 높고 기술적인 문제가 해소되지 못한 상태이기 때문에, 제품개발에 투자한 높은 비용을 충당하기 위해서 제품의 가격은 일반적으로 높게 책정하는 단계는?

① 도입기 ② 성장기
③ 성숙기 ④ 쇠퇴기

> ADVICE ① 제품수명주기 전략 중 도입기에 대한 질문이다. 도입기에서의 제품은 통상적으로 가동률이 낮기 때문에, 제품에 대한 원가가 높고 기술적인 문제가 해소되지 못한 상태이기 때문에, 제품개발에 투자한 높은 비용을 충당하기 위해서 제품의 가격은 일반적으로 높게 책정하는 편이며, 도입기에서 가장 중요한 것 중의 하나는 제품에 대한 소비자들의 인지 및 활용을 높이기 위한 광고와 판촉이 주가 된다. 이는 제품수명주기의 첫 단계로서 기업 조직에서는 신제품에 대한 수요를 일으키려고 노력하는 것으로 볼 수 있다.
> ② 성장기에서는 매출액이 급격하게 증가하므로 새로운 고객들의 수요가 기존의 초기 고객들의 재구매 수요에 덧붙여진다. 그렇게 됨으로써 구매자들 사이에서 구전효과와 지속적인 광고를 하게 되고 잠재고객들로 하여금 시험구매를 하게 하는 것이다. 그러므로 이 단계에서 기업은 신제품에 대한 이익을 창출하게 되는 것이다. 이 시기에 가격전략의 경우에는 가격을 내림으로써, 가격에 민감한 소비자들을 유인하는 전략을 쓰고 동시에 기존 가격을 유지하기도 한다.
> ③ 성숙기에 진입하게 되면 기업은 경쟁자에 대한 시장점유율을 방어하면서, 이익을 극대화시키려고 노력하게 된다. 또한 시장을 확장하며 제품의 수정단계를 거치게 된다. 더불어 이러한 제품들은 시장에 출시된 지 오래되고, 기존의 소비자들에게 해당 제품에 대한 브랜드 인지도가 뚜렷이 인지되고 소비자들의 취향에 맞추어 제품개선을 지속적으로 해 오기 때문이다.
> ④ 쇠퇴기에서는 비용의 절감 및 투자비의 회수가 중요한 문제로 떠오른다. 이 단계에서의 전략은 매출액이 부진한 품목 등을 제거해 감으로써 최소한의 이익을 유지하는 수준에서 저가격전략을 취한다. 또한, 유통흐름에서 취약한 중간상들을 제거해 감으로써 일정 수의 점포만 유지하는 등의 선택적 유통전략 방식으로 전환하게 된다.

※ 제품수명주기의 단계별 마케팅전략

구분	도입기	성장기	성숙기	쇠퇴기
원가	높다.	보통	낮다.	낮다
소비자	혁신층이다.	조기 수용자이다.	중기 다수자이다.	최후 수용자이다.
제품	기본 형태의 제품을 추구	제품의 확장, 서비스, 품질보증의 도입	제품 브랜드와 모델의 다양화	경쟁력 상실한 제품의 단계적인 철수
유통	선택적 방식의 유통	집약적 방식의 유통	더 높은 집약적 유통	선택적 방식의 유통
판매	낮다.	높게 성장	낮게 성장	쇠퇴함
경쟁자	소수	증가	다수→감소	감소
광고	조기의 소비자 및 중간상들에 대한 제품인지도의 확립	많은 소비자들을 대상으로 제품에 대한 인지도 및 관심의 구축	제품에 대한 브랜드의 차별화 및 편익을 강조	중추적인 충성고객의 유지가 가능한 정도의 수준으로 줄임
가격	고가격	저가격	타 사에 대응 가능한 가격	저가격
판촉	제품의 사용구매를 유인하기 위한 고강도 판촉전략	수요의 급성장에 따른 판촉 비중의 감소	자사 브랜드로의 전환을 촉구하기 위한 판촉의 증가	최소의 수준으로 감소
이익	손실	점점 높아진다.	높다	감소한다.
마케팅 목표	제품의 인지 및 사용구매의 창출	시장점유율의 최대화	이전 점유율의 유지 및 이윤의 극대화	비용의 절감

18 다음은 제품의 수명주기 중 어떤 시기를 의미하는가?

- 많은 잠재고객 혹은 참가자들이 이미 그 제품이나 프로그램을 구매했을 뿐 아니라 경쟁이 높아져서 판매 증가율이 떨어지는 시기
- 표적으로 하는 시장을 수정하거나 새로운 제품을 개발하는 마케팅믹스 전략이 요구됨

① 도입기 ② 성장기
③ 성숙기 ④ 쇠퇴기

> **ADVICE** 제품생애주기(PLC ; product life cycle)
>
> | 구분 | 내용 |
> |---|---|
> | 도입기(introduction) | 광고와 홍보가 비용효과성이 높고, 유통영역을 확보하기 위한 인적판매활동, 사용을 유인하기 위한 판매촉진 |
> | 성장기(growth) | 시장규모확대, 제조원가하락, 이윤율 증가, 집중적 유통, 인지도 강화 |
> | 성숙기(maturity) | 판매촉진, 높은 수익성, 수요의 포화상태로 인한 가격인하 |
> | 쇠퇴기(decay) | 광고와 홍보의 축소, 판매량이 급격히 줄고, 이윤 하락하는 제품으로 전락 |

19 다음 보기에서 사용하는 가격 전략은?

- 면도기 본체는 저렴하게 팔고 면도날은 비싸게 파는 경우
- 레이저프린터나 잉크젯프린터를 무지 싸게 팔면서 카트리지나 튜너는 비싸게 판매
- 비싼 정수기는 설치비만 받고 설치해주면서 필터교체를 매달 2만원에 약정
- 휴대폰은 공짜로 제공하고 통화요금으로 수익을 올리는 경우

① 묶음가격 ② 정찰가격
③ 노획가격 ④ 유보가격

> **ADVICE** ③ 노획가격(Captive Pricing)이란 주 제품에 대해서는 가격을 낮게 책정해서 이윤을 줄이더라도 시장 점유율을 늘리고 난 후 종속 제품인 부속품에 대해서 이윤을 추구하는 전략이다.

ANSWER 17.① 18.③ 19.③

20 특정한 제품 품목에 대해 가격을 낮추면 해당 품목의 수익성은 악화될 수 있지만, 반면에 보다 더 많은 소비자를 유도하고자 할 때 활용하는 가격결정 기법은?

① 재판매 가격 유지 정책
② 손실유도가격결정
③ 명성가격 가격결정
④ 이분가격 정책

> **ADVICE** ② 손실유도가격결정(loss leader pricing)은 특정한 제품 품목에 대해 가격을 낮추면 해당 품목의 수익성은 악화될 수 있지만, 반면에 보다 더 많은 소비자를 유도하고자 할 때 활용하는 방식이다. 예를 들어 마트에서 특정 몇 가지 상품만을 할인된 가격으로 제공하여 매장에 보다 많은 사람들을 끌어들이고 이를 통해 정상적인 가격으로 판매되는 제품의 판매량을 올리기 위한 전략이라 할 수 있다.

21 다음 중 연결이 올바른 것은?

① 경쟁기반 가격결정 – 경쟁자의 전략, 원가, 가격, 시장의 제공물을 토대로 가격을 책정하는 방식
② 제품라인 가격결정 – 주력제품과 같이 팔리는 부수적 제품에 대해 소비자로 하여금 선택하게 하는 방식
③ 옵션제품 가격결정 – 소비자들이 제품의 품질을 의심하지 않고 구매할 수 있는 가장 낮은 가격을 선택하는 방식
④ 최저수용 가격결정 – 주력 제품이 가격에 있어 경쟁력을 지닐 수 있도록 부산물 가격을 결정하는 방식

> **ADVICE** ① 경쟁기반 가격결정은 경쟁자의 전략, 원가, 가격, 시장의 제공물을 토대로 가격을 책정하는 방식이다.
> ※ 수요에 기초한 심리적 가격결정 기법

구분	내용
경쟁기반 가격결정	경쟁자의 전략, 원가, 가격, 시장의 제공물을 토대로 가격을 책정하는 방식
제품라인 가격결정	제품계열 내에서 제품품목 간 가격 및 디자인에 차이를 두는 방식
옵션제품 가격결정	주력제품과 같이 팔리는 부수적 제품에 대해 소비자로 하여금 선택하게 하는 방식
부산물 가격결정	주력 제품이 가격에 있어 경쟁력을 지닐 수 있도록 부산물 가격을 결정하는 방식
최저수용 가격결정	소비자들이 제품의 품질을 의심하지 않고 구매할 수 있는 가장 낮은 가격을 선택하는 방식

22 전화요금, 택시요금, 놀이동산처럼 기본가격에 추가사용료 등의 수수료를 추가하는 방식의 가격결정방식을 무엇이라 하는가?

① 이분가격 정책
② 비선형 가격결정
③ 묶음가격
④ 부가가치 가격결정

> ADVICE ① 이분가격 정책은 전화요금, 택시요금, 놀이동산처럼 기본가격에 추가사용료 등의 수수료를 추가하는 방식의 가격결정방식이다.
> ② 비선형 가격결정은 통상적으로 대량의 소비자가 소량의 소비자에 비해 가격 탄력적이라는 사실에 기초해서 소비자들에게 제품에 대한 대량소비에 따른 할인을 기대하도록 하여 제품의 구매량을 높이고자 하는 방식이다.
> ③ 묶음가격(Price Bundling)은 자사가 제공하는 여러 개의 제품이나 서비스 등을 묶어 하나의 가격으로 판매하는 것을 의미한다. 묶음가격이 그 개별 구성요소들 가격의 합보다 저렴하게 설정, 소비자가 묶음형태의 제품을 구매하도록 유도하며, 개별제품 각각에 대한 경쟁력이 약한 기업들은 최적의 제품 묶음을 형성, 저렴한 묶음 가격을 제시하여 경쟁우위를 획득하는 방식이다.
> ④ 부가가치 가격결정(Value-Added Pricing)은 타 사의 가격에 맞춰 가격인하를 하기보다는 부가적 특성 및 서비스의 추가로 제품의 제공물을 차별화함으로써 더 비싼 가격을 정당화하는 방식이다.

23 소비자가 마음속으로 이 정도까지는 지불할 수도 있다고 생각하는 가장 높은 수준의 가격을 무엇이라 하는가?

① 종속가격
② 독립가격
③ 흥정가격
④ 유보가격

> ADVICE ① 어떤 상품을 싸게 판매한 다음 그 상품에 필요한 보완재(소모품이나 부품 등)을 비싼 가격에 판매하는 전략
> ④ 판매자 입장에서 가장 판매(혹은 판매 교섭)을 포기하지 않는 가장 낮은 선의 가격을 의미하며 동시에 구매자가 구매를 포기하지 않을 가장 높은 가격을 의미

ANSWER 20.② 21.① 22.① 23.④

24 다음 보기에서 말하고자 하는 가격은?

> • 소비자가 제품의 실제 가격을 평가하기 위하여 이용하는 표준가격(Standard price)을 통칭하는 가격을 말한다.
> • A소비자가 B백화점에서 고등어 가격이 1만원 정도라고 생각했는데, 1만 5천원의 고등어를 보면 비싸다고 느끼는 경우에, A소비자에게 고등어의 (　)은 1만원 정도가 되는 것이다.

① 단수가격　　　　　　　　　　　② 관습가격
③ 준거가격　　　　　　　　　　　④ 명성가격

> ADVICE ① 단수가격(Odd Pricing) : 시장에서 경쟁이 치열할 때 소비자들에게 심리적으로 저렴하다는 느낌을 주어 제품의 판매량을 늘리려는 방법이다. 제품의 가격을 100원, 1,000원 등과 같이 현 화폐단위에 맞게 책정하는 것이 아니라, 그 보다 낮은 95원, 970원, 990원 등과 같이 단수로 책정하는 방식이 사용된다. 단수가격의 설정목적은 소비자의 입장에서는 가격이 상당히 낮은 것으로 느낄 수 있고 더불어서 비교적 정확한 계산에 의해 가격이 책정되었다는 느낌을 줄 수 있는 방식이다.
> ② 관습가격(Customery Pricing) : 일용품의 경우처럼 장기간에 걸친 소비자의 수요로 인해 관습적으로 형성되는 가격을 의미한다.
> ③ 명성가격(Prestige Pricing) : 자신의 명성이나 위신을 나타내는 제품의 경우에 일시적으로 가격이 높아짐에 따라 수요가 증가되는 경향을 보이기도 하는데, 이를 이용하여 고가격으로 가격을 설정하는 방식이다.
> ④ 준거가격(Reference Pricing) : 구매자가 어떤 제품에 대해서 자기 나름대로의 기준이 되는 준거가격을 마음속에 지니고 있어서, 제품을 구매할 경우 그것과 비교해보고 제품 가격이 비싼지 여부를 결정하는 방식이다.

25 제품의 원가를 미리 결정하기 용이하지 않은 업체에서 활용하는 방식으로 고속도로 계약업자들이 종종 취하는 방식은?

① 원가지향 가격 결정　　　　　　② 원가 플러스 가격 결정
③ 마크업(Mark-Up) 가격 결정　　④ 표적(Target) 가격 결정

> ADVICE ② 원가 플러스 가격 결정은 원가를 설정하고 거기에 희망하는 마진을 부가하는 가격결정방식으로 고속도로 계약업자들이 종종 취하는 방식 중 하나이다.
> ① 원가지향 가격 결정은 제조원가를 기준으로 가격을 결정하는 방법이다.
> ③ 마크업(Mark-Up) 가격 결정은 미리 일정한 마크업을 실행해서 설정하는 방식이고, 통상적으로 유통업계에서 실행되는 방법이다.
> ④ 표적(Target) 가격 결정은 진행되는 사업의 규모를 기준으로 일정 수익률의 유지가 가능하도록 가격을 설정하는 방법이다. 자동차 및 화학 등에서 많이 활용한다.

26 다음 보기가 가리키는 가격 결정 정책은?

> 각각의 품목별로 서로 따로따로 검토한 후 가격을 결정하는 정책을 의미한다.

① 단일가격 정책 ② 침투가격 정책
③ 상층흡수가격 정책 ④ 단일제품가격 정책

> ADVICE ④ 단일제품가격 정책에 대한 설명이다.
>
> ※ 가격설정 정책
>
> | 구분 | 내용 |
> |---|---|
> | 단일가격 정책 | 동일한 양의 제품, 동일한 조건 및 가격으로 판매하는 정책을 의미한다. |
> | 탄력가격 정책 | 소비자들에 따라 동종, 동량의 제품들을 서로 상이한 가격으로 판매하는 정책을 의미한다. |
> | 단일제품가격 정책 | 각각의 품목별로 서로 따로따로 검토한 후 가격을 결정하는 정책을 의미한다. |
> | 계열가격 정책 | 수많은 제품계열이 존재할 때 제품의 규격, 기능, 품질 등이 다른 각각의 제품계열마다 가격을 결정하는 정책을 의미한다. |
> | 상층흡수가격 정책 | 도입 초기에 고가격을 설정한 후에 고소득계층을 흡수하고, 지속적으로 가격을 인하시킴으로써 저소득계층에게도 침투하고자 하는 가격정책을 의미한다. |
> | 침투가격 정책 | 빠르게 시장을 확보하기 위해 시장 진입초기에 저가격을 설정하는 정책을 의미한다. |
> | 생산지점가격 정책 | 판매자가 전체 소비자들에 대한 균일한 공장도가격을 적용시키는 정책을 의미한다. |
> | 인도지점가격 정책 | 공장도 가격에 계산상의 운임 등을 가산한 금액을 판매가격으로 결정하는 정책을 의미한다. |
> | 재판매가격유지 정책 | 광고 및 여러 가지 판촉에 의해 목표가 알려져서 선호되는 제품의 공급자가 소매상들과의 계약에 의해 자신이 결정한 가격으로 자사의 제품을 재판매하게 하는 정책을 의미한다. |

27 매우 비탄력적인 수요곡선을 지니는 신상품을 도입할 때 가장 적합한 가격책정 전략은?

① 고가가격전략 ② 침투가격전략
③ 초기할인전략 ④ 경쟁가격전략

> ADVICE ① 고가가격전략은 비교적 높은 수준으로 가격을 책정하는 방식으로 비탄력적인 수요곡선을 지니는 신상품 도입에 알맞다.
>
> ※ 고가가격전략의 조건
> ㉠ 초기투자비용이 존재, R&D 비용회수 목적
> ㉡ 혁신 소비자층이 주 고객일 때
> ㉢ 소량생산비용이 크지 않을 때
> ㉣ 진입장벽이 존재하여 경쟁기업의 진입이 어려울 때
> ㉤ 시장수요의 가격탄력성이 낮을 때

ANSWER 24.③ 25.② 26.④ 27.①

28 다음 중 판촉을 위한 도구 및 수단이 아닌 것은?

① 쿠폰
② 샘플
③ 할인포장
④ 도매가격

> ADVICE 판촉을 위한 도구 및 수단

구분	내용
쿠폰(Coupon)	구매자가 어떤 특정의 제품을 구입할 때 이를 절약하도록 해 주는 하나의 증표
샘플(Sample)	구매자들에게 제품에 대한 대가를 지불하지 않으면서 제공하는 일종의 시제품
프리미엄(Premium)	특정 제품의 구매를 높이기 위해 무료 또는 저렴한 비용으로 제공해 주는 추가 제품
할인포장(Price Pack)	관련 제품을 묶음으로 해서 소비자들이 제품을 낱개로 구매했을 때보다 더욱 저렴한 방식으로 판매

29 소비자 대 정부 간 세금이나 각종 부가세 등을 인터넷으로 처리하는 전자상거래를 가리키는 것으로 인터넷을 통한 민원서비스 등 대국민 서비스 향상을 위한 서비스는?

① B2B
② G2C
③ B2G
④ B2C

> ADVICE 전자상거래의 종류 … 인터넷상의 소매 상품의 판매. 이메일, 전자 비즈니스, e-커머스의 용어로 B2C 거래의 동의어이다. 온라인 카탈로그 제조와 인터넷 소매 비즈니스 관리를 위한 소프트웨어 도구가 생기고, 많은 소매가격을 비교하는 관련 사이트가 있다.

구분	내용
B2B (Business to Business)	기업과 기업 사이에 이루어지는 전자상거래를 일컫는 것으로 기업들이 온라인상에서 상품을 직거래하여 비용을 절감하고, 시간도 절약할 수 있다는 장점이 있다.
B2C (Business-to-Customer)	기업이 소비자를 상대로 행하는 인터넷 비즈니스로 가상의 공간인 인터넷에 상점을 개설하여 소비자에게 상품을 판매하는 형태의 비즈니스이다. 실제 상점이 존재하지 않기 때문에 임대나 유지비와 같은 비용이 절감되는 장점이 있다.
G2C(Government to Customer)	정부와 국민 간 전자상거래는 인터넷을 통한 민원서비스 등 대국민 서비스 향상을 그 주된 목적으로 하고 있다.
B2G(Business to Government)	인터넷에서 이루어지는 기업과 정부 간의 상거래를 말한다. 여기서 G는 단순히 정부뿐만 아니라 지방정부, 공기업, 정부투자기관, 교육기관 등을 의미하기도 한다.

30 ㉠과 ㉡에 들어갈 알맞은 용어는?

> ㉠ – 제조업자가 소비자를 향해 제품을 밀어낸다는 의미로 제조업자는 도매상에게 도매상은 소매상에게, 소매상은 소비자에게 제품을 판매하게 만드는 전략이다.
> ㉡ – 제조업자 쪽으로 당긴다는 의미로 소비자를 상대로 적극적인 프로모션 활동을 하여 소비자들이 스스로 제품을 찾게 만들고 중간상들은 소비자가 원하기 때문에 제품을 취급할 수밖에 없게 만드는 전략을 말한다.

	㉠	㉡
①	유통 전략	풀 전략
②	푸시 전략	전술 전략
③	풀 전략	푸시 전략
④	푸시 전략	풀 전략

> **ADVICE** 푸시 전략과 풀 전략

구분	내용
푸시 전략 (Push Strategy)	• 제조업자가 소비자를 향해 제품을 밀어낸다는 의미로 제조업자는 도매상에게 도매상은 소매상에게, 소매상은 소비자에게 제품을 판매하게 만드는 전략을 말한다. • 이것은 중간상들로 하여금 자사의 상품을 취급하도록 하고, 소비자들에게 적극 권유하도록 하는 데에 있다. • 푸시 전략은 소비자들의 브랜드 애호도가 낮고, 브랜드 선택이 점포 안에서 이루어지며, 동시에 충동구매가 잦은 제품의 경우에 적합한 전략이다.
풀 전략 (Pull Strategy)	• 풀 전략은 제조업자 쪽으로 당긴다는 의미로 소비자를 상대로 적극적인 프로모션 활동을 하여 소비자들이 스스로 제품을 찾게 만들고 중간상들은 소비자가 원하기 때문에 제품을 취급할 수밖에 없게 만드는 전략을 말한다. • 풀 전략은 광고와 홍보를 주로 사용하며, 또한 소비자들의 브랜드 애호도가 높고, 점포에 오기 전에 미리 브랜드 선택에 대해서 관여도가 높은 상품에 적합한 전략이다.

ANSWER 28.④ 29.② 30.④

31 각 판매지역별로 하나 또는 극소수의 중간상들에게 자사제품의 유통에 대한 독점권을 부여하는 방식의 전략은?

① 집약적 유통
② 선택적 유통
③ 전속적 유통
④ 포괄적 유통

> **ADVICE** ③ 전속적 유통은 일정지역 내에서 자사의 제품을 독점적으로 판매하는 권한을 부여함으로써 그 판매점에서 적극적으로 판매활동을 하도록 하며 중간상인의 판매활동을 통제함으로써 제품의 이미지 또는 명성을 높이기 위한 유통전략이다.
>
> ※ 경로 커버리지
>
> | 구분 | 내용 |
> |---|---|
> | 집약적 유통 | 가능한 한 많은 소매상들로 해서 자사의 제품을 취급하게 하도록 함으로써, 포괄되는 시장의 범위를 확대시키려는 전략이다. 대체로 편의품이 집약적 유통에 속하는데 이는 소비자가 제품 구매를 위해 많은 노력을 기울이지 않기 때문이다. |
> | 전속적 유통 | 전속적 유통은, 각 판매지역별로 하나 또는 극소수의 중간상들에게 자사제품의 유통에 대한 독점권을 부여하는 방식의 전략을 말한다. 이 방법의 경우, 소비자가 자신이 제품구매를 위해 적극적으로 정보탐색을 하고, 그러한 제품을 취급하는 점포까지 가서 기꺼이 쇼핑하는 노력도 감수하는 특성을 지닌 전문품에 적절한 전략이다. |
> | 선택적 유통 | 선택적 유통은, 집약적 유통과 전속적 유통의 중간 형태에 해당하는 전략이다. 판매지역별로 자사의 제품을 취급하기를 원하는 중간상들 중에서 일정 자격을 갖춘 하나 이상 또는 소수의 중간상들에게 판매를 허가하는 전략이다. 이 전략은, 소비자가 구매 전 상표 대안들을 비교, 평가하는 특성을 지닌 선매품에 적절한 전략이다. |

32 다음 기사에서 언급하고 있는 것은?

> 최근 식품안전에 대한 의구심이 커지고, 착한 식당 열풍 등 바른 먹거리에 대한 수요가 높아지면서 새롭게 등장한 (　)은 재료의 성분은 물론 제조 과정까지 꼼꼼히 살피면서 건강한 음식문화를 즐기려는 집단이다.

① 모디슈머
② 세이푸드슈머
③ 리뷰슈머
④ 트윈슈머

> **ADVICE** ② 세이푸드슈머란 안전(Safety)과 음식(food), 소비자(Consumer)를 합성한 신조어로 재료와 성분은 물론 제조 과정까지 꼼꼼히 살피며 건강한 외식문화를 즐기려는 소비자를 말한다.

33 아래의 내용을 참조하여 괄호 안에 들어갈 말을 차례로 표기한 것을 고르면?

> - (㉠)은 판매지역별로 자사의 제품을 취급하기를 원하는 중간상들 중에서 일정 자격을 갖춘 하나 이상 또는 소수의 중간상들에게 판매를 허가하는 전략이다.
> - (㉡)은 각 판매지역별로 하나 또는 극소수의 중간상들에게 자사제품의 유통에 대한 독점권을 부여하는 방식의 전략을 말한다.
> - (㉢)은 가능한 한 많은 소매상들로 해서 자사의 제품을 취급하게 하도록 함으로써, 포괄되는 시장의 범위를 확대시키려는 전략이다.

① ㉠ 전속적 유통, ㉡ 선택적 유통, ㉢ 개방적 유통
② ㉠ 선택적 유통, ㉡ 전속적 유통, ㉢ 개방적 유통
③ ㉠ 전속적 유통, ㉡ 개방적 유통, ㉢ 선택적 유통
④ ㉠ 선택적 유통, ㉡ 개방적 유통, ㉢ 전속적 유통

> ADVICE ② ㉠의 선택적 유통은 판매지역별로 자사의 제품을 취급하기를 원하는 중간상들 중에서 일정 자격을 갖춘 하나 이상 또는 소수의 중간상들에게 판매를 허가하는 전략이다. ㉡의 전속적 유통은 각 판매지역별로 하나 또는 극소수의 중간상들에게 자사제품의 유통에 대한 독점권을 부여하는 방식의 전략을 말한다. ㉢의 개방적 유통은 가능한 한 많은 소매상들로 해서 자사의 제품을 취급하게 하도록 함으로써, 포괄되는 시장의 범위를 확대 시키려는 전략이며 집약적 유통이라고도 한다.

ANSWER 31.③ 32.② 33.②

34 다음 A와 B의 사례를 통해 알 수 있는 농업 인력의 전문적 자질을 보기에서 바르게 고른 것은?

> A : 서울에서 백수로 살던 구원모 씨는 귀촌하여 몇 년의 노력 끝에 먹으면 재채기를 하지 않는 인삼주를 개발하였으나 판매 실적은 좋지 않았다. 이에 재채기로 고생하던 브라질의 축구선수 호나우딩요에게 자신이 개발한 인삼주를 계속해서 무상으로 제공하자 소문이 나면서 판매가 높아졌다.
> B : 전주에서 외롭게 혼자 사는 농업인 이우단은 수익성은 좋지만 공간적인 제약이 심해 재배가 어려웠던 한약재 재배 방식을 공중 공간을 이용하여 공간 활용도를 넓힌 방법으로 개선하여 생산량이 크게 증가하였다.

> ㉠ 농업에 대한 애착　　　　　　　　㉡ 마케팅 능력
> ㉢ 인관관계 능력　　　　　　　　　　㉣ 농업 기술 개발 능력

① A : ㉠, B : ㉡
② A : ㉠, B : ㉢
③ A : ㉡, B : ㉢
④ A : ㉡, B : ㉣

>ADVICE ④ A의 사례는 농업 경영인의 마케팅적 능력에 대한 내용이며, B는 농업 기술 개발 능력에 대한 내용이다.

35 다음이 말하는 내용은?

> 소비자의 감정을 유발하여 구매를 유도하는 광고표현 방법을 말한다. 즉 소비자가 그 제품을 사고 싶은 이상적인 느낌이나 기분을 느낄 수 있도록 해야 한다는 것으로 예를 들면 색상, 모양, 포장재질 등을 이용해 우아함, 자부심, 흥분, 재미, 향수 등과 같은 특정 감정을 유발할 수 있도록 고안해야 한다. 포장에서 감성소구를 강조할 것이냐 아니면 제품정보를 강조할 것이냐는 소비자들의 제품구매 동기가 이성적이냐 감성적이냐에 따라 달리하는 것이 좋다.

① 감정소구
② 이성소구
③ 성적소구
④ 비교소구

>ADVICE ① 감성소구에 대한 내용이다.

36 세분시장을 더욱 작게 세분화함으로써 다른 제품들로는 그 욕구가 충족되지 않은 소수의 소비자들을 표적으로 하는 마케팅은?

① 대량 마케팅(Mass Marketing)

② 니치 마케팅(Niche Marketing)

③ 블루오션 마케팅(Blue Ocean Marketing)

④ 관계 마케팅(Relationship Marketing)

> ADVICE ② 니치 마케팅(Niche Marketing)이라 마치 틈새를 비집고 들어가는 것과 같다는 뜻에서 붙여진 이름이다. '니치'란 '빈틈' 또는 '틈새'라는 뜻으로 '남이 아직 모르는 좋은 낚시터'라는 은유적 의미를 담고 있다. 시장의 빈틈을 공략하는 새로운 상품을 시장에 내놓음으로써, 소수의 소비자들을 표적으로 한다.

37 소비자 구매의사 결정에 관한 단계별 설명으로 틀린 것은?

① 정보탐색 – 소비자들이 이용하는 정보탐색 활동에는 인적, 상적, 공공, 경험 등이 있다.

② 문제인식 – 소비자 구매의사 결정과정의 첫 단계이다.

③ 대체안 평가 – 가장 선호하는 상표를 구매한다.

④ 구매 후 행동 – 제품 사용성과에 만족한 소비자는 재구매의 가능성이 높다.

> ADVICE ③ 대체안 평가는 탐색된 정보를 바탕으로 대체안들의 장·단점을 평가하는 단계이다.
> ※ 소비자 구매의사 결정 단계
>   ㉠ 문제인식 : 소비자 구매의사 결정 단계의 첫 단계로 실제 필요한 것과 욕구의 차이가 발생한다.
>   ㉡ 정보탐색 : 소비자들이 이용하는 정보탐색 활동에는 인적, 상적, 공공 경험 등이 있으며 이를 바탕으로 소비자의 욕구가 충족될 만한 상품을 탐색한다.
>   ㉢ 대체안 평가 : 탐색된 정보를 바탕으로 대체안들의 장·단점을 평가하는 단계이다.
>   ㉣ 구매 : 구체적인 상표와 상품, 구입방식과 점포 등을 결정하여 구매하는 단계이다.
>   ㉤ 구매 후 행동 : 제품 사용성과에 만족한 소비자의 경우 재구매의 가능성이 높다.

ANSWER 34.④ 35.① 36.② 37.③

38 고객 행동에 따른 구매가능자 중 자사의 제품서비스에 대하여 필요성을 느끼지 못하거나, 구매할 능력이 없다고 확실하게 판단되는 것은?

① 비가격 잠재자
② 최초구매자
③ 구매용의자
④ 구매가능자

> **ADVICE** ① 고객 행동에 따른 구매가능자 중 자사의 제품서비스에 대하여 필요성을 느끼지 못하거나, 구매할 능력이 없다고 확실하게 판단되는 자는 비가격 잠재자이다.
> ② 최초구매자(first time customer)란 자사의 제품을 1번 구매한 사람이다. 이들은 자사의 고객이 될 수도 있고 경쟁사의 고객이 될 수도 있다.
> ③ 구매용의자(suspect)는 자사의 제품이나 용역을 구매할 능력이 있는 모든 사람을 포함한다.
> ④ 구매가능자(prospect)는 제품이나 용역을 필요로 할 수 있고, 구매능력이 있는 사람을 말한다. 이들은 이미 자사의 제품에 대한 정보를 알고 있다.

39 기업의 내적 강점과 약점, 그리고 외부위협과 기회를 자세히 평가하는 데 사용할 수 있는 기법은?

① SWOT 분석
② 시장 세분화
③ 전략적 관리
④ 수익성 분석

> **ADVICE** ① SWOT 분석은 기업의 환경 분석을 통해 강점(strength)과 약점(weakness), 기회(opportunity)와 위협(threat) 요인을 규정하고 이를 토대로 강점은 살리고 약점은 보완, 기회는 활용하고 위협은 억제하는 마케팅 전략을 수립하는 마케팅 전략을 수립하는 기법이다.
> ※ SWOT 분석

구분	내용
강점(Strength)	회사가 소유하고 있는 장점
약점(Weakness)	회사가 가지고 있는 약점
기회(Opportunity)	외부환경의 기회(시장이나 환경적 측면에서 매출이나 수익성 향상의 기회)
위협(Threat)	외부환경의 위협(매출이나 수익성 악화의 위협)

40 다음 중 서비스(Service)의 특성이 아닌 것은?

① 무형성 ② 분리성
③ 소멸성 ④ 이질성

>ADVICE ② 서비스의 4대 특성에는 무형성, 소멸성, 이질성, 생산과 소비의 비분리성 등이 있다.
※ 서비스의 4대 특성

구분	내용
무형성 (intangibility)	유형적 제품과 달리 서비스는 객관적으로 보이는 형태로 제시할 수 없으며 만질 수 없는 것을 의미한다. 이는 제품과 서비스를 구별 짓는 가장 핵심적인 요인으로서 이러한 서비스의 무형성으로 구매 전 확인이 불가능하며 진열 또는 설명에 제약이 따른다.
소멸성 (perishability)	서비스는 저장될 수 없기 때문에 재고로서 보관이 어려우며 구매 직후에 그 편익이 소멸된다. 따라서 서비스는 수요와 공급의 균형을 유지하기가 어렵다.
이질성 (heterogeneity)	제공되는 동일한 서비스에 대하여 장소, 시간, 제공자 등의 변화에 따라 서비스의 질이나 성과가 다르게 표현됨을 의미하며 서비스의 이질성으로 표준화 및 정형화의 어려움으로 개별화(customization) 기회를 제공한다.
생산과 소비의 비분리성	서비스의 생산과 소비가 동시에 이루어짐을 의미하며 따라서 대량생산이 곤란하다.

41 다음 ( ) 안에 공통으로 들어갈 알맞은 것은?

> ( )는(은) 어떤 제품의 고유의 이름, 상징물, 로고 혹은 이들의 결합을 가리키며, ( )에 의하여 고객들은 그 제품의 생산자(경우에 따라서는 유통업자)를 인식할 수 있으며, 고객과 생산자는 유사하게 보이는 경쟁제품으로부터 보호받을 수 있다.

① 브랜드 ② 패키지
③ 품질 ④ 애프터서비스

>ADVICE ① 브랜드가 정답이다. 브랜드는 기업이 자사의 제품이나 서비스를 식별하기 위해 사용하는 제품의 이름, 로고, 심벌, 슬로건, 패키지뿐만 아니라 제품과 관련된 인식, 경험 및 이미지의 집합체를 뜻한다.

42 제품의 수명주기를 연장시키기 위한 전략 중 제품을 수정이나 변형시키지 않고 기존 표적시장에서 소비자들의 참가를 증진시키는 것은?

① 시장침투
② 프로그램 개발
③ 시장개발
④ 프로그램 다각화

> ADVICE ① 시장침투(Marketing Penetration)는 기존시장에 기존제품의 판매를 증대하는 기존시장 심화전략으로서, 이는 기존제품의 수명주기를 연장시키기 위한 전략이다. 이는 기존 제품의 수정이나 변형을 가져오지 않고 기존의 표적시장에서 소비자들의 참가를 증진시키는 전략이다.

43 가격결정에서 인플레율을 고려한 것으로 계약판매 및 신용판매에서 특히 고려해야 할 기준은?

① 가격 탄력성
② 가격 표시제
③ 가격 체인
④ 가격 에스컬레이션

> ADVICE ④ 가격 에스컬레이션은 물가나 외환시세 등 주요한 가격 변동요인을 고려한 가격결정 기준으로 계약판매 및 신용판매에 있어 특히 고려해야 한다.

44 마케팅정보 시스템에 관한 설명으로 틀린 것은?

① 마케팅을 보다 효과적으로 수행하기 위하여 관련된 사람, 고객의 정보, 기구 및 절차, 보고서 등을 관리하는 시스템을 말한다.
② 마케팅 경영자의 마케팅 의사결정에 사용할 수 있도록 한 정보관리 시스템이다.
③ 기업 내부 자료, 외부 자료와 정보를 체계적으로 관리한다.
④ 마케팅정보 시스템은 경영정보 시스템의 상위 시스템이다.

> ADVICE ④ 마케팅정보 시스템이란 마케팅 관리영역에 있어 의사결정의 기반으로 활용할 목적으로 사내 및 사외의 모든 부문으로부터 수집되는 관련정보를 시스템적 관점에서 설계한 인간, 기계, 절차 등 상호작용의 복합체를 말하며 경영정보 시스템의 하위 시스템이다.

45 가격차별화의 전제조건에 관한 설명으로 틀린 것은?

① 각 시장을 세분할 수 있어야 한다.
② 각 세분시장은 수요탄력성이 달라야 한다.
③ 각 세분시장의 소비자군은 같아야 한다.
④ 시장세분화의 비용보다 이익이 더 커야 한다.

> ADVICE ③ 각 세분시장의 소비자군은 달라야 한다.

46 대형편의점에서 고객들을 유치하기 위해 매우 널리 알려진 브랜드 제품을 특별 할인가격으로 판매하는 광고를 하였다면, 이는 어떤 가격전략을 택한 것인가?

① 선도가격전략
② 특별가격전략
③ 품위가격전략
④ 서수가격전략

> ADVICE ① 선도가격전략이란 핵심 상품들을 정상적인 가격수준 이하, 심지어 원가 이하로 판매하여 고객을 점포로 끌어들인 후 정상적으로 마진이 더해진 다른 상품들에 대한 판매가 이루어지도록 하기 위한 전략이다. 선도품목은 소비자들에게 잘 알려져 있으며 자주 구입되는 품목이어야 하며, 가격할인의 효과가 쉽게 눈에 띄는 상품이어야 한다.

47 다음 설명에 해당하는 가격결정 전략은?

> 홈쇼핑이나 인터넷 쇼핑 등에서 주로 볼 수 있는 가격결정전략으로, 9,900원 혹은 99,000원 등 가격 상의 실제적인 차이는 그렇게 없지만 심리적으로 가격이 훨씬 싼 것처럼 느껴지게 하는 전략

① 유도가격결정
② 위신가격결정
③ 단수가격결정
④ 가격단계화

> ADVICE ③ 단수가격(odd pricing)이란 시장에서 경쟁이 치열할 때 소비자들에게 심리적으로 값싸다는 느낌을 주어 판매량을 늘리려는 심리적 가격 결정의 한 방법이다.

ANSWER 42.① 43.④ 44.④ 45.③ 46.① 47.③

48 상품판매에 있어서 고객이 동시에 구매할 가능성이 높은 상품들을 찾아내어 함께 판매한다는 것을 뜻하는 말은?

① 교차판매 ② 순차적 판매
③ 인적 판매 ④ 상승 판매

> ADVICE ① 교차판매는 하나의 제품이나 서비스 제공 과정에서 다른 제품이나 서비스에 대해 판매를 촉진시키는 마케팅 기법이며 추가 구입을 유도하는 판매방법으로 크로스 셀링(Cross-selling)이라고도 한다.

49 신제품에 기존 브랜드를 연결시켜 소비자가 쉽게 접근할 수 있도록 하는 브랜드 관리 전략은?

① 이중브랜드전략 ② 라인확장전략
③ 브랜드확장전략 ④ 신규브랜드전략

> ADVICE ③ 브랜드확장전략에 대한 질문이다. 브랜드확장전략은 신제품을 시장에 출시할 때 이미 소비자들에게 강력한 이미지를 구축하고 있는 브랜드명을 이용하여 그 이름을 그대로 또는 소비자들이 유사한 이름이라는 것을 쉽게 인지할 수 있는 범위에서 약간 변형하여 사용하는 브랜드 관리 전략이다.

50 기존고객의 이탈률을 최소화하고 이들의 반복구매를 촉진시킴으로써 거래관계를 심화시켜 나가는 데 주력하는 마케팅 전략은?

① 릴레이션십 마케팅(relationship marketing)
② 리텐션 마케팅(retention marketing)
③ 내부마케팅(internal marketing)
④ 데이터베이스 마케팅(database marketing)

> ADVICE ② 기존고객의 이탈률을 최소화하고 이들의 반복구매를 촉진시킴으로써 거래관계를 심화시켜 나가는 데 주력하는 전략은 리텐션 마케팅이다.
> ① 릴레이션십 마케팅이란 기업 외부의 다양한 요소들과 협조관계를 구축하여, 판매를 신장시키고 이익을 증진시키는 마케팅 형태이다.
> ③ 내부마케팅은 기업구성원을 고객으로 생각하고 이들과 기업간의 적절한 마케팅 의사전달체계를 유지함으로써 외부 고객들에게 보다 양질의 서비스를 제공하려는 마케팅 형태이다.
> ④ 데이터베이스 마케팅이란 기업이 고객에 대한 다양한 정보를 컴퓨터를 이용하여 Data Base화하고, 구축된 데이터를 바탕으로 고객 개개인과의 장기적인 관계를 구축하는 마케팅 전략이다.

51 표적시장을 선정하기 위한 세분시장의 평가요소와 가장 거리가 먼 것은?

① 기업의 내부고객
② 기업의 목표와 재원
③ 세분시장의 규모와 성장
④ 세분시장의 구조적 매력성

> ADVICE 세분시장의 평가요소
> ⊙ 시장 상황 : 세분시장의 규모 및 성장성
> ⓒ 시장 내 경쟁상황 : 세분시장의 구조적인 이점
> ⓒ 자사와의 적합성 : 기업의 목표와 자원

52 4P에서 자사의 제품을 적당한 장소에서 소비자가 편리하게 구매할 수 있도록 서비스 체계를 갖춘다는 의미의 요소는?

① Product
② Place
③ Promotion
④ Price

> ADVICE 마케팅 믹스 4P
> ⊙ Product(상품) : 소비자 조사, 상품개발, 디자인, 애프터서비스 결정
> ⓒ Place(유통경로) : 판매경로 및 유통업자 결정
> ⓒ Promotion(판촉) : 광고 기획, 광고 매체 및 홍보 방법 선정
> ② Price(가격) : 가격결정

53 제품이 소비자에 의하여 어떤 제품이라고 정의되는 방식을 의미하며, 경쟁 브랜드에 비하여 차별적으로 받아들일 수 있도록 고객들의 마음 속에 위치시키는 노력을 의미하는 것은?

① 제품 가격설정
② 제품 포지셔닝
③ 제품 브랜딩
④ 제품 촉진

> ADVICE 제품 포지셔닝
> ⊙ 제품의 포지션이란 제품이 소비자들에 의해 지각되고 있는 모습을 말한다.
> ⓒ 포지셔닝은 소비자의 마음 속에 자사제품이나 기업을 표적시장·경쟁·기업능력과 관련하여 가장 유리한 포지션에 있도록 노력하는 과정 또는 소비자들의 인식 속에 자사의 제품이 경쟁제품과 대비하여 차지하고 있는 상대적 위치를 말한다.

ANSWER 48.① 49.③ 50.② 51.① 52.② 53.②

54 비교적 동질적인 잠재소비자들의 집합이라는 표현은 다음 중 무엇을 가리키는가?

① 세분시장
② 인구통계적 군집
③ 조직구매자
④ 최종소비자

> ADVICE ① 세분시장이란 잠재고객들이 동질적인 욕구를 갖고, 마케팅 자극에 유사한 반응을 보이는 집단으로 구분하는 활동을 말한다.

55 생산과 수요의 조건에 따른 가격전략의 형태 중 고가격 정책에 해당하는 것은?

① 수요의 가격탄력성이 크고, 대량생산으로 생산비용이 절감될 수 있는 경우
② 수요의 가격탄력성이 작고, 대량생산으로 생산비용이 절감될 수 있는 경우
③ 수요의 가격탄력성이 크고, 소량다품종생산인 경우
④ 수요의 가격탄력성이 작고, 소량다품종생산인 경우

> ADVICE ④ 수요의 탄력성이 낮으며 소량다품종생산인 경우에 고가격 정책이 유용하다.
> ※ 상대적인 고가 전략이 적합한 경우
>   ㉠ 수요의 탄력성이 낮을 때
>   ㉡ 진입장벽이 높아 경쟁기업의 진입이 어려울 때
>   ㉢ 규모의 경제효과보다 이득이 적을 때
>   ㉣ 가격-품질연상효과(Price Quality Association)에 의해 새로운 소비자층을 유입할 때
>   ㉤ 품질 경쟁력
>   ㉥ 시장에 경쟁자의 수가 적을 것으로 예상될 때

56 사람들이 정보를 제공할 수 없거나 제공할 능력이 없는 경우, 마케터들은 다음 중 어떤 조사방법에 관심을 기울여야 하는가?

① 관찰
② 표적집단면접
③ 대인면접
④ 설문조사

> ADVICE ① 관찰은 일반적으로 연구 대상자의 행태나 태도 등 언어나 문자로 파악할 수 없는 현상에 관한 자료를 수집하기 위한 방법이다. 관찰에서는 반드시 관찰자가 관찰 대상자의 행태나 기타 반응 등을 제3자의 입장에서 객관적으로 관찰하여 이를 수량적인 단위나 기준을 사용하여 기록해야만 연구에 필요한 자료가 될 수 있다.

57 다음 ( )안에 알맞은 것은?

> 효과적인 데이터베이스 마케팅 활동의 필요성으로 기업이 고객들의 다양한 욕구를 충족 시키지 못하면 시장에서의 존립이 어려운 상황이 되기 때문에 마케팅활동에 소요되는 자원을 투자의 개념으로 받아들이게 되었고 (   )계산하게 되었다.

① 자본회수율(ROI)
② 손익분기점(BEP)
③ 판매시점(POS)
④ R-F-M분석

> ADVICE ② 매출액과 비용의 차이가 0이 되는 지점을 말한다.
> ③ 물품이 판매되는 시점과 장속에서 즉시 관련 데이터를 수집하는 것을 말한다.
> ④ 고객의 등급을 매길 때 사용하는 분석법인데 최신성(Recency), 빈도(Frequency), 액수(Monetary)를 뜻한다.
> ※ 자본회수율(ROI) … 기업의 경쟁력을 알아보는 지표 중 하나로 기업이 어느 정도의 자본을 투자하여 얼마만큼의 이익을 올리는가를 알아보는 지표를 말한다.
>
> $$자본회수율 = \frac{매출액}{투하자본} \times 100(\%)$$

58 소비자가 제품구매 후 우편으로 영수증을 비롯한 필요증명서를 기업에게 보내면 기업이 구매가격의 일정률에 해당하는 현금을 반환해주는 것을 말하는 판매촉진 수단은?

① 가격할인쿠폰
② 리베이트
③ 프리미엄
④ 마일리지 서비스

> ADVICE 리베이트(Rebate)
> ㉠ 리베이트는 소비자가 구매 후 구매영수증과 같은 증거서류를 기업에게 제시할 경우 해당 제품에 대해 할인하여 금액을 환불해 주는 방법으로, 쿠폰과 그 성격이 비슷하지만 가격할인이 구매시점이 아니라 증거서류의 제시 시점이라는 점에서 다르다.
> ㉡ 리베이트는 기존 자사제품을 이용하고 있는 소비자들의 반복구매, 다량구매, 조기구매를 촉진시킬 수 있고, 경쟁브랜드의 고객을 흡수할 수 있다는 점과 쿠폰과 같이 가격차별수단으로 사용되어 기업에 이익을 가져다 준다는 점이 장점이라 할 수 있다.
> ㉢ 소비자들은 기업이 리베이트를 제공한다고 하더라도 구매시점에서는 정가대로 금액을 지불하고, 환불받을 때까지 기다려야 하기 때문에 리베이트 금액이 소비자들로 하여금 그 기간을 기다릴 만한 가치가 있을 정도의 충분한 액수가 되어야 한다는 단점을 갖는다.

ANSWER 54.① 55.④ 56.① 57.① 58.②

59 다음 중 표적(Target)마케팅 전략의 과정으로 포함되지 않는 것은?

① 시장세분화
② 제품분석
③ 표적시장결정
④ 제품 포지셔닝

> **ADVICE** STP 전략의 절차

구분	내용
시장세분화 (segmentation)	하나의 시장을 상이한 제품이나 마케팅믹스를 원하리라고 기대되는 구매자 집단으로 뚜렷이 구분 짓는 활동
표적시장 선정 (targeting)	여러 세분시장 가운데 기업이 진입하고자 하는 하나 또는 그 이상의 세분시장을 골라내는 과정
포지셔닝 (positioning)	생산된 제품과 상세한 마케팅믹스가 가장 경쟁력을 가질 수 있는 포지셔닝을 설정하는 단계

60 가장 일반적인 소비자의 반응 순서는?

① 흥미유발(I) → 주목(A) → 욕구(D) → 행동(A)
② 주목(A) → 흥미유발(I) → 욕구(D) → 행동(A)
③ 욕구(D) → 흥미유발(I) → 주목(A) → 행동(A)
④ 주목(A) → 욕구(D) → 흥미유발(I) → 행동(A)

> **ADVICE** ② 구매의 AIDMA(아이드마)원칙은 매장에 들르는 소비자가 상품에 주목하여 관심을 가지고 욕구로 부터 제품 구매에 이르는 심리의 발전 단계를 말한다. 매장에서의 소비자는 주목(attention), 흥미유발(interest), 욕구(desire), 기억(memory), 행동/구매(action)의 단계를 거쳐 구매에 이른다고 본다.
> ※ 구매의 AIDMA원칙
>   ⊙ Attention(주목) : 매장에 들르는 소비자의 눈에 잘 띄고, 주의를 끌 수 있도록 대량으로 진열·연출하고, 무엇의 작동 과정이나 사용법에 대한 시범인 데몬스트레이션 등을 실시한다(탑보드, 현수막, 포스터 등).
>   ⓒ Interest(흥미) : 매대로 고객을 유도하기 위하여 POP, 또는 아이 캣처, 상품 설명서, 요리 방법과 같은 제안을 통해 관심을 유발시키고 제품에 대한 이해도를 깊게 한다.
>   ⓒ Desire(욕구) : 매장 내에서 상품을 비교, 선택하기 쉽도록 하기 위하여 유사상품 끼리 그룹핑하여 눈에 띄기 쉽도록 진열하고, 향기와 맛 등 제품의 장점에 대하여 시식이나 견본품 제공 등을 통해 직접소구, 또는 POP 등을 통해 충동구매를 불러일으킨다.
>   ⓔ Memory(기억) : 상품의 정보를 보다 알기 쉽게 제공하고, 제품의 가격을 눈에 잘 띄게 하여 소비자가 구입에 대한 확신을 가질 수 있도록 한다.
>   ⓜ Action(행동/구매) : 매장에 진열되어 있는 상품이 소비자의 최종적인 구입결정으로 이어질 수 있도록 매장의 분위기, 진열, 상품설명 POP, 가격표 등이 소비자의 관점에서 이루어 졌는지 점검해 본다.

61 다음이 설명하고 있는 마케팅 분석방법은?

> 어떠한 제품이나 서비스, 매장 등에 대해서 여러 가지 대안들을 만들었을 때, 그 대안들에 부여하는 소비자들의 선호도를 측정하여 소비자가 각 속성(attribute)에 부여하는 상대적 중요도와 각 속성수준의 효용을 추정하는 분석방법

① 군집 분석
② 요인 분석
③ 컨조인트 분석
④ 판별 분석

> **ADVICE** 컨조인트 분석
> ㉠ 어떤 제품 또는 서비스가 갖고 있는 속성 하나하나에 고객이 부여하는 가치를 추정함으로써, 그 고객이 어떤 제품을 선택하지를 예측하는 기법이다.
> ㉡ 구체적인 소비자 행동의 요인을 측정하기 위한 방법이다.
> ㉢ 소비자 행동이 특정한 목표를 가지고 유발될 경우 소비자의 여러 심리적 요인이 관계한다.
> ㉣ 구매 결정의 메커니즘이 보다 복잡하게 되기 때문에 사전에 조사를 행하고, 고객 선호도와 그 결과를 분석하여 신상품의 콘셉트를 결정한다.
> ㉤ 각 제품 제안들에 대한 선호순위의 분석을 통해 소비자의 속성평가유형을 보다 정확히 밝혀내고, 이를 근거로 선호도 예측, 시장점유율 예측까지도 가능케 하는 분석방법이다.

62 일정수준 이상의 입지조건, 이미지, 경영능력을 가진 중간상을 선별하여 서비스를 취급할 수 있는 권한을 부여하는 경로전략을 무엇이라고 하는가?

① 독점적 유통
② 집중적 유통
③ 선택적 유통
④ 집약적 유통

> **ADVICE** ③ 선택적 유통에 대한 질문이다. 선택적 유통은 집약적 유통과 전속적 유통의 중간에 해당되는 전략으로, 판매지역별로 자사제품을 취급하고자 하는 중간상들 중에서 자격을 갖춘 하나 이상의 소수의 중간상들에게 판매를 허용하는 전략이다. 이러한 전략은 소비자들이 구매 전에 상표 대안들을 파악하고 이들을 비교·평가하는 특성을 가진 선매품에 적절하다. 선택적 유통을 사용하는 제조업자는 판매력이 있는 중간상들만 유통경로에 포함시키므로 만족스러운 매출과 이익을 기대할 수 있다. 또한 제조업자는 선택된 중간상들과의 우호적인 거래관계의 구축을 통해 적극적인 판매노력을 기대할 수 있다.

ANSWER 59.② 60.② 61.③ 62.③

63 BCG(Boston Consulting Group)의 시장 성장-점유율 매트릭스에서 시장 성장률은 높으나 점유율이 낮은 사업부를 무엇이라 하는가?

① 별(star)
② 현금젖소(cash cow)
③ 의문표(question mark)
④ 두뇌(brain)

> **ADVICE** ③ 의문표(question mark)에 대한 내용이다. 의문표(문제아)는 시장의 성장률은 높지만 해당 기업의 시장 점유율이 낮은 사업이 이 영역에 포함된다. 시장 점유율을 증가시키기 위해 많은 비용이 소모될 뿐만 아니라 시장의 성장률이 높기에 점유율을 유지하는데도 많은 비용이 필요하다. 때문에 경영자는 자금과 마케팅 투자를 통해 Star 방향으로 전환시킬 것인지 시장을 포기할 것인지 결정하게 된다. 시장이 매력적이고 경쟁사 대비 지속적인 차별화가 가능하다면 투자가 이루어져야 할 것이고, 시장의 매력도 낮거나 경쟁사와 차별화 시킬 만한 자원이 없다면 정리하는 것이 바람직하다.

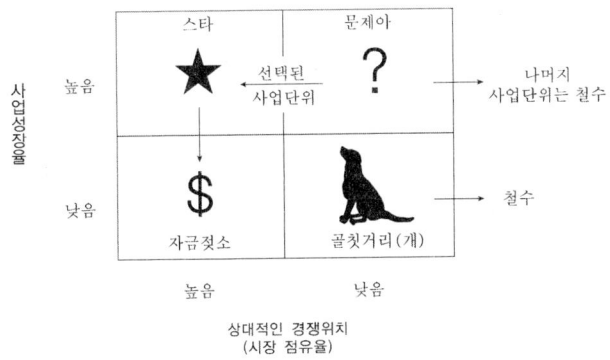

BCG(Boston Consulting Group) 매트릭스

64 효과적인 시장세분화의 요건으로 틀린 것은?

① 측정가능성
② 실천성
③ 접근가능성
④ 동일한 반응성

> **ADVICE** ④ 효과적인 시장세분화의 요건에는 측정가능성, 접근가능성, 실질성, 행동가능성, 유효정당성, 유지가능성, 신뢰성, 차별성(이질성)이 있다.

65 생산자가 대량광고와 판매촉진을 하는 소비재의 유형에 해당하는 것은?

① 편의품　　　　　　　　　② 선매품
③ 전문품　　　　　　　　　④ 비탐색품

> **ADVICE** ① 편의품은 구매하는 횟수가 빈번하고, 구매에 대한 시간과 노력이 적게 소요된다. 생산자는 일반적으로 대량광고와 판매촉진을 수행한다.
>
> ※ 소비재(Consumer goods)
>
> | 구분 | 내용 |
> |---|---|
> | 편의품
(Convenience products) | • 편의품은 구매하는 횟수가 빈번하고, 구매에 대한 시간과 노력이 적게 소요된다. 생산자는 일반적으로 대량광고와 판매촉진을 수행한다.
• 편의품은 가격이 비싸지 않으며, 이러한 제품의 예로는 음식, 양말, 드라이클리닝 등 일상생활에서 쉽게 접할 수 있는 제품들이다. |
> | 선매품
(Shopping products) | • 선매품은 여러 가지 다양한 대안을 비교해 가면서 제품을 구매하는데 있어 수고와 노력을 아끼지 않는다.
• 선매품의 예로는 전자제품, 헬스서비스, 옷 같은 것이 있다. |
> | 전문품
(Specialty products) | • 전문품은 독특한 제품의 특성을 지녔는데 소비자들이 드물게 구매하며, 가격 또한 비싼 편이다.
• 소비자는 그들이 원하는 정확한 제품과 상표를 획득하기 위하여 특별한 노력을 기꺼이 하려 한다. 이러한 제품에는 교육, 주택과 고성능 자동차를 포함한다. |
> | 비탐색품
(Unsoughts products) | • 소비자는 탐색하지 않고 심지어 의식하지도 않는 경우가 많으며 소비자가 니즈(needs)와 가치(value)를 인식할 때 그러한 제품을 구매한다.
• 비탐색품의 가장 고전적인 예는 생명보험이다. 또한 비탐색품은 편의품, 선매품, 전문품이 될 수 있으므로 그 특성이 다양하다. |

66 마케팅 전략의 주체가 되는 3C에 해당되지 않는 것은?

① Converter　　　　　　　② Customer
③ Company　　　　　　　④ Competitor

> **ADVICE** 마케팅 전략의 주체
> ㉠ 고객(customer)
> ㉡ 경쟁사(competitor)
> ㉢ 자사(company)

ANSWER 63.③ 64.④ 65.① 66.①

FTA 등 농산물유통환경의 변화

1 다음 중 농산물유통환경의 변화에 대해 잘못 서술하고 있는 것은?

① 중국으로부터 저가의 채소, 특용작물 등 수입이 급증하고 있어 국내 생산기반이 크게 위협을 받고 있으며 특히 주요 품목인 고추, 마늘, 양파, 한약재 등의 수입이 계속 늘어나는 실정이다.
② 중국은 풍부한 농업노동력과 다양한 기후조건, 동부지역의 광활한 평야지 농토를 바탕으로 채소 생산을 크게 늘려 일본과 한국에 집중적으로 수출하고 있다.
③ DDA 협상으로 관세감축에 의해 저가격의 신선농산물 수입이 급증할 경우 국산 농산물의 과잉공급과 소비위축으로 가격하락이 예상된다.
④ 농산물 유통과 관련한 기술 환경의 변화는 유통의 선진화에 별 영향이 없다.

> **ADVICE** ④ 수송기술의 발달은 농산물의 신속한 대량수송을 가능하게 하고 물류효율을 높이는데 중요한 역할을 하며 예냉(precooling)과 같은 농산물 저장기술의 발전은 농산물 유통에서 획기적인 변화를 가져온다.

2 유통 4.0시대의 특징 중 하나로 인터넷 환경에서 일정한 내용을 담을 수 있는 공간이나 포맷을 제공하는 사업자를 의미하는 것은?

① 플랫폼 사업자
② 온라인 사업자
③ 모바일 사업자
④ 오프라인 사업자

> **ADVICE** 유통 4.0은 유통산업에서 AI, IoT, Block-chain 등 기술들을 활용해 유통서비스의 초지능, 초연결화가 실현되는 현상으로 플랫폼 유통이 특징이다.

3 농산물의 유통비용에는 간접비용이 발생하는데 다음 중 간접비용에 해당하지 않는 것은?

① 임대료
② 인건비
③ 제세공과금
④ 운송비

> ADVICE 유통비용 중 직접비용에는 운송비, 포장재비, 상하차비 등이 포함된다.

4 2021년 농산물의 온라인 시장 성장에 대한 설명으로 옳지 않은 것은?

① 전체 온라인 거래액 중에서 모바일 쇼핑이 75%를 차지하고 있다.
② 농식품은 반조리식 밀키트, 가정대체식 등으로 새벽 배송이 이루어지기 힘들다.
③ 2020년 신선식품의 새벽 배송시장은 2015년에 비해 약 150배 성장하였다.
④ 동영상 스트리밍과 쇼핑을 연계한 라이브커머스 시장이 크게 성장하였다.

> ADVICE 농식품은 반조리식 밀키트, 가정대체식 등으로 새벽 배송이 급성장하고 있다.

5 특정한 품목의 수입이 급증하는 경우, 수입국이 관세인상이나 수입량 제한 등을 통하여 수입품에 대한 규제를 하는 무역장벽의 하나인 이것은 농산물의 수입물량이 급증하거나 수입가격이 하락하는 경우에는 관세철폐계획에 따른 세율을 초과해 부과되는 관세를 말한다. 이것은 무엇인가?

① 계절관세
② 수입쿼터
③ 세이프가드
④ 세번 분리

> ADVICE ③ 농산물 세이프가드에 대한 내용이다. 농산물 세이프가드란 농림축산물의 수입물량이 급증하거나 수입가격이 하락하는 경우에는 관세철폐계획에 따른 세율을 초과해 부과되는 관세를 말한다.
> ② 수입쿼터는 수량 제한의 일종으로 일정 물량 이상의 수입을 금지하는 제도를 말한다.
> ① 계절관세란 계절에 따라 가격의 차이가 심한 물품으로 동종물품·유사물품 또는 대체물품의 수입으로 국내시장이 교란되거나 생산 기반이 붕괴될 우려가 있을 경우 계절에 따라 해당 물품의 국내외 가격차에 상당하는 율의 범위에서 기본세율보다 높게 부과하거나 100분의 40의 범위의 율을 기본세율에서 빼고 부과하는 관세를 말한다.
> ④ 세번 분리란 양국의 주력 품종이나 용도가 구분되는 경우, 우리나라에서 주로 생산되는 부분을 집중 보호하는 것을 말한다.

ANSWER 1.④ 2.① 3.④ 4.② 5.③

6 한미 FTA 체결에 다른 농산물환경에 변화로 적절하지 못한 것은?

① 한미 FTA에서는 국내에 영향이 없거나 이미 수요량의 대부분을 수입에 의존하는 품목은 관세를 즉시 철폐를 하기로 하였다.

② 민감 품목에 대해서는 협상 제외, 현행관세유지, 계절관세 도입, 세번 분리, 농산물 세이프가드 적용 등의 예외적인 취급과 함께 15년 이상의 관세철폐기간을 가지도록 협상하였다.

③ 관세 철폐계획에도 불구하고, 당사국은 상품의 총 수입 물량이 자국의 관세철폐계획에 규정된 발동수준을 초과하는 경우 어떠한 조취도 취할 수 없다.

④ 국내외 가격차가 크거나 관세율이 높아 관세를 완전히 철폐할 경우 심각한 영향이 우려되는 품목은 현행관세를 유지하고, 일정물량의 수입쿼터를 제공하기로 협상되었다.

> ADVICE ③ 관세 철폐계획에도 불구하고, 당사국은 상품의 총 수입 물량이 자국의 관세철폐계획에 규정된 발동수준을 초과하는 경우 그 당사국의 관세철폐계획에 기재된 원산지 농산물에 대해 더 높은 수입관세의 형태로 조치를 적용할 수 있다(대한민국과 미합중국 간의 자유무역협정 제3.3조 제1항).

7 다음이 말하는 것은?

> 외국물품이 수출국 국내시장의 통상거래가격 이하로 수입되어 피해가 우려되는 경우, 정상가격과 덤핑가격의 차액의 범위 내에서 해당 수입품에 (   )를 부과해 국내 생산자가 공정한 경쟁을 할 수 있도록 하는 제도를 말한다.

① 반덤핑 관세
② 세이프가드
③ 상계관세조치
④ 황금낙하산

> ADVICE ① 보기는 반덤핑(Anti-Dumping) 관세조치에 대한 설명이다. 반덤핑 관세조치란 외국물품이 수출국 국내시장의 통상거래가격 이하로 수입되어 피해가 우려되는 경우, 정상가격과 덤핑가격의 차액의 범위 내에서 해당 수입품에 반덤핑 관세를 부과해 국내 생산자가 공정한 경쟁을 할 수 있도록 하는 제도를 말한다. 반덤핑 관세조치는 국내 산업이 실질적인 피해를 입거나 입을 우려가 있을 경우 또는 국내 산업의 발전을 지연시키는 경우에 발동하게 된다.
> ② 긴급수입제한조치(세이프가드)란 특정물품의 수입증가로 심각한 피해가 조사를 통해 확인되고 해당 국내 산업을 보호할 필요가 있다고 인정되는 경우, 필요한 범위에서 관세를 추가로 부과하거나 수입수량을 제한하는 조치를 말한다.
> ③ 상계관세조치란 외국에서 제조·생산 또는 수출에 관해 직접 또는 간접으로 보조금이나 장려금을 받은 물품의 수입으로 피해가 조사를 통해 확인되어 해당 국내 산업을 보호할 필요가 있다고 인정되는 경우, 그 물품과 수출자 또는 수출국을 지정해 그 물품에 해당 보조금 등의 금액 이하의 관세를 추가로 부과해 국내 생산자가 공정한 경쟁을 할 수 있도록 하는 조치를 말한다.

ANSWER 6.③ 7.①

05

농업경영 분석

01. 농업회계
02. 농업경영 성과와 지표
03. 경영개선을 위한 노력

CHAPTER 01 농업회계

1 회계의 일반원칙에 대한 설명으로 적절하지 못한 것은?

① 회계처리 및 보고는 신뢰할 수 있도록 객관적인 자료와 증거에 의하여 공정하게 처리하여야 한다.
② 회계처리에 관한 기준 및 추정은 기간별 비교가 가능하도록 매기 계속하여 적용하고 계속해서 이를 변경해야 한다.
③ 재무제표의 양식 및 과목과 회계용어는 이해하기 쉽도록 간단명료하게 표시하여야 한다.
④ 회계처리에 관한 기준 및 추정은 기간별 비교가 가능하도록 매기 계속하여 적용하고 정당한 사유 없이 이를 변경하여서는 아니된다.

> **ADVICE** ② 회계처리에 관한 기준 및 추정은 기간별 비교가 가능하도록 매기 계속하여 적용하고 정당한 사유 없이 이를 변경하여서는 아니된다.
>
> ※ 회계의 일반원칙
> ㉠ 회계처리 및 보고는 신뢰할 수 있도록 객관적인 자료와 증거에 의하여 공정하게 처리하여야 한다.
> ㉡ 재무제표의 양식 및 과목과 회계용어는 이해하기 쉽도록 간단명료하게 표시하여야 한다.
> ㉢ 중요한 회계방침과 회계처리기준 과목 및 금액에 관하여는 그 내용을 재무제표상에 충분히 표시하여야 한다.
> ㉣ 회계처리에 관한 기준 및 추정은 기간별 비교가 가능하도록 매기 계속하여 적용하고 정당한 사유 없이 이를 변경하여서는 아니된다.
> ㉤ 회계처리와 재무제표 작성에 있어서 과목과 금액은 그 중요성에 따라 실용적인 방법에 의하여 결정하여야 한다.
> ㉥ 회계처리과정에서 2 이상의 선택 가능한 방법이 있는 경우에는 재무적 기초를 견고히 하는 관점에 따라 처리하여야 한다.
> ㉦ 회계처리는 거래의 실질과 경제적 사실을 반영할 수 있어야 한다.

2 재무제표에 대한 설명으로 적절하지 못한 것은?

① 경영장부 기록은 의사결정에 필요한 유용한 정보를 얻기 위함으로 이러한 정보는 결국 재무제표의 형태로 이루어진다.

② 재무제표는 재무상태표, 손익계산서, 현금흐름표, 자본변동표로 구성되며, 주석을 포함한다.

③ 손익계산서는 일정 기간 동안 경영체의 경영성과에 대한 정보를 제공하는 재무보고서이다.

④ 자본의 크기와 그 변동에 관한 정보를 제공하는 재무보고서로서, 자본을 구성하고 있는 자본금, 자본잉여금, 자본조정, 기타포괄손익누계액, 이익잉여금(또는 결손금)의 변동에 대한 포괄적인 정보를 제공하는 것은 재무상태표이다.

> **ADVICE** ④ 자본의 크기와 그 변동에 관한 정보를 제공하는 재무보고서로서, 자본을 구성하고 있는 자본금, 자본잉여금, 자본조정, 기타포괄손익누계액, 이익잉여금(또는 결손금)의 변동에 대한 포괄적인 정보를 제공하는 것은 자본변동표이다.
>
> ※ 재무제표
> ㉠ 개념 : 경영장부 기록은 의사결정에 필요한 유용한 정보를 얻기 위함으로 이러한 정보는 결국 재무제표의 형태로 이루어진다.
> ㉡ 종류 : 재무제표는 재무상태표, 손익계산서, 현금흐름표, 자본변동표로 구성되며, 주석을 포함한다.
>
> | 구분 | 내용 |
> |---|---|
> | 재무상태표 | 일정 시점 현재 경영체가 보유하고 있는 경제적 자원인 자산과 경제적 의무인 부채, 그리고 자본에 대한 정보를 제공하는 재무보고서로서, 정보이용자들이 경영체의 유동성, 재무적 탄력성, 수익성과 위험 등을 평가하는 데 유용한 정보를 제공한다. |
> | 손익계산서 | 일정 기간 동안 경영체의 경영성과에 대한 정보를 제공하는 재무보고서이다. 손익계산서는 당해 회계기간의 경영성과를 나타낼 뿐만 아니라 경영체의 미래 현금흐름과 수익창출능력 등의 예측에 유용한 정보를 제공한다. |
> | 현금흐름표 | 경영체의 현금흐름을 나타내는 표로서 현금의 변동내용을 명확하게 보고하기 위하여 당해 회계기간에 속하는 현금의 유입과 유출 내용을 적정하게 표시하여야 한다. |
> | 자본변동표 | 자본의 크기와 그 변동에 관한 정보를 제공하는 재무보고서로서, 자본을 구성하고 있는 자본금, 자본잉여금, 자본조정, 기타포괄손익누계액, 이익잉여금(또는 결손금)의 변동에 대한 포괄적인 정보를 제공한다. |
> | 주석 | • 재무제표 작성기준 및 유의적인 거래와 회계사건의 회계처리에 적용한 회계정책
• 회계기준에서 주석공시를 요구하는 사항
• 재무상태표, 손익계산서, 현금흐름표 및 자본변동표의 본문에 표시되지 않는 사항으로서 재무제표를 이해하는 데 필요한 추가 정보 |

ANSWER 1.② 2.④

3 '장부에 기입한다'를 줄인 말로서 기업이 소유하는 재산 및 자본의 증감변화를 일정한 원리원칙에 따라 장부에 기록, 계산, 정리하여 그 원인과 결과를 명백히 밝히는 것을 무엇이라 하는가?

① 항등
② 대차
③ 부기
④ 회계

> **ADVICE** ③ 부기란, '장부에 기입한다'를 줄인 말로서 기업이 소유하는 재산 및 자본의 증감변화를 일정한 원리원칙에 따라 장부에 기록, 계산, 정리하여 그 원인과 결과를 명백히 밝히는 것을 말한다.
> ※ 부기와 회계의 차이점 … 부기는 기업의 경영활동으로 발생하는 경제적 사건을 단순히 기록, 계산, 정리하는 과정을 중요시 하는 반면에, 회계는 부기의 기술적인 측면을 바탕으로 산출된 회계정보를 기업의 이해관계자들에게 유용한 경제적 정보를 식별, 측정, 전달하는 과정이라고 정의된다.

4 다음 중 연결이 올바르지 않은 것은?

① 당좌자산 – 현금 및 현금성자산
② 재고자산 – 제품, 원재료
③ 유형자산 – 영업권, 산업 재산권
④ 투자자산 – 투자부동산, 장기투자증권

> **ADVICE** ③ 영업권, 산업 재산권은 무형재산에 속한다.
> ※ 자산의 계정 구분 … 거래가 발생하면 자산, 부채, 자본에 변동이 일어난다. 이 경우 각 요소의 변동내용을 명확히 기록, 계산하기 위해서는 각 항목별로 구체적인 장소가 필요한데 이렇게 특정하게 기록, 계산하는 장소적 단위를 계정(A/C ; account)이라고 하며 계정의 명칭을 계정과목, 계정기입의 장소를 계정계좌라고 한다. 계정계좌는 좌우 2개의 장소가 있는데 계정의 왼쪽을 차변(Debit), 오른쪽을 대변(Credit)이라고 부른다.

구분	내용	종류
당좌자산	가장 빨리 현금화할 수 있는 자산	현금 및 현금성자산, 단기투자자산, 매출채권, 선급비용
투자자산	투자이윤이나 다기업을 지배하는 목적으로 소유하는 자산	투자부동산, 장기투자증권, 지분법적용, 투자주식
재고자산	차기 제조에 투입되거나 판매될 재화	상품, 제품, 원재료
유형자산	장기간 영업활동에 사용하는 자산으로 물리적 형태가 있는 자산	토지, 건물, 기계장치, 비품
무형자산	회사의 수익 창출에 기여하거나 형체가 없는 자산	영업권, 산업 재산권, 개발비 등

5 다음 중 재무상태표의 구성이 아닌 것은?

① 비용
② 자산
③ 부채
④ 자본

> ADVICE ① 재무상태표는 자산, 부채 및 자본으로 구분한다.

자산	재무상태표		부채＋자본
기업이 특정 시점에 보유하고 있는 자원들	자산	부채	자원들이 어떤 이유로 기업에 존재하게 되었는지에 대한 원인
		자본	

6 자산의 계정 과목 중 비유동자산이 아닌 것은?

① 당좌자산
② 투자자산
③ 무형자산
④ 유형자산

> ADVICE ① 당좌자산은 유동자산에 속한다.
> ※ 자산의 구성

자산	부채
	• 유동부채 • 비유동부채
• 유동자산 -당좌자산 -재고자산 • 비유동자산 -투자자산 -유형자산 -무형자산	자본
	• 자본금 • 자본잉여금 • 자본조정 • 기타포괄손익누계액 • 이익잉여금

✎ ANSWER   3.③ 4.③ 5.① 6.②

7 농가에서 소유하고 있는 재산을 표시하기 위하여 자산, 부채, 자본으로 분류할 때 재고자산에 포함되는 것은?

① 현금
② 육성돈
③ 예금
④ 미지급비용

> **ADVICE** ② 농가에서 소유하고 있는 재산을 표시하기 위하여 자산, 부채, 자본으로 분류하고 화폐단위로 평가하여 표시한다. 이러한 농가재산을 회계에서는 「계정과목」으로 표시하고 계산한다.
>
> ※ 농가재산의 구분
>
> ㉠ 자산 : 자산은 1년을 기준으로 유동자산과 비유동자산으로 분류한다.
>
> | 구분 | | 예시 |
> |---|---|---|
> | 유동자산 | 당좌자산 | 현금, 예금, 매출채권(외상매출금), 대여금, 미수금 등 |
> | | 재고자산 | 비료, 농약, 사료, 재고농산물, 비육우, 육성돈, 병아리 등 |
> | 비유동자산 | | 토지, 대농기구, 농용시설, 대식물(과수나무, 뽕나무), 대가축(번식우, 번식돈 등) |
>
> ㉡ 부채 : 부채는 1년을 기준으로 유동부채와 비유동부채로 분류한다.
>
> | 구분 | 예시 |
> |---|---|
> | 유동부채 | 단기차입금, 매입채무(외상매입금), 미지급비용, 미지급금 등 |
> | 비유동부채 | 장기차입금 |

8 농업 부문의 자산의 종류가 아닌 것은?

㉠ 당좌예금　　　　　　　　　㉡ 비료
㉢ 외상매입금　　　　　　　　㉣ 농기계
㉤ 차입금　　　　　　　　　　㉥ 농지
㉦ 대출금

① ㉠, ㉡, ㉢
② ㉡, ㉣, ㉥
③ ㉢, ㉤, ㉦
④ ㉡, ㉢, ㉣, ㉤

> **ADVICE** ③ ㉢㉤㉦은 부채에 해당한다.
>
> ※ 농업부문 자산, 부채, 자본의 종류
>
> | 구분 | 내용 |
> |---|---|
> | 자산 | 현금, 예금, 당좌예금, 비료, 농약, 상토, 재고농산물, 농기계, 하우스, 창고, 농지 등 |
> | 부채 | 농협대출금, 차입금, 미지급비용, 선수수익, 외상매입금, 사채 등 |
> | 자본 | • 초기 출자금액 및 중간 투자액
• 자산 – 부채 = 자본 |

9 다음 중 재고자산에 해당하지 않는 것은?

① 제품 ② 반제품
③ 저장품 ④ 선급비용

>ADVICE ④ 선급비용은 당좌자산에 해당한다.
　　※ 자산계정의 구분

구분		종류
유동자산	당좌자산	• 현금 및 현금성자산 • 단기투자자산 • 단기대여금 • 미수금 • 미수수익 • 선급금 • 선급비용
	재고자산	• 상품 • 제품 • 반제품 • 재공품 • 원재료 • 저장품
비유동자산	투자자산	• 투자부동산 • 장기투자증권 • 장기대여금
	유형자산	• 토지 • 건물 • 비품
	무형자산	• 영업권 • 산업재산권 • 개발비
	기타 비유동자산	• 장기미수금 • 장기외상매출금 • 이연법인세자산

10 다음 중 무형자산에 속하지 않는 것은?

① 영업권 ② 산업재산권
③ 개발비 ④ 장기투자증권

>ADVICE ④ 장기투자증권은 투자자산에 해당한다.

ANSWER　7.②　8.③　9.④　10.④

11 다음 중 부채의 계정과목 중 고정부채라 보기 어려운 것은?

① 장기차입금　　　　　　　　　② 외화장기차입금
③ 장기성매입채무　　　　　　　④ 단기차입금

> ADVICE ④ 유동부채는 1년을 기준으로 해소될 것으로 예상되는 단기부채를 의미하므로 단기차입금은 유동부채에 해당한다.
> ※ 부채의 계정과목

구분	종류
유동부채	매입채무, 단기차입금, 미지급금, 선수금, 예수금, 미지급비용, 미지급제세, 유동성장기부채, 선수수익, 예수보증금, 단기부채성충당금, 임직원단기차입금 및 기타의 유동부채
고정부채	장기차입금, 외화장기차입금, 금융리스미지급금, 장기성매입채무, 퇴직급여충당금, 이연법인세대, 고유목적사업준비금 및 임대보증금

12 차변합계와 대변합계는 항상 동일한 금액으로서 차변과 대변은 평형을 이룬다는 것으로 (　)에 의해 복식부기의 자기검증기능이 가능해지는 것은?

① 대차평형의 원리　　　　　　② 평형수의 원리
③ 발생주의 원리　　　　　　　④ 시산의 원리

> ADVICE ① 거래가 발생하면 반드시 재무상태표의 양변(차변과 대변)이 같은 금액으로 변동한다는 것으로 복식부기 기록의 기본원리를 말한다. 이러한 거래의 이중성에 의해 거래의 결합관계, 계정기입의 법칙, 분개의 법칙 등의 설명이 가능하다. 차변합계와 대변합계는 항상 동일한 금액으로서 차변과 대변은 평형을 이룬다는 것으로 대차평형의 원리에 의해 복식부기의 자기검증기능이 가능하다.
> ※ 거래의 결합관계(거래의 8요소)

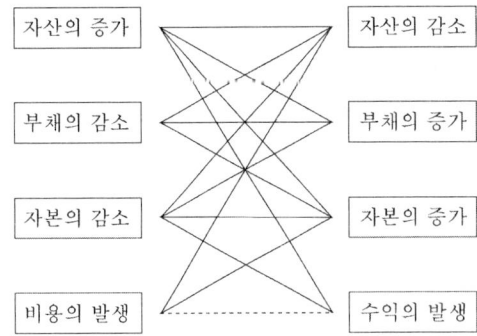

※ 점선으로 표시된 거래는 거의 발생하지 않음

13 농업회계처리 범위에 대한 내용으로 틀린 것은?

① 농업회계처리는 살아 있는 동물 및 식물자산을 대상으로 한다.
② 농업회계처리는 농업활동의 대상이 되는 동·식물의 생물자산 및 수확 시점의 수확물을 회계처리 대상으로 한다.
③ 어업과 같이 자연 상태에서 획득하는 어획물과 임산물 중 산나물 채취, 약초 채취 및 벌목의 경우에는 농업회계 처리대상에서 제외된다.
④ 관리활동을 하지 않고도 자연 상태에서 획득하거나 채취하는 경우에는 농업회계처리 대상에서 포함된다.

> ADVICE ④ 관리활동을 하지 않고도 자연 상태에서 획득하거나 채취하는 경우에는 농업회계처리 대상에서 제외된다.
> ※ 농업회계처리의 범위 … 농업회계처리는 살아 있는 동물 및 식물 자산을 대상으로 하지만 관리활동을 통하여 판매 가능한 수확물을 획득하거나 추가적으로 생물의 형질을 전환시키는 활동과 관련한 것만을 대상으로 한다. 즉, 농업활동의 대상이 되는 동·식물의 생물자산 및 수확 시점의 수확물을 회계처리 대상으로 한다.
> 따라서 관리활동을 하지 않고도 자연 상태에서 획득하거나 채취하는 경우에는 농업회계처리 대상에서 제외된다.
> 즉 어업과 같이 자연 상태에서 획득하는 어획물과 임산물 중 산나물 채취, 약초 채취 및 벌목(영림은 관리활동을 필요로 하므로 제외)의 경우에는 농업회계 처리대상에서 제외된다.

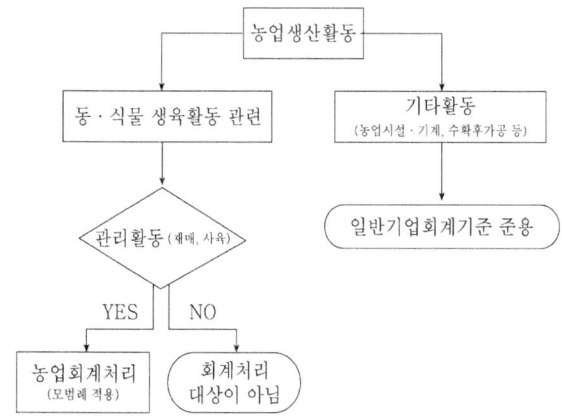

14 농업경영체가 영업활동을 수행한 결과 순 자산이 오히려 감소한 경우에 그 감소분을 누적하여 기록한 금액은?

① 손익계산서　　　　　　　　　　　　② 결손금
③ 비유동부채　　　　　　　　　　　　④ 당기순이익

> **ADVICE** ② 결손금은 농업경영체가 영업활동을 수행한 결과 순 자산이 오히려 감소한 경우에 그 감소분을 누적하여 기록한 금액을 말한다. 여기서 순 자산이란 자산에서 부채를 뺀 금액으로 결손금은 소유주의 입장에서 보면 투자원금의 잠식으로 자본의 차감요소이며 이를 자본금이나 자본잉여금에 직접 차감하지 않고 결손금이란 별도의 과목으로 표시한다.
> 이는 자본거래와 손익거래를 구분하고 결손금의 손익거래에서 발생한 것으로 납입자본금과 구분하여 정보의 유용성을 증대하고 채권자를 보호하기 위한 것이라 할 수 있다. 결손금은 향후 사업연도에 이익이 발생한 경우 우선적으로 결손금과 상계하여야 하며 결손금을 모두 보전하여야만 이익배당으로 사외에 유출할 수 있다.

15 다음 중 계정기업방식으로 적절하지 못한 것은?

① $\dfrac{\text{자산계정}}{\text{증가}(+) : \text{감소}(-)}$　　　　② $\dfrac{\text{부채계정}}{\text{감소}(-) : \text{증가}(+)}$

③ $\dfrac{\text{자본계정}}{\text{감소}(-) : \text{증가}(+)}$　　　　④ $\dfrac{\text{수익계정}}{\text{발생}(+) : \text{소멸}(-)}$

> **ADVICE** ④ 손익계산서에서 수익계정은 $\dfrac{\text{수익계정}}{\text{소멸}(-) : \text{발생}(+)}$ 로 나타낸다.
>
> ※ 계정기입 방법
> ㉠ 재무상태표

구분	내용	방식
자산계정	증가를 차변에, 감소를 대변에 기입한다.	$\dfrac{\text{자산계정}}{\text{증가}(+) : \text{감소}(-)}$
부채계정	증가를 대변에, 감소를 차변에 기입한다.	$\dfrac{\text{부채계정}}{\text{감소}(-) : \text{증가}(+)}$
자본계정	증가를 대변에, 감소를 차변에 기입한다.	$\dfrac{\text{자본계정}}{\text{감소}(-) : \text{증가}(+)}$

> ㉡ 손익계산서

구분	내용	방식
수익계정	발생을 대변에, 소멸을 차변에 기입한다.	$\dfrac{\text{수익계정}}{\text{소멸}(-) : \text{발생}(+)}$
비용계정	발생을 차변에, 소멸을 대변에 기입한다.	$\dfrac{\text{비용계정}}{\text{발생}(+) : \text{소멸}(-)}$

16 농업인 구원모는 2014년 10월 5일 종자관리소에서 당해 사업연도에 사용할 벼 종자를 5,000,000원에 현금 구입하였다. 이 경우 회계적으로 처리를 할 경우 알맞은 방식은?

① 차변) 종묘비 5,000,000원   대변) 현금 5,000,000원
② 차변) 자산 5,000,000원   대변) 현금 5,000,000원
③ 대변) 자본 5,000,000원   차변) 현금 5,000,000원
④ 대변) 종묘비 5,000,000원   차변) 현금 5,000,000원

> ADVICE 자산계정을 증가를 차변에 감소를 대변에 기입하므로
> ① 차변) 종묘비 5,000,000원 대변) 현금 5,000,000원으로 처리해야 한다.

17 구원모의 재산상태는 다음과 같다. 다음의 표를 보고 재무상태표에서 자산의 합을 올바르게 나타낸 것은?

- 은행에 예입한 현금 : 20,000,000
- 토지 : 300,000,000
- 농기계 : 50,000,000
- 건물 : 100,000,000
- 친척에게 빌려준 돈 : 10,000,000
- 토지를 구입하기 위해 은행에서 빌린 돈 : 100,000,000

① 300,000,000
② 400,000,000
③ 480,000,000
④ 560,000,000

> ADVICE ③ 은행에 예입한 현금, 토지, 건물, 농기계, 친척에게 빌려 준 돈이 자산에 해당한다. 따라서 총액은 480,000,000원이 된다.
> ※ 구원모씨의 재무상태표

재무상태표			
재산(자산)		빚(부채)	
은행예금	20,000,000	차입금	100,000,000
농기계	50,000,000	빚(부채)합계	100,000,000
대여금	10,000,000	순재산(자본)	
건물	100,000,000	순재산	380,000,000
토지	300,000,000	순재산(자본)합계	380,000,000
재산(자산)합계	480,000,000	빚과 순재산 합계	480,000,000

ANSWER 14.② 15.④ 16.① 17.③

18 손익계산서에 대한 내용으로 틀린 것은?

① 손익계산서는 그 회계기간에 속하는 모든 수익과 이에 대응하는 모든 비용을 적정하게 표시하여 손익을 나타내는 회계문서이다.
② 손익계산서는 기업의 특정시점의 재정 상태를 알려주는 보고서이다.
③ 기업의 경영성과, 현금창출능력을 파악하는 지표이다.
④ 손익계산서는 순이익·매출액·매출원가 등의 정보와 수익력을 보여준다.

> **ADVICE** ② 재무상태표가 기업의 특정시점의 재정 상태를 알려주는 것이라면 손익계산서는 기업의 일정기간의 경영성과를 알려주는 보고서이다.
>
> ※ 손익계산서
> ㉠ 개념: 손익계산서는 그 회계기간에 속하는 모든 수익과 이에 대응하는 모든 비용을 적정하게 표시하여 손익을 나타내는 회계문서를 말한다. 즉 기업의 일정기간의 경영성과를 알려 주는 보고서라 할 수 있으며 손익계산서는 순이익·매출액·매출원가 등의 정보와 수익력을 보여주므로, 재무상태표보다도 중요하게 인식되는 재무제표이다.
> ㉡ 구성
>
> | 구분 | 내용 |
> |---|---|
> | 수익(revenue) | • 기업이 일정기간 동안 고객에게 재화나 서비스를 제공하고 그 대가로 받은 것을 화폐금액으로 표시한 것이다.
• 수입(receipt)과 수익(revenue)는 불일치한다.
• 영업수익(매출액)과 영업외수익 등이 있다. |
> | 비용(expense) | • 수익을 획득하는 과정에서 소비 또는 지출된 경제가치를 화폐금액으로 표시한 것을 말한다.
• 지출(disbursement)과 비용(expense)는 불일치한다.
• 매출원가, 판매비와 관리비, 영업외비용, 법인세비용 등으로 구성되어 있다. |
>
> ㉢ 계산: 수입 - 비용 = 수익(또는 손실)

19 다음 ㉠, ㉡의 내용을 알맞게 연결한 것은?

> ㉠ 현금이 유입된 시점에 수익으로 인식하고 현금이 유출된 시점에 비용으로 인식하는 방법
> ㉡ 수익의 발생시점에 수익으로 인식하고 비용의 발생시점에 비용으로 인식하는 방법

	㉠	㉡
①	현금주의	발생주의
②	발생주의	현금주의
③	배금주의	발생주의
④	현금주의	실현주의

> **ADVICE** ① 수익을 인식하는 방식에 대한 것은 발생주의와 현금주의로 나눌 수 있다. ㉠은 현금주의이며, ㉡은 발생주의이다.
>
> ※ 현금주의와 발생주의
>
> ㉠ 발생주의: 현금의 수수와는 관계없이 수익은 실현되었을 때 인식되고 비용은 발생되었을 때 인식되는 개념이다. 발생주의에 의하면 수익의 인식이란 재고자산·서비스를 구매자나 수요자에게 인도할 때, 즉 재고자산 등을 현금이나 그 등가물(채권)과 교환할 때에 행하며, 비용의 인식은 기업이 물품·노동·서비스를 이용·소비할 때, 또는 기업 자산이 그 유용성·수익획득 능력을 상실할 때에 행하고, 지출·소비가 장래에 그 효과를 미칠 때에는 비용의 견적이 행해진다. 이와 같이 매매라든가 이용·소비라는 경제적 사상에 따라 수익·비용을 인식하는 것이 기업회계에 있어서의 발생주의이다.
>
> ㉡ 현금주의: 현금주의는 회수기준 또는 지급기준이라고도 하며 발생주의와 대비되는 말로서, 손익의 계상이 현금의 수입 및 지출에 의거하여 산정되는 손익계산에 관한 하나의 원칙을 말한다. 한편, 법인세법상 기부금의 손금귀속사업연도도 현금주의에 의한다. 즉 기부금을 실제로 지출한 사업연도의 손금으로 인정한다. 따라서 법인이 기부금을 가지급금 등으로 이연계상한 경우에는 이를 그 지출한 사업연도의 기부금으로 하고, 그 후의 사업연도에 있어서는 이를 기부금으로 보지 아니한다. 또한 법인이 기부금을 미지급금으로 계상한 경우에는 실제로 이를 지출할 때까지 소득금액계산에 있어서 기부금으로 보지 아니한다.

20 다음 보기에서 ㉠과 ㉡은?

> ㉠ 생산량에 따라 비례적으로 증가하는 재료비, 노무비 등의 원가를 의미한다.
> ㉡ 조업도 수준과 상관없이 발생하는 임차료 등의 비용을 의미한다.

	㉠	㉡
①	변동원가	고정원가
②	고정원가	변동원가
③	노무원가	고정원가
④	변동원가	가공원가

> **ADVICE** ① ㉠은 변동원가이며, ㉡은 고정원가이다.
> 조업도란 생산량, 판매량, 직접노동시간, 기계작업시간 등 원가의 발생과 가장 큰 상관관계를 갖는 원가요인을 의미한다.

✎ ANSWER 18.② 19.① 20.①

21 다음 표를 보고 손익계산서를 작성할 경우 결과를 가장 잘 나타낸 것은?

> 이우단씨는 은행예금 2천만원을 이용하여 원예농업을 시작하였다. 2014년 중 5천만원의 매출을 달성하였으며 상품구입비용 3천만원과 판매비용 5백만원이 발생하였다.

① 이익이 10,000,000원이 발생하였다.
② 이익이 12,000,000원이 발생하였다.
③ 이익이 15,000,000원이 발생하였다.
④ 비용이 15,000,000원이 발생하였다.

>ADVICE ③ 이우단씨는 수익이 총 50,000,000원이 발생하고 상품구입비용과 판매비용이 35,000,000원이 발생하였으므로 이를 공제하면 이익 15,000,000원이 발생하였다는 것을 알 수 있다.

※ 이우단씨의 손익계산서

이우단씨의 손익계산서		
Ⅰ. 수익(매출)		50,000,000
Ⅱ. 비용		
상품구입비용	30,000,000	
판매비용	5,000,000	35,000,000
Ⅲ. 이익		15,000,000

22 농업순수익은 어떻게 구하는가?

① 농업조수익 – 농업생산비
② 농업조수익 – 물재비(농업경영비 – 고용노력비)
③ 농업경영비 + 자기노력비 + 고정자본이자 + 유동자본이자 + 토지자본이자
④ (농업소득 ÷ 농업조수익) × 100

>ADVICE ① 농업순수익(이윤)은 농업조수익 – 농업생산비로 구할 수 있다.

※ 농업 경영 지표

구분	내용
소득	조수입{주산물가액(수량×단가) + 부산물 가액} – 경영비
순수익	조수입{주산물가액(수량×단가) + 부산물 가액} – 생산비
생산비	경영비기회비용(자기자본용역비 + 자가토지용역비 + 자가노력비)

23 손익계산서의 계정 중 영업비용에 해당하지 않는 것은?

① 급여 ② 퇴직급여
③ 복리후생비 ④ 외화환산이익

> ADVICE ④ 외화환산이익은 영업 외 수익에 해당한다.
> ※ 손익계산서 계정

구분		종류
수익	영업수익	매출액
	영업 외 수익	이자수익 배당금수익 임대료 단기투자자산처분이익 단기투자자산평가이익 외환차익 외화환산이익 지분법이익 우형자산처분이익 장기투자증권손상차손환입 전기오류수정이익
비용	영업비용	급여 퇴직급여 복리후생비 접대비 감가상각비 무형자산상각비 세금과공과 연구비 경상개발비
	영업 외 비용	이자비용 가타의 대손상각비 단기투자사산처분손실 외환차손 외화환산손실 기부금 사채상환손실

ANSWER 21.③ 22.① 23.④

24 다음의 사례를 보고 손익계산서를 작성할 경우 결과는?

> 정연철씨는 버섯농업을 시작하여 2014년 다음과 같이 수익과 비용이 발생하였다.
> - 버섯판매액 2,000,000원
> - 버섯종묘판매액 200,000원
> - 원재료비 350,000원
> - 인건비 250,000원
> - 건물임차비 200,000원
> - 대출금 100,000원
> - 은행예금 이자 100,000원

① 순이익 1,400,000원 발생　　② 순이익 1,000,000원 발생
③ 비용 1,000,000원 발생　　④ 비용 1,400,000원 발생

> **ADVICE** ① 버섯판매액, 버섯종묘판매액, 은행예금이자는 수익이며, 나머지는 비용이다.
> ※ 정연철씨 2014년 버섯농업 손익계산서

비용		수익	
재료비	350,000	버섯판매액	2,000,000
인건비	250,000	버섯종묘판매액	200,000
건물임차비	200,000	은행예금이자(영업외 수익)	100,000
대출금	100,000		
합계	900,000	합계	2,300,000
순이익		1,400,000	

25 원가의 3요소가 아닌 것은?

① 재료비　　② 노무비
③ 경비　　④ 영업비

> **ADVICE** ④ 원가의 3요소는 재료비(Direct Material), 노무비(Direct Labor), 경비(Overhead Cost)이다. 농산물 원가는 재료비 + 노무비 + 경비로 나타낼 수 있다.
> ※ 원가의 3요소

구분	내용
재료비(Direct Material)	종자비, 농약비, 비료비, 소농구비, 전기료, 광열동력비 등
노무비(Direct Labor)	농작물 생산에 직접 투입된 인건비
경비(Overhead Cost)	재료비, 노무비 이외 생산물 원가에 기여한 비용

26 농산물의 원가계산 중 잘못 언급된 것은?

① 조수입 : 판매수량 × 가격
② 경영비 : 경영비 + 자가노력비
③ 소득 : 조수입 – 경영비
④ 순이익 : 조수입 – 생산비

>ADVICE ② 경영비는 재료비 + 인건비 + 감가상각비로 구할 수 있다.
※ 농산물의 원가 측정

구분	공식
조수입	판매수량 × 가격
경영비	재료비 + 인건비 + 감가상각비
생산비	경영비 + 자가노력비
소득	조수입 – 경영비
순이익	조수입 – 생산비
소득율	소득/조수입

27 농업조수익 공식은?

① 생산량÷면적
② 농업경영비 + 유동자본 + 고정자본이자 + 토지자본이자
③ (총재배면적÷경지면적)×100
④ 농산물생산량×가격

>ADVICE ④ 농업조수익은 농산물 및 부산물 생산량×가격으로 구한다. 참고로 조수익(粗收益)이란 뜻은 총수익과 같은 말로 1년간의 농업경영의 성과로서 얻어진 농산물과 부산물의 총 가액을 말한다. 농업총수익, 농업조소득, 농업조수입 등으로 부르기도 한다.
※ 조수입 … 조수입은 주산물과 부산물의 가치(또는 평가액)를 합한 것으로 본다. 다만 이것은 작목단위의 생산비 분석을 할 경우이고, 농가의 총농업조수입 또는 총농업소득을 다룰 경우에는 정부지불금 등을 포함하고 있다.

ANSWER 24.① 25.④ 26.② 27.④

CHAPTER 02 농업경영 성과와 지표

1 농업경영의 매출이익을 나타낸 공식은?

① 판매가격 – 농산물원가
② 판매가격 – 영업비용 + 경상비
③ 영업이익 + 영업손실
④ 노무비 + 원가

> **ADVICE** ① 농업경영의 매출이익은 판매가격에서 농산물원가를 제하면 알 수 있다.

2 재무제표 분석 지표 가운데 수익성 지표에 해당하는 것은?

① 총자산이익률
② 총자본회전율
③ 부채비율
④ 매출액증가율

> **ADVICE** 총자본회전율은 생산성지표에 반영되며 부채비율은 안전성지표에 그리고 매출액증가율은 성장성 지표에 속한다.

3 다음 중 유동비율의 산식으로 옳은 것은?

① 유동자산 ÷ 총자산
② 유동부채 ÷ 총자산
③ 유동부채 ÷ 유동자산
④ 유동자산 ÷ 유동부채

> **ADVICE** 유동비율은 유동자산을 유동부채로 나누어서 구한다.

4 농업경영의 수익과 비용에 대한 설명으로 옳지 않은 것은?

① 농업조수익은 농산물의 판매에 따른 현금수입과 현물수입으로 매출을 의미한다.
② 농업경영비는 중간재비와 고용노동비의 합으로 구성된다.
③ 농업이윤은 농업조수익에서 농업생산비를 차감하여 구한다.
④ 농업소득은 농업조수익에서 농업경영비를 차감하여 구한다.

> ADVICE 농업경영비는 중간재비, 고용노동비, 지불지대, 지불이자의 합으로 구성된다.

5 농가소득을 구하는 공식은?

① 농업소득 + 겸업수득 + 사외업소득
② 농업소득 + 이전소득 + 비경상소득
③ 농업소득 + 농외소득(겸업소득 + 사업외소득) + 이전소득 + 비경상소득
④ 농업소득 + 비경상소득

> ADVICE ③ 농가소득은 농가가 영농 또는 그 밖의 경제활동을 통하여 얻게 되는 소득으로 농업소득과 농외소득, 이전소득, 비경상소득을 더하여 구한다.
> • 농가소득 = 농업소득(농업총수입 − 농업경영비) + 농외소득(겸업소득 + 사업외소득) + 이전소득 + 비경상소득
> ※ 용어해설
>
> | 구분 | 내용 |
> | --- | --- |
> | 겸업소득 | 농업외의 사업으로 얻은 소득으로 임업, 어(농)업, 제조업, 건설업 등 |
> | 사업외소득 | 사업이외 활동으로 얻은 소득으로 노임, 급료, 임대료 등 |
> | 이전소득 | 비경제적활동으로 얻은 수입으로 공적 또는 사적 보조금 |
> | 비경상소득 | 우발적인 사건에 의한 소득으로 경조수입, 퇴직일시금 등 |

ANSWER 1.① 2.① 3.④ 4.② 5.③

6 농가소득에 대한 설명으로 잘못된 것은?

① 농가소득은 농가가 일 년 동안 벌어들인 소득으로 농업·농외·이전·비경상소득으로 구성되어 있다.
② 농업의존도는 농업소득이 농가소득에서 차지하는 비중을 의미한다.
③ 농가의 종업원은 재배작물 결정, 농용자재 구입, 인부 고용, 수확물 처분 등의 의사결정을 하면서 농업경영을 총괄하는 자를 말한다.
④ 농업소득률은 농업총수입에서 농업소득이 차지하는 비중을 의미한다.

> **ADVICE** ③ 농가의 경영주는 재배작물 결정, 농용자재 구입, 인부 고용, 수확물 처분 등의 의사결정을 하면서 농업경영을 총괄하는 자를 말한다.
> ① 농가소득은 농가가 일년(1.1~12.31) 동안 벌어들인 소득으로 농업·농외·이전·비경상소득으로 구성되어 있다.
> ② 농업의존도는 농업소득(농업총수입−농업경영비)이 농가소득에서 차지하는 비중을 의미한다.
> ④ 농업소득률은 농업총수입에서 농업소득이 차지하는 비중을 의미한다.

7 농가교역조건지수란?

① 소비생활과 영농에 필요한 재화 및 서비스의 구입가격을 조사하여 작성하는 지수
② 농가가 생산하여 판매하는 농산물과 농가가 구입하는 농기자재 또는 생활용품의 가격 상승폭을 비교하여 농가의 채산성을 파악하는데 사용하는 지수
③ 농촌지역에서 생산한 농산물의 판매가격과 농촌에서 주로 필요로 하는 품목의 가격변화를 조사하기 위해 작성되는 특수한 목적의 물가지수
④ 수출 금액으로 수입을 늘릴 수 있는 능력을 측정하는 지수

> **ADVICE** ② 농가교역조건지수란 농가가 생산하여 판매하는 농산물과 농가가 구입하는 농기자재 또는 생활용품의 가격 상승폭을 비교하여 농가의 채산성(경영상에 있어 수지, 손익을 따져 이익이 나는 정도)을 파악하는 지수이다.
> ③ 농촌지역에서 생산한 농산물의 판매가격과 농촌에서 주로 필요로 하는 품목의 가격변화를 조사하기 위해 작성되는 특수한 목적의 물가지수는 농가 판매 및 구입 가격 지수이다.
> ※ 농가교역조건지수
>
> | 구분 | 내용 | 상태 |
> | --- | --- | --- |
> | 100 이상 | 농산물가격상승률 > 농가구입물품가격상승률 | 채산성 호전 |
> | 100 이하 | 농산물가격상승률 < 농가구입물품가격상승률 | 채산성 악화 |

8 다음 중 재무상태표를 통해 알기 어려운 분석 내용은?

① 유동성 분석　　② 레버리지 분석
③ 자산구조분석　　④ 수익성 분석

> ADVICE ④ 수익성(profitability)이란 일정기간 동안에 자본, 토지, 노동 등의 생산요소를 얼마만큼 투하하여 그로부터 얼마의 이익(보수)을 얻었는가를 나타내는 지표로 수익성 분석은 손익계산서를 통해 알 수 있는 내용이다.
> ※ 재무비율분석

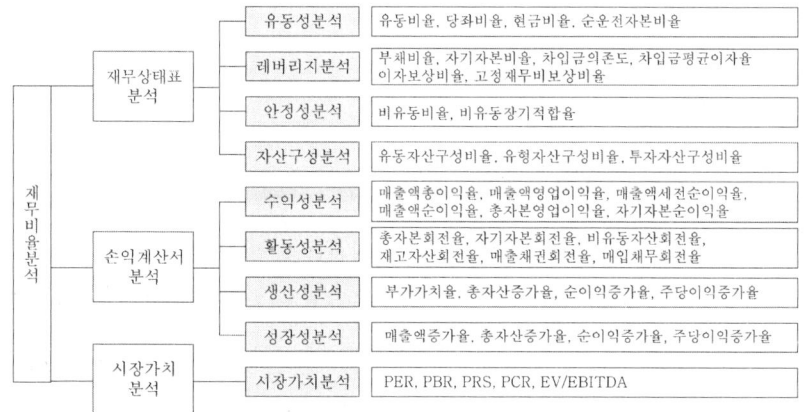

9 PER(Price Earnings Ratio)는 현 주가가 주당이익의 몇 배인지를 나타내는 정보이다. 다음 중 이에 대한 내용으로 바르지 않은 것은?

① PER는 해당 기업조직에 대한 시장의 신뢰도 지표로는 활용이 불가능하다.
② PER가 높으면 높을수록 주가가 고평가되어 있다고 할 수 있다.
③ PER는 구성요소에 대한 예측이 배당평가모형에 비해서 용이하다.
④ PER는 이익의 크기가 다른 비슷한 기업 조직들의 주가수준을 쉽게 비교할 수 있는 특징을 지니고 있다.

> ADVICE ① PER는 해당 기업조직에 대한 시장의 신뢰도 지표로 활용이 가능하다. 일반적으로 기업의 이익이 높은 경우에는 주가가 높게 형성되고 기업의 이익이 낮은 경우에는 주가가 낮게 형성된다.

10 유동성 분석의 내용이 아닌 것은?

① 유동비율　　　　　　　　　　　② 당좌비율
③ 매출액 증가율　　　　　　　　　④ 현금비율

> ADVICE ③ 매출액 증가율은 손익계산서의 성장성 분석의 한 부분이다.

11 농업경영진단에 대한 설명으로 적절하지 못한 것은?

① 농업경영의 궁극적인 목표는 소득의 극대화에 있다.
② 농업경영의 목표인 소득극대화를 위해서 우선 손익계산서와 재무상태표라고 하는 재무제표에 수치로 나타낸 뒤, 이를 경영이라는 측면에서 분석하여야 한다.
③ 농업경영진단이란 농가의 경영실태를 조사 분석하기 전에 실시하는 진단법을 말한다.
④ 농업경영을 진단하는 방식에는 직접비교법과 표준비교법, 생산성분석, 수익성분석, 활동성분석 등이 있다.

> ADVICE ③ 농업경영진단이란 농가의 경영실태를 조사 분석한 뒤 그 경영의 조직과 운영상의 결점 또는 문제점을 발견하여 원인을 규명하고 이를 토대로 개선방안의 제시와 아울러 보다 나은 경영계획 수립을 가능케 하는 것이라고 정의할 수 있다.

12 다음 중 농업경영진단 방식으로 올바르게 연결하지 않은 것은?

① 사전진단 – 장래의 목표이익을 사전에 설정한 뒤, 이를 달성하기 위해 경영내용은 어떻게 구성해야 되고, 그때의 경영성과 및 문제점은 어떠한가에 대해 진단하는 방법
② 사후진단 – 경영성과를 사후적으로 조사, 분석한 뒤 거기에 입각하여 경영 활동 결과의 잘잘못을 진단, 평가하는 방법
③ 집단진단 – 특정의 지역을 대상으로 경영진단을 행하는 것
④ 전체진단 – 경영의 특정부문만 대상으로 하여 진단을 행하는 경우

> ADVICE ④ 전체진단은 경영전체의 여러 부문을 종합적으로 진단하는 것을 말한다. 경영의 특정 부문만을 대상으로 하여 진단하는 것은 부분진단의 내용이다.

13 다음 수식 가운데 자본수익률은?

① 자본이익률 = $\dfrac{\text{자본순수익}}{\text{투하자본액}} \times 100$

② 자본이익률 = $\dfrac{\text{소득}}{\text{암묵적비용}} \times 100$

③ 자본이익률 = $\dfrac{\text{투하자본액}}{\text{자본순수익}} \times 100$

④ 자본이익률 = $\dfrac{\text{자본순수익}}{\text{노무비}} \times 100$

> ADVICE ① 자본이익률 = $\dfrac{\text{자본순수익}}{\text{투하자본액}} \times 100$으로 나타낸다. 자본이익률은 어떤 자본을 투하하려고 할 때 경영 내부의 여러 부문, 또는 경영 이외의 다른 부문 중 어디에 투자하는 것이 좋을까를 판단하는데 중요한 지표가 되며, 또 이들 각 부문간에 투하자본의 수익성을 비교할 때도 유용한 지표가 된다.

14 토지순수익을 구하는 방식은?

① 소득 - (가족노동평가액 + 자기자본이자)
② 조수입 - (경영비 + 가족노동평가액 + 자기토지지대)
③ 소득 - (가족노동평가액 + 자기토지지대)
④ $\left(\dfrac{\text{자본순수익}}{\text{조수입}}\right)$

> ADVICE ① 토지순수익이란 소유토지에 대한 수익성지표로서 농업경영에 투하된 토지로부터 발생한 수익의 크기를 말하며 소득 - (가족노동평가액 + 자기자본이자)으로 나타낼 수 있다.

15 단기채무의 상환능력을 평가하는 지표는?

① 유동비율　　　　　　　　　　② 수익성비율
③ 당좌비율　　　　　　　　　　④ 안전성비율

> ADVICE ① 유동비율은 유동자산을 유동부채로 나눈 비율로 단기채무의 상환능력을 평가하는 지표이다. 이 비율이 높을수록 신용도가 높다고 할 수 있다.

ANSWER 10.③ 11.③ 12.④ 13.① 14.① 15.①

16 부채에 관한 설명으로 적절하지 못한 것은?

① 자기자본은 타인자본에 대한 최종의 담보력이라 할 수 있기 때문에 자기자본이 소화할 수 있는 수준에서 부채를 얻어야 한다.
② 유동부채란 대개 이자율이 낮고 상환기일이 장기이므로 이 비율이 높을수록 상환부담이 적다.
③ 고정부채가 총부채에 차지하는 비율이 높을수록 상환부담이 적다.
④ 설비투자가 자기자본만으로 곤란할 때에는 장기상환이 가능한 고정부채를 사용하는 것도 고려할만 하다.

> ADVICE ② 유동부채란 대개 이자율이 높고 상환기일이 단기이므로 이 비율이 높을수록 상환부담이 크다.
> 유동부채비율 = $\frac{유동부채}{자기자본(또는 총자본)} \times 100$로 나타낸다.

17 농업경영에 투하된 자기자본비율은?

① 자기자본비율 = $\frac{타인자본}{총자본} \times 100$

② 자기자본비율 = $\frac{자기자산}{총부채} \times 100$

③ 자기자본비율 = $\frac{총부채}{총자본} \times 100$

④ 자기자본비율 = $\frac{자기자본}{총자본} \times 100$

> ADVICE ④ 자기자본비율이란 경영에 투하된 총자본 중 자기자본이 어느 정도인지를 나타내는 것을 말한다. 보통 50%이상을 목표로 하며 많은 자본을 필요로 하는 전업적·기업적 농업경영이라도 30%이상의 수준을 유지하는 것이 바람직하다고 볼 수 있다.

18 경영자가 주어진 자산을 얼마나 효율적으로 활용하여 이익을 얻었는가를 나타내는 지표는?

① 총자본이익률
② 자기자본이익률
③ 매출액순이익률
④ 매출채권회수율

> ADVICE ① 총자본이익률이란 기업에 투하·운용된 총자본이 어느 정도의 수익을 냈는가를 나타내는 수익성 지표로 기업수익이라고도 불린다.

19 생산비에 대한 설명으로 잘못된 것은?

① 생산비란 생산에 쓰인 생산요소의 가치를 말한다.
② 생산비를 직접생산비와 간접생산비로 나눌 수 있다.
③ 우리나라의 직접생산비와 간접생산비의 구분은 직접투입 되었느냐 간접투입 되었느냐에 따라 구분하고 있다.
④ 직접생산비란 주로 타 작목과 분담하여 계산하거나 생산요소에 대한 기회비용 등을 가리킨다.

> ADVICE ④ 직접생산비는 비료, 농약, 자재 등 소모성 투입재에 대한 비용 또는 직접 특정 작목에 계산하여 넣을 수 있는 비용을 말하며, 간접생산비는 직접생산비를 제외한 모든 비용으로 주로 타 작목과 분담하여 계산하거나 생산요소(토지, 노동, 자본 등)에 대한 기회비용 등을 가리킨다.
> ※ 생산비 … 생산비를 직접생산비와 간접생산비로 구분하고 있는데 그 기준을 달리하고 있다. 우리나라의 직접생산비와 간접생산비의 구분은 직접투입 되었느냐 간접투입 되었느냐 또는 특정 농산물에 비용을 직접 부과할 수 있느냐 없느냐를 기준으로 삼고 다음과 같이 구분한다.

구분	내용
직접생산비	비료, 농약, 자재 등 소모성 투입재에 대한 비용 또는 직접 특정 작목에 계산하여 넣을 수 있는 비용
간접생산비	직접생산비를 제외한 모든 비용으로 주로 타 작목과 분담하여 계산하거나 생산요소(토지, 노동, 자본 등)에 대한 기회비용 등

20 총자본이익률을 구하는 공식은?

① $\frac{순매출액}{당기순이익} \times 100$

② $\frac{영업이익}{총자본} \times 100$

③ $\frac{매출액}{총자본} \times 100$

④ $\frac{영업이익}{총부채} \times 100$

> ADVICE ② 총자본이익률은 $\frac{영업이익}{총자본} \times 100$로 구할 수 있다.

21 다음에 해당하는 생산비는?

> 해당작물의 생산을 위하여 사용한 기계동력재료, 가온재료, 광열재료, 전기료 등

① 영농광열비 ② 농구비
③ 영농시설비 ④ 축력비

> ADVICE ① 영농광열비는 해당작물의 생산을 위하여 사용한 기계동력재료, 가온재료, 광열재료, 전기료 등을 말한다.
> ② 농구비란 해당작물의 생산을 위하여 사용된 각종 농기구의 비용으로 대농구는 각 농기구별 비용부담률을 적용하여 감가상각비, 수선비 및 임차료를 산출하고, 소농구는 대체계산법을 적용하여 기간 중 구입액 전액을 말한다.
> ③ 영농시설비는 해당작물의 생산을 위하여 사용된 주택, 헛간, 창고 등의 비용으로 각 시설물별 비용부담률을 적용하여 감가상각비, 수선비 및 임차료를 산출한다. 감가상각비와 수리유지임차료로 구분한다.
> ④ 축력비는 해당작물의 생산을 위하여 사용한 자가 또는 임차 축력의 용역비용을 말한다.

22 다음 중 설명이 잘못된 것은?

① 종묘비 - 해당작물의 생산을 위하여 파종한 종자나 옮겨 심은 묘 등의 비용
② 수리비 - 해당작물의 생산을 위하여 사용된 수리구축물의 경상적인 수선비 및 감가상각비와 물을 사용하는데 든 비용
③ 비료비 - 해당작물의 생산을 위하여 투입된 무기질 비료 및 유기질 비료의 비용
④ 축력비 - 해당작물의 생산을 위하여 사용된 토지에 대한 대가로, 임차토지에 대해서는 실제 지불한 임차비용을 적용하고, 자가토지에 대해서는 인근 유사토지의 임차료를 적용하여 평가한 비용

>ADVICE ④ 해당작물의 생산을 위하여 사용된 토지에 대한 대가로, 임차토지에 대해서는 실제 지불한 임차비용을 적용하고, 자가토지에 대해서는 인근 유사토지의 임차료를 적용하여 평가한 비용은 토지용역비에 해당한다.

※ 생산비의 종류

구분	내용
종묘비	해당 작물의 생산을 위하여 파종한 종자나 옮겨 심은 묘 등의 비용. 자급과 구입으로 구분
비료비	해당 작물의 생산을 위하여 투입된 무기질 비료 및 유기질 비료의 비용. 무기질과 유기질로 구분. 유기질은 자급과 구입으로 구분
농약비	해당 작물의 병충해 예방 및 구제에 투입된 농업용 약제의 비용
영농광열비	해당 작물의 생산을 위하여 사용한 기계동력재료, 가온재료, 광열재료, 전기료 등
기타재료비	해당 작물의 생산을 위하여 투입된 종자, 비료, 농업용 약제 및 영농광열재료를 제외한 기타의 모든 재료비. 자급과 구입으로 구분
농구비	해당 작물의 생산을 위하여 사용된 각종 농기구의 비용으로 대농구는 각 농기구별 비용부담률을 적용하여 감가상각비, 수선비 및 임차료를 산출하고, 소농구는 대체계산법을 적용하여 기간 중 구입액 전액을 포함. 대농구와 소농구로 구분. 대농구는 감가상각비와 수리유지임차료로 구분. 소농구는 자급과 구입으로 구분
영농시설비	해당 작물의 생산을 위하여 사용된 주택, 헛간, 창고 등의 비용으로 각 시설물별 비용부담률을 적용하여 감가상각비, 수선비 및 임차료를 산출. 감가상각비와 수리유지임차료로 구분
수리비	해당 작물의 생산을 위하여 사용된 수리구축물의 경상적인 수선비 및 감가상각비와 물을 사용하는데 든 비용 등. 감가상각비와 수리유지임차료로 구분
축력비	해당 작물의 생산을 위하여 사용한 자가 또는 임차 축력의 용역비용. 자가와 차용으로 구분
노동비	해당 작물의 생산을 위하여 투입한 노동력의 용역비용으로 고용임금 뿐만 아니라 자가노동력에 대한 평가액을 포함. 자가와 고용으로 구분
위탁영농비	해당작물의 생산과 관련하여 일정구간 작업을 다른 사람에게 위탁한 경우의 그 비용
토지용역비	해당 작물의 생산을 위하여 사용된 토지에 대한 대가로, 임차토지에 대해서는 실제 지불한 임차비용을 적용하고, 자가토지에 대해서는 인근 유사토지의 임차료를 적용하여 평가한 비용. 자가와 임차로 구분
자본용역비	해당 작물의 생산을 위하여 기간 중 투입된 자본에 대한 이자로, 고정자본 비용은 대농구, 영농시설물, 수리구축물 등 고정자산의 현재가에 농구별 또는 시설물별로 비용 부담률을 산출한 후 연이율 10%를 곱하여 계상하고, 유동자본 비용은 조사기간 중 지출된 자본금액에 연이율 10%를 계상하되 기간평균비용으로 보아 산출계수 0.5를 곱하여 산출. 유동자본과 고정자본으로 구분

농업경영개선을 위한 노력

1 작목선택 시 고려사항에 해당하지 않는 것은?

① 경영주 성향 및 기술
② 물적 자원의 량과 자연
③ 대상 품목의 수급 전망
④ 대상 작물의 종자 신고

> ADVICE 작목선택 시 고려사항
> ㉠ 경영주 성향 및 기술, 정보의 활용 능력
> ㉡ 동원 가능한 인적, 물적 자원의 양과 자연, 시장입지 여건
> ㉢ 대상 작목 수익성, 기술 난이도, 초기투자자금과 운영비의 수준
> ㉣ 대상 품목의 수급 전망 및 유통 실태 등

2 다음 중 부분경영계획의 수립 과정을 올바르게 나타낸 것은?

① 정보의 수집 → 문제의 정의 → 대안의 작성 → 대안의 분석 → 대안의 선택
② 정보의 수집 → 대안의 분석 → 문제의 정의 → 대안의 작성 → 대안의 선택
③ 문제의 정의 → 대안의 작성 → 정보의 수집 → 대안의 분석 → 대안의 선택
④ 문제의 정의 → 대안의 작성 → 정보의 수집 → 대안의 선택 → 대안의 분석

> ADVICE 부분경영계획의 수립은 '문제의 정의 → 대안의 작성 → 정보의 수집 → 대안의 분석 → 대안의 선택' 과정을 거친다.

3 다음 중 종합경영계획의 수립 과정을 올바르게 나타낸 것은?

① 경영목표 설정 → 작목 선정 → 자원상태 파악 → 경영전략 수립 → 경영계획서 작성
② 자원상태 파악 → 작목 선정 → 경영목표 설정 → 경영전략 수립 → 경영계획서 작성
③ 작목 선정 → 경영목표 설정 → 자원상태 파악 → 경영전략 수립 → 경영계획서 작성
④ 경영전략 수립 → 작목 선정 → 경영목표 설정 → 자원상태 파악 → 경영계획서 작성

> ADVICE 종합경영계획의 수립은 '작목 선정 → 경영목표 설정 → 자원상태 파악 → 경영전략 수립 → 경영계획서 작성' 과정을 거친다.

4 경영체의 내부 및 외부 환경을 분석하여 강점, 약점, 기회, 위협 요인을 규정하고 이를 토대로 경영전략을 수립하는 기법은 무엇인가?

① PEST 분석
② SWOT 분석
③ 4P MIX 분석
④ 9 BLOCK 분석

> **ADVICE** SWOT 분석이란 경영체의 내부 및 외부 환경을 분석하여 강점, 약점, 기회, 위협 요인을 규정하고 이를 토대로 경영전략을 수립하는 기법을 말한다.
> 비즈니스모델캔버스는 총 9가지 블록으로 구성되어 있으며 일반적인 접근 방식은 고객 세분화, 가치제안, 채널, 고객 관계, 수익원, 핵심자원, 핵심활동, 핵심파트너쉽, 비용구조 순이다.

5 농업경영개선을 위한 것으로 적절하지 못한 것은?

① 수익을 극대화하려면 조수입을 줄여나가야 한다.
② 불필요한 비용 절감을 해나가야 한다.
③ 경영비의 제고가 우선시 된다.
④ 출하시기를 조절하거나 시장에 대한 교섭력을 확장해나가는 것도 농업경영 개산 효과를 나타낸다.

> **ADVICE** ① 조수입(粗收入)이란 필요한 경비를 빼지 않은 수입으로 농업경영을 개선하여 수익 극대화를 하려면 조수입 증대, 비용 절감 개선 활동 등과 같은 방안을 마련하여야 한다.
> ※ 농업 경영 개선방향 … 농가는 토지, 노동, 자본, 기술 등 한정된 자원을 가지고 최대의 효과 즉, 소득 또는 순수익을 극대화하고자 한다. 이러한 목표의 달성을 위해 농업경영자는 먼저 자기 농장의 경영실태를 정확하게 파악하고 진단할 수 있는 능력의 배양이 요구된다.

6 농가의 수익 극대화를 위한 방식으로 적절하지 못한 것은?

① 다량의 노동력 투입
② 생산자조직의 결성과 운영
③ 고가의 농기계·시설 등을 공동으로 이용
④ 우량 신품종의 선택

> **ADVICE** ① 노동의 적정투입은 경영비의 절감과 함께 자가노동보수의 소득화라는 면에서 중요하다. 임금이 상승하고 고용노력의 확보가 점점 곤란해지는 상황에서 농가는 가족노동을 최대로 활용할 수 있는 경영규모와 작업체계의 선택과 함께 노력절감과 노동환경개선을 위한 생력화·자동화 기계 및 시설의 도입이 요구된다.
> ② 생산자조직의 결성과 운영은 공동구입, 공동이용, 공동출하 등을 통한 비용의 절감, 기술의 공유, 시장교섭력의 제고 등 여러 측면에서 경영성과 향상에 도움을 줄 수 있다.
> ③ 농기계시설비 즉, 감가상각비의 절감을 위해서는 고가의 농기계·시설 등을 공동으로 이용하는 것이 바람직하다.
> ④ 우량 신품종의 선택과 같은 품질향상기술은 농가 수익의 향상을 가져다준다.

ANSWER 1.④ 2.③ 3.③ 4.② 5.① 6.①

06

농업경영 지원

01. 농업정책지원과 자금
02. 농업 연구 사업
03. 농업경영 컨설팅
04. 농업법인
05. 우리나라 농업정책

농업정책지원과 자금

1 다음 중 우리나라의 농업금융에 대한 설명으로 적절하지 못한 것은?

① 농업정책금융 지원방식은 크게 보조금 지원과 정책자금 대출로 구분된다.
② 보조나 융자, 자부담 혼합 형태의 지원은 사업성보다 보조금 수령 자체를 목적으로 참여하는 경향이 있다.
③ 기후변화의 여파로 자연재해가 증가하고 있는데 이는 농가의 경영부실로 이어질 가능성이 적다.
④ 농업인력 고령화는 미래 지속적 영농 기간을 축소시켜 새로운 농업투자를 꺼리게 만드는 요인이 된다.

> **ADVICE** ③ 농업금융이란 농업경영에 필요한 시설 및 운영자금의 조달 및 공급을 말한다. 현재 우리나라는 기후변화의 영향으로 자연재해 횟수가 증가하고 있는데 이는 농업의 특성상 기후변화 및 자연재해와 밀접한 관련을 맺고 있기 때문에 이에 관련한 농업정책 자금의 필요성이 대두된다. 대규모 자연재해로 인한 농작물 및 축산질병 발생의 위험이 농가의 경영악화로 이어져 농촌경제와 지역경제를 침체시키기 때문에 자연재해 규모에 따라 대응방안을 마련하고 농가 위험을 관리·지원할 수 있는 농업정책금융 차원의 체계 마련이 필요하다고 볼 수 있다.
> ※ **농업정책금융** … 농업정책금융이란 정부가 특정한 목적을 가지고 설치한 재정 또는 제도를 통해 농업부문에 공급되는 금융자금을 말한다. 여기에는 정부예산 및 기금을 통해 농업부문에 공급되는 금융자금은 물론 이자보조를 받아 농업부문에 공급되는 민간금융자금도 포함된다.
> 농업정책금융은 농업시장의 시장실패를 보완하고 형평성을 높여 사회전체의 후생증가를 목적으로 하며, 우리나라 농업정책 금융은 특정분야의 육성이나 특정상품의 생산 유도, 영세농민에 대한 소득보전 등 다양한 목적을 위해 실시하고 있다.

2 농지관리기금의 용도로 볼 수 없는 것은?

① 영농규모의 적정화
② 농지 조성과 효율적 관리
③ 해외농업 개발 자금
④ 농업경영인 육성

> **ADVICE** ④ 정부는 영농규모의 적정화, 농지의 집단화, 농지의 조성 및 효율적 관리와 해외농업개발에 필요한 자금을 조달·공급하기 위하여 농지관리기금을 설치할 수 있다(한국농어촌공사 및 농지관리기금법 제31조).

3 농지관리기금에 대한 내용으로 옳지 않은 것은?

① 농지관리기금은 공공자금관리기금으로부터의 예수금이나 정부출연금 등으로 재원이 조성된다.
② 농림축산식품부장관은 기금 운용에 필요한 경우에는 기금의 부담으로 「국가재정법」에 따른 특별회계, 금융기관 또는 다른 기금으로부터 자금을 차입할 수 있다.
③ 기금은 농림축산식품부장관이 운용·관리한다.
④ 농지관리기금은 농지매매사업 등에 필요한 자금의 융자에 사용할 수 없다.

> ADVICE ④ 농지관리기금은 농지매매사업 등에 필요한 자금의 융자에 사용할 수 있다(한국농어촌공사 및 농지관리기금법 제13조 제1항 제1호).
> ※ 한국농어촌공사 및 농지관리기금법 제34조(기금의 용도)
>   ① 기금은 다음에 해당하는 용도로 운용한다.
>   1. 농지매매사업 등에 필요한 자금의 융자
>   2. 농지의 장기임대차사업에 필요한 자금의 융자 및 장려금의 지급
>   3. 농지의 교환 또는 분리·합병사업과 「농어촌정비법」에 따른 농업생산기반정비사업 시행자가 시행·알선하는 농지의 교환 또는 분리·합병 및 집단환지사업의 청산금 융자 및 필요한 경비의 지출
>   4. 농지의 재개발사업에 필요한 자금의 융자 및 투자
>   5. 농지의 매입사업에 필요한 자금의 융자
>   5의2. 다음의 농지 및 농업기반시설의 관리, 보수 및 보강에 필요한 자금의 보조 및 투자
>   가. 공사가 농업생산기반정비사업 시행자로부터 인수하여 임대한 간척농지
>   나. 간척농지의 농업생산에 이용되는 방조제, 양수장, 배수장 등 대통령령으로 정하는 농업기반시설
>   6. 경영회생 지원을 위한 농지매입사업에 필요한 자금의 융자
>   7. 농지를 담보로 한 농업인의 노후생활안정 지원사업에 필요한 자금의 보조 및 융자
>   8. 「농어촌정비법」에 따른 한계농지 등의 정비사업의 보조·융자 및 투자
>   9. 농지조성사업에 필요한 자금의 융자 및 투자
>   10. 「농지법」에 따른 농지보전부담금의 환급 및 같은 법 제52조에 따른 포상금의 지급
>   11. 해외농업개발 사업에 필요한 자금의 보조, 융자 및 투자
>   12. 기금운용관리에 필요한 경비의 지출
>   13. 그 밖에 기금설치 목적 달성을 위하여 대통령령으로 정하는 사업에 필요한 자금의 지출

✎ ANSWER 1.③ 2.④ 3.④

4 농업금융에 관한 설명 중 틀린 것은?

> ㉠ 농업부문은 본래 저생산성, 저수익성, 고위험 등의 문제를 갖고 있으므로 금융시장에서 자금을 조달하는 경우 보다 높은 금리를 지불하는 것이 원칙이다.
> ㉡ 대규모 농업이 소규모 농업보다 위험부담이 크고 수익성이 낮다.
> ㉢ 농업금융시장에서 농업에 관한 정보의 불완전으로 이하여 농업에 불리한 역유인과 역선택 문제가 나타난다.
> ㉣ 농업정책금융의 재원은 재정융자특별회계, 농어촌구조개선특별회계, 차관자금, 각종 기금 등이 있다.

① ㉠
② ㉡
③ ㉢
④ ㉣

>ADVICE ② ㉡ 소규모 농업은 대규모 농업에 비해 위험부담이 크고 수익성이 낮아 농업 중에서도 소규모 농업에 대한 신용할당현상이 보다 심각하게 나타난다.

5 농업협동조합에 대한 내용으로 적절하지 못한 것은?

① 협동조합이란 재화 또는 용역의 구매·생산·판매·제공 등을 협동으로 영위함으로써 조합원의 권익을 향상하고 지역 사회에 공헌하고자 하는 사업조직을 말한다.
② 농업협동조합은 농업인의 자주적인 협동조직을 바탕으로 농업인의 경제적·사회적·문화적 지위를 향상시키고, 농업의 경쟁력 강화를 통하여 농업인의 삶의 질을 높이는 기능을 한다.
③ 지역농업협동조합은 정관으로 정하는 품목이나 업종의 농업 또는 정관으로 정하는 한우사육업, 낙농업, 양돈업, 양계업, 그 밖에 대통령령으로 정하는 가축사육업의 축산업을 경영하는 조합원에게 필요한 기술·자금 및 정보 등을 제공하고, 조합원이 생산한 농축산물의 판로 확대 및 유통 원활화를 도모하여 조합원의 경제적·사회적·문화적 지위향상을 증대시키는 것을 목적으로 한다.
④ 지역조합은 지역명을 붙이거나 지역의 특성을 나타내는 농업협동조합 또는 축산업협동조합의 명칭을, 품목조합은 지역명과 품목명 또는 업종명을 붙인 협동조합의 명칭을, 중앙회는 농업협동조합중앙회의 명칭을 각각 사용하여야 한다.

>ADVICE ③ 지역농업협동조합(지역농협)은 조합원의 농업생산성을 높이고 조합원이 생산한 농산물의 판로 확대 및 유통 원활화를 도모하며, 조합원이 필요로 하는 기술, 자금 및 정보 등을 제공하여 조합원의 경제적·사회적·문화적 지위 향상을 증대시키는 것을 목적으로 한다(농업협동조합법 제13조).

CHAPTER 02 농업 연구 사업

1 농업 연구에 대한 특성으로 옳지 못한 것은?

① 농업 R&D는 다른 분야와 달리 투자에 따른 파급효과가 단기간에 나타난다.
② 농림연구의 편익이 국민을 대상으로 하기 때문에 공공성의 비중이 높은 편이다.
③ 개발수요자인 농업인이 기술을 제공받아 적용 및 실용화에 실패하였을 시 이에 대한 책임은 공공의 부담으로 전환되는 경향이 있다.
④ 농림업관련 기업이 매우 영세하고 경쟁력이 취약하여 연구기술이전에 대한 경제적 지불 능력을 가지지 어렵다.

> **ADVICE** ① 농업 R&D는 다른 분야와 달리 투자에 따른 파급효과가 단기간에 나타나기 어렵다는 특성이 있고 이로 인해 파생되는 세부적 특성들이 있으며 이는 농업 R&D 투자한계를 지적할 수 있으나 역으로 말하면 농업 부문에 R&D 투자를 지속적으로 지출해야 하는 논거로 작용한다.
>
> ※ 농업 R&D 특성
> ㉠ 농림연구개발에 있어서 장기간이 소요되며 기후와 지형 등 자연환경에 크게 영향을 받기 때문에 연구개발의 불확실성과 위험성이 매우 높다.
> ㉡ 농림연구의 편익이 국민을 대상으로 하기 때문에 공공성의 비중이 높고, 경제적인 가치 외 기타 환경적·사회적 가치를 쉽게 파악하는데 어려움이 있다.
> ㉢ 개발수요자인 농업인이 기술을 제공받아 적용 및 실용화에 실패하였을 때 이에 대한 책임은 공공의 부담으로 전환되는 경향이 있다.
> ㉣ 농림업 관련 기업이 매우 영세하고 경쟁력이 취약하여 연구기술이전에 대한 경제적 지불 능력을 가지지 못하여 기술료 수입을 연구개발에 재투자하는데 어려움이 존재한다.

ANSWER 4.② 5.③ / 1.①

2 농업 R&D에 관한 설명으로 적절하지 못한 것은?

① 농업 R&D 보급은 R&D 지출을 통해 농업생산에 투입되는 비용을 줄이고자 하는 의도를 가지고 있다.

② 농림R&D 투자는 녹색혁명을 통한 식량작물의 획기적인 생산성 향상과 식량문제의 해결이라는 성과를 가져왔다.

③ 농업인의 소득 증대를 위한 고부가가치화 및 산업화 전략의 일환으로 정부와 민간의 농림 R&D 사업이 확대되어야 할 것이다.

④ 농업부분에서 연구기술개발은 사회 전체적인 편익보다 농민 개인의 편익을 우선시한다.

> **ADVICE** ④ 농업부분에서 연구기술개발은 사회 전체적인 편익을 극대화하며, 사회의 편익에는 농업의 지속성, 환경, 식품안전, 소득분배, 지역의 고용증대, 식량안보 등 시장가치로 평가하지 못하는 다양한 경제적 효율 외적인 공익적 기능이 포함되어 있다.

3 농촌진흥청 농업과학기술 연구개발사업 운영규정에 대해 잘못 설명하고 있는 것은?

① 농업과학기술 연구개발사업이란 농업·농업인·농촌과 관련된 과학기술을 연구·개발하여 새로운 이론과 지식 등 성과를 창출하는 사업을 말한다.

② 공동연구사업이란 농촌진흥청이 법령에 근거하여 연구개발과제를 특정하여 그 연구개발비의 전부 또는 일부를 출연하거나 공공기금 등으로 지원하는 연구개발사업을 말한다.

③ 연구개발사업 어젠다란 농촌진흥청이 연구개발사업을 통해 해결해야 할 의제를 중심으로 설정한 최상위 목표 단위를 말한다.

④ 기술료란 국가연구개발사업의 목적을 달성하기 위하여 국가 등이 반대급부 없이 예산이나 기금 등에서 연구수행기관에게 지급하는 연구경비를 말한다.

> **ADVICE** ④ 기술료란 연구개발 결과물을 실시하는 권리를 획득한 대가로 실시권자가 국가, 전문기관 또는 연구개발 결과물을 소유한 기관에 지급하는 금액으로서 현금 또는 유가증권 등을 말한다(농촌진흥청 농업과학기술 연구개발사업 운영규정 제2조 제11호).

4 연구개발 사업 어젠다에 대한 내용으로 틀린 것은?

① 농촌진흥청장은 연구개발사업을 체계적으로 운영하기 위하여 농촌진흥청의 모든 연구분야를 어젠다로 설정하여 추진한다.
② 설정한 어젠다는 연구목표를 달성하기 위하여 하위 단계에 한 개 이상의 소과제와 대과제로 구성되며, 어젠다 및 대과제의 체계는 농촌진흥청 조직 체계와의 연계성을 고려한다.
③ 농촌진흥청장은 연구개발사업에 관한 사항을 심의·의결하기 위하여 어젠다 운영위원회를 설치하여 운영할 수 있다.
④ 어젠다는 해당분야의 소속기관 부장(부서장)이 책임자를 담당하고, 대과제는 해당분야의 소속기관 과장(팀장)이 책임자를 담당하는 것을 원칙으로 한다.

> ADVICE ② 설정한 어젠다(Agenda)는 연구목표를 달성하기 위하여 하위 단계에 한 개 이상의 대과제로 구성되며, 어젠다 및 대과제의 체계는 농촌진흥청 조직 체계와의 연계성을 고려한다(농촌진흥청 농업과학기술 연구개발사업 운영규정 제3조 제2항).
> ※ 농촌진흥청 농업과학기술 연구개발사업 운영규정 제4조(연구개발사업 어젠다)
> ① 농촌진흥청장은 연구개발사업을 체계적으로 운영하기 위하여 농촌진흥청의 모든 연구분야를 어젠다로 설정하여 추진한다.
> ② 제1항에 따라 설정한 어젠다는 연구목표를 달성하기 위하여 하위 단계에 한 개 이상의 대과제로 구성되며, 어젠다 및 대과제의 체계는 농촌진흥청 조직 체계와의 연계성을 고려한다.
> ③ 연구개발사업은 어젠다 체계 하에서 운영하는 것을 원칙으로 한다.
> ④ 제2항에 따라 구성한 어젠다는 해당분야의 소속기관 부장(부서장)이 책임자를 담당하고, 대과제는 해당분야의 소속기관 과장(팀장)이 책임자를 담당하는 것을 원칙으로 한다. 이 경우 어젠다 책임자와 대과제 책임자는 연구개발사업 또는 연구개발과제의 관리를 위하여 간사를 둘 수 있다.
> ⑤ 제3항에도 불구하고 어젠다 체계와 다르게 운영할 필요가 있는 연구개발사업의 경우에는 이 규정의 절차를 준용하여 사업담당부서가 운영을 주관할 수 있다. 이 경우 연구개발사업 운영과 관련된 세부사항은 별도의 운영지침에서 정한다.

ANSWER 2.④ 3.④ 4.②

5 어젠다별 연구성과의 진단·분석을 실시하고 연구개발과제를 운영하기 위해 기술수요조사를 실시하고, 그 결과를 반영하여 연구개발과제를 발굴할 수 있는 자는?

① 농촌진흥청장
② 사업단장
③ 소속기관 과장
④ 간사

> **ADVICE** ① 농촌진흥청장은 연구개발사업을 원활하게 추진하기 위하여 사업단을 구성하여 운영할 수 있으며, 농촌진흥청장은 어젠다별 연구성과의 진단·분석을 실시하고 그 결과를 소속기관 평가와 신규과제 기획 과정의 성과목표 설정 등에 반영할 수 있다. 또한 농촌진흥청장은 기술수요조사를 실시하고, 그 결과를 반영하여 연구개발과제를 발굴할 수 있다. 다만, 시급하거나 전략적으로 반드시 수행할 필요가 있는 연구개발과제의 경우는 기술수요조사를 생략할 수 있다(농촌진흥청 농업과학기술 연구개발사업 운영규정 제6조 및 제9조, 제11조).

6 농업과학기술 연구개발사업 운영규정 중 기술수요조사와 분석에 대한 내용으로 틀린 것은?

① 상시 기술수요조사는 농촌진흥사업 종합관리시스템(ATIS)을 통하여 연중 실시한다.
② 정기 기술수요조사는 다음 해 과제기획을 위하여 관련 부처와 공동으로 ATIS 등을 활용하여 매년 11~12월에 실시한다.
③ 농촌진흥청장은 제안된 기술수요를 어젠다, 전문분야, 기술코드별로 분류하여 기술수요 목록을 작성한다.
④ 어젠다 책임자와 대과제 책임자는 연구개발과제 발굴을 위하여 선행 개발기술 존재 여부, 연구개발과제 중복성, 기존 수행여부 등을 검토하여야 한다.

> **ADVICE** ② 정기 기술수요조사는 다음 해 과제기획을 위하여 관련 부처와 공동으로 ATIS 등을 활용하여 매년 2~3월에 30일간 실시한다.
> ※ 농촌진흥청 농업과학기술 연구개발사업 운영규정 제11조(기술수요조사와 분석)
>> ① 농촌진흥청장은 기술수요조사를 실시하고, 그 결과를 반영하여 연구개발과제를 발굴할 수 있다. 다만, 시급하거나 전략적으로 반드시 수행할 필요가 있는 연구개발과제의 경우는 기술수요조사를 생략할 수 있다.
>> ② 상시 기술수요조사는 농촌진흥사업 종합관리시스템(ATIS)을 통하여 연중 실시한다.
>> ③ 정기 기술수요조사는 다음 해 과제기획을 위하여 관련 부처와 공동으로 ATIS 등을 활용하여 매년 2~3월에 30일간 실시한다.
>> ④ 농촌진흥청장은 제안된 기술수요를 어젠다, 전문분야, 기술코드별로 분류하여 기술수요 목록을 작성하고, 이를 관련 부처와 어젠다 책임자에게 제공한다.
>> ⑤ 어젠다 책임자와 대과제 책임자는 연구개발과제 발굴을 위하여 선행 개발기술 존재 여부, 연구개발과제 중복성, 기존 수행여부 등을 검토하여야 한다.

7 공동연구사업 연구개발과제의 공모 · 신청을 위해 공동연구사업 연구개발과제를 공모할 경우 ATIS 등을 활용하여 며칠을 공고해야 하는가?

① 10일
② 20일
③ 25일
④ 30일

> **ADVICE** ④ 농촌진흥청장은 「농촌진흥법 시행령」제5조 제2항에 따라 공동연구사업 연구개발과제를 공모할 경우에는 ATIS 등을 활용하여 30일 이상 공고하여야 한다. 다만, 국가 안보 및 사회 · 경제에 파장이 우려되는 분야의 경우에는 이를 공고하지 아니할 수 있다(농촌진흥청 농업과학기술 연구개발사업 운영규정 제29조 제1항).

8 국제공동연구의 사업대상 분야로 묶인 것은?

㉠ 국내기술 또는 농촌진흥청의 단독 기술개발로 해결이 곤란한 경우
㉡ 연구목표의 조기달성이 어려워 외국의 연구기관과 공동으로 첨단 · 핵심 농업기술을 개발하고자 하는 경우
㉢ 국제 농업이슈 및 현안해결에 국제간 공동대응이 필요한 경우
㉣ 위탁연구개발비를 연차계획서보다 20퍼센트 이상 늘리려는 경우
㉤ 해당 연구개발과제 수행을 위하여 신규로 채용한 중소기업 소속 연구자의 인건비를 연차계획서보다 감액하려는 경우

① ㉠
② ㉠, ㉡, ㉢
③ ㉢, ㉣, ㉤
④ ㉠, ㉣, ㉤

> **ADVICE** ※ 농촌진흥청 농업과학기술 연구개발사업 운영규정 제40조(국제공동연구)
> ① 국제공동연구의 사업대상 분야는 다음과 같다.
> 1. 국내기술 또는 농촌진흥청의 단독 기술개발로 해결이 곤란하거나 연구목표의 조기달성이 어려워 외국의 연구기관과 공동으로 첨단 · 핵심 농업기술을 개발하고자 하는 경우
> 2. 국제 농업이슈 및 현안해결에 국제간 공동대응이 필요하여 외국과 공동으로 연구를 해야 하는 경우
> 3. 기타 농촌진흥청장이 국제공동연구가 필요하다고 인정하는 경우

ANSWER 5.① 6.② 7.④ 8.②

9 농촌진흥청장이 공동연구개발과제의 유사·중복 여부를 판단하는 데이터 베이스는?

① 국가과학기술종합정보시스템
② 오피넷
③ 과학기술지식정보시스템
④ 환경신기술정보시스템

> **ADVICE** ① 농촌진흥청장은 연구개발과제의 유사·중복 여부는 국가과학기술종합정보시스템(NTIS)을 통하여 검토하여야 한다. 다만, 연구개발과제 사이에 경쟁이나 상호 보완이 필요한 경우에는 유사·중복되는 연구개발과제로 판단하지 아니할 수 있다(농촌진흥청 농업과학기술 연구개발사업 운영규정 제30조 제3항).

10 다음에서 차세대 바이오그린21사업의 중점 추진 분야인 것들은?

㉠ 차세대유전체연구 분야	㉡ 동물유전체육종 분야
㉢ 농생명 원천기술 분야	㉣ 식물분자육종 분야
㉤ 동물바이오신약·장기개발 분야	㉥ 유전자변형(GM)작물 실용화 분야
㉦ 농생명바이오식의약소재개발 분야	㉧ 시스템합성농생명공학 분야

① ㉠, ㉢, ㉣,
② ㉡, ㉣, ㉤, ㉥
③ ㉢, ㉤, ㉥, ㉦, ㉧
④ ㉠, ㉡, ㉢, ㉣, ㉤, ㉥, ㉦, ㉧

> **ADVICE** ④ 모두 다 정답이다. 2011년 1월 농촌진흥청에서는 대한민국을 세계적인 농생명산업 국가로 육성하기 위하여 차세대 바이오그린21사업을 시작하였다.
> ※ 농촌진흥청 농업과학기술 연구개발사업 운영규정 제41조(차세대 바이오그린21사업)
> ① 차세대 바이오그린21사업의 중점 추진 분야는 다음과 같다.
>   1. 차세대유전체연구 분야
>   2. 동물유전체육종 분야
>   3. 식물분자육종 분야
>   4. 유전자변형(GM)작물 실용화 분야
>   5. 농생명바이오식의약소재개발 분야
>   6. 시스템합성농생명공학 분야
>   7. 동물바이오신약·장기개발 분야
>   8. 그 밖에 농생명 원천기술 및 미래기술 선도 분야 등 농촌진흥청장이 정하는 사항

11 우장춘 프로젝트 분야에 해당하지 않는 것은?

① 세계적인 학술적 연구성과 도출을 통한 청 위상 및 국격 제고 분야
② 고위험 고수익형 원천융합기술 개발로 농업을 한단계 업그레이드할 수 있는 대형 실용화기술 개발 촉진 분야
③ 농업분야 신성장동력 창출을 선도할 세계적인 과학자 육성 분야
④ 농림축산식품 바이오정보 고도화 사업 분야

> **ADVICE** ④ 농림축산식품 바이오정보 고도화 사업 분야는 포스트게놈 다부처 유전체사업의 중점 지원 대상 분야에 해당한다(농촌진흥청 농업과학기술 연구개발사업 운영규정 제42조 제1항).
> ※ 농촌진흥청 농업과학기술 연구개발사업 운영규정 제43조(우장춘프로젝트)
>   ① 우장춘프로젝트 사업의 중점 추진 분야는 다음과 같다.
>   1. 세계적인 학술적 연구성과 도출을 통한 청 위상 및 국격 제고 분야
>   2. 고위험 고수익형 원천융합기술 개발로 농업을 한단계 업그레이드할 수 있는 대형 실용화기술 개발 촉진 분야
>   3. 농업분야 신성장동력 창출을 선도할 세계적인 과학자 육성 분야
>   4. 그 밖에 미래농업기술 선도 분야 등 농촌진흥청장이 정하는 사항

12 골든씨드 프로젝트에 대한 설명으로 옳지 않은 것은?

① 골든씨드 프로젝트는 미래 농업환경 변화에 따라 새롭게 전개되고 있는 글로벌 종자시장 선점을 통한 글로벌 종자강국 실현을 위해 만들어졌다.
② 2011년도 예비타당성 조사에서 사업추진 타당성 인정받았다.
③ 글로벌 시장개척 종자는 보유 강점기술 기반으로 수출시장 개척용 종자들로 벼, 감자, 옥수수, 배추, 고추, 수박, 무, 넙치, 전복, 바리과가 해당된다.
④ 수입대체 종자 개발 품목은 양파, 양배추, 우엉, 오이, 한라봉, 도라지, 버섯, 돼지, 닭, 김 등이다.

> **ADVICE** ④ 골든씨드프로젝트 공동연구는 수출용 감자, 벼 및 옥수수의 품종 그리고 수출 및 수입 대체용 종돈 및 종계개발 및 기반조성에 필요한 기술개발을 대상으로 하며 수입대체 종자 개발 품목은 양파, 양배추, 토마토, 파프리카, 감귤, 백합, 버섯, 돼지, 닭, 김 등이다.

ANSWER 9.① 10.④ 11.④ 12.④

13 다음 중 신품종개발 공동연구의 대상이 아닌 것은?

① 소속기관에서 육성한 계통의 지역적응시험 및 특성검정시험을 통한 신품종 육성시험
② 벼, 보리 등 주요 농작물의 생육 및 수량을 예측하고 연차간, 지역간 변이를 비교·평가하여 신품종 개발의 기초자료로 활용하기 위하여 추진하는 작황시험
③ 우수한 국내 신품종의 재배확대와 소규모 작목의 국내 신품종 조기 정착을 위한 신품종 이용촉진사업
④ 지역여건에 맞는 특화작목 기술 개발

> **ADVICE** ④ 지역여건에 맞는 특화작목 기술 개발은 지역특화작목기술개발사업의 중점 추진 분야에 해당한다(농촌진흥청 농업과학기술 연구개발사업 운영규정 제45조 제1항).
> ※ 농촌진흥청 농업과학기술 연구개발사업 운영규정 제44조(신품종개발 공동연구)
>   ① 신품종개발 공동연구의 대상은 다음과 같다.
>   1. 소속기관에서 육성한 계통의 지역적응시험 및 특성검정시험을 통한 신품종 육성시험
>   2. 벼, 보리 등 주요 농작물의 생육 및 수량을 예측하고 연차간, 지역간 변이를 비교·평가하여 신품종 개발의 기초자료로 활용하기 위하여 추진하는 작황시험
>   3. 우수한 국내 신품종의 재배확대와 소규모 작목의 국내 신품종 조기 정착을 위한 신품종 이용촉진사업
>   ② 신품종 육성시험, 작황시험 및 신품종 이용촉진사업은 농촌진흥청 주관으로 소속기관이 주체가 되어 지방농촌진흥기관과 공동으로 수행한다.
>   ③ 신품종개발 공동연구에서 대상으로 하는 작물은 다음과 같다.
>   1. 지역적응시험과 특성검정시험: 소속기관에서 육성하는 모든 작물. 단, 시설 내에서 재배되는 채소, 화훼작물 등은 특성검정시험만을 수행할 수도 있다.
>   2. 작황시험: 벼, 보리, 콩 등 주요 농작물
>   3. 신품종 이용촉진사업: 농촌진흥청 또는 지방농촌진흥기관에서 최근 5년 이내에 개발한 품종. 단, 장기적인 재배기간이 필요한 과수 등의 작목은 최근 8년 이내에 개발한 품종으로 할 수 있다.
>   ④ 신품종개발 공동연구의 운영에 관한 세부적인 사항은 운영지침에서 정한다.

14 농촌진흥청장은 지방 농업연구개발사업을 촉진하기 위하여 도농업기술원, 시·군 농업기술센터 소속 연구직 공무원의 국제학술활동을 지원할 수 있는 범위에 해당하지 않는 것은?

① 학술회의 발표
② 첨단 기술 연수
③ 연구노트 작성 및 관리 방법
④ 해외정보 수집

> **ADVICE** 농촌진흥청 농업과학기술 연구개발사업 운영규정 제63조(지방 연구직 공무원의 국제 학술활동 지원)
>   ① 농촌진흥청장은 지방 농업연구개발사업을 촉진하기 위하여 도농업기술원, 시·군 농업기술센터 소속 연구직 공무원의 국제학술활동을 지원할 수 있다.
>   ② 농촌진흥청장이 제1항에 따라 지원하는 범위는 다음과 같다.
>   1. 학술회의 발표, 국제회의 참가
>   2. 해외정보 수집
>   3. 첨단 기술 연수 등

15 다음 중 신기술 농업기계 지정의 기준에 해당되지 않는 것은?

① 타인의 지식재산권을 침해하지 아니할 것
② 신청농업기계의 성능과 품질이 같은 종류의 다른 농업기계와 비교하여 뛰어나게 우수할 것
③ 수출 증대 및 관련 산업에 미치는 영향 등 경제적 파급 효과가 클 것
④ 정보적 가치와 증거적 가치를 모두 가질 수 있을 것

> **ADVICE** 신기술 농업기계의 지정 및 관리 요령 제2조(신기술 농업기계 지정 기준 및 대상)
> ① 「농업기계화 촉진법」에 따른 신기술 농업기계 지정의 기준은 다음과 같다.
> 1. 신청농업기계의 핵심기술이 국내에서 최초로 개발된 기술 또는 이에 준하는 대체기술로서 기존의 기술을 혁신적으로 개선·개량한 신기술 일 것
> 2. 신청농업기계의 성능과 품질이 같은 종류의 다른 농업기계와 비교하여 뛰어나게 우수할 것
> 3. 같은 품질의 농업기계를 지속적으로 생산할 수 있을 것
> 4. 타인의 지식재산권을 침해하지 아니할 것
> 5. 기술적 파급 효과가 클 것
> 6. 수출 증대 및 관련 산업에 미치는 영향 등 경제적 파급 효과가 클 것
> ② 신기술 농업기계 지정의 대상은 사용자에게 판매되기 시작한 이후 3년이 지나지 아니한 제품으로 한다. 다만, 다음의 어느 하나에 해당하는 농업기계는 신기술 농업기계 지정의 대상에서 제외한다.
> 1. 이미 국내에서 일반화된 기술을 적용한 농업기계
> 2. 농업기계를 구성하는 핵심 부품 일체가 수입품인 농업기계
> 3. 적용한 신기술이 농업기계의 고유 기능과 목적을 구현하는 데에 필요하지 아니한 농업기계
> 4. 그 밖에 선량한 풍속에 반하거나 공공의 질서를 해칠 우려가 있는 농업기계

16 지방농촌진흥기관에서 수행하는 연구개발사업의 관리를 위한 시스템은?

① LATIO
② LATIS
③ ATIS
④ ATIO

> **ADVICE** ② 지방농촌진흥사업 종합관리시스템(LATIS)은 통합된 농업연구 개발과제 관리서비스시스템으로, 농업연구개발과제의 효율적 관리를 통해 과제의 중복성 제거와 실시간 정책통계 분석 서비스에 의한 사업 조정과 성과물의 신속한 활용체계 전환을 가능하게 하는 시스템이다.
> ※ 농촌진흥청 농업과학기술 연구개발사업 운영규정 제64조(지방 농업연구개발사업의 관리)
> ① 농촌진흥청장은 지방농촌진흥기관에서 수행하는 연구개발사업의 관리를 위한 지방농촌진흥사업 종합관리시스템(LATIS)을 구축·운영할 수 있다.
> ② 농촌진흥청장은 제13조에 따른 중복성 검토 및 연구개발사업 관리의 효율성 제고를 위하여 지방농촌진흥기관에서 수행하는 연구개발사업에 대한 연구개발계획서, 평가용 보고서 등의 서식을 제공할 수 있다.

ANSWER 13.④ 14.③ 15.④ 16.②

17 농업과 농촌의 경쟁력을 선도하는 농업기계화의 기본 방향틀이 아닌 것은?

① 농기계 단독이용 확대
② 밭작물 기계 보급과 일관기계화 촉진
③ 농산식품 가공시스템 선진화
④ 고성능 융·복합 신기술 개발 지원

>ADVICE ① 농업기계화 기본계획에는 농기계 공동이용 확대가 포함되어 있다.
 ※ 농업기계화 기본계획
  ㉠ 농기계 공동이용 확대
   • 농기계 임대사업, 은행사업의 효과적 운영 : 활용도 높은 기종 중심 충분한 수량 확보 및 적정 임대료 징수 유도 및 무인헬기를 이용한 공동작업 확대 및 장기적으로 밭농사 농작업도 대행하여 수익창출
   • 공동경영체 중심의 농기계 효율적 운용 : 공동생산 품목의 다양화와 이에 맞는 농기계 공급 추진, 농기계 지원 사업간 연계성을 강화하여 공동 생산 확대 및 기술지도 강화로 공동이용촉진 및 지원 효율성 제고
   • 농업용 면급유 공급기한 연장 및 공급기종 확대 : 공급기한 연장, 대상기종 확대, 홍보 강화 및 부정사용 억제
  ㉡ 밭작물 기계 보급과 일관기계화 촉진
   • 마늘, 양파, 고추, 콩의 밭작물 브랜드육성품목 중심으로 개발·보급 하며, 농가의견 수렴 및 밭작물 기계화 표준재배법과 병행한 시스템 구축
   • 농가가 필요한 개발기종 선정, 평가시 관련 농업인 및 단체 등 수요자요구 반영 강화
   • 소요 개발비를 감안한 개발주체를 선정, 실효성 제고 : 작목이 손상을 입지 않도록 하는 등 일정부분 개발비가 많이 드는 기종은 관련부처 지원사업으로 추진하고 단순 중소형 기종은 농업공학부 연구사업, 농림기술개발사업 활용
   • 노력절감형 재배·관리기술 개발로 고품질 다수확 상품 생산
   • 생산설비 및 구입자금 우대지원 등으로 실용화를 촉진 : 밭작물 기계화 촉진을 위한 중점 개발대상 농기계에 대한 생산 설비 및 구입자금 우대 지원
  ㉢ 농산식품 가공시스템 선진화
   • FTA에 대응한 품목별 농산식품 가공체계에 대한 연구 강화
   • 생산에서 판매까지 단지화 구축을 통한 품질향상 및 농가소득 증대를 위한 개발비 확대 지원
   • 고부가가치 농업을 위한 수확 후 기계개발
   • 현장기술을 접목한 식품관련 기계 지원체계 마련 : 농산식품 가공체계와 단위기계 개발을 전담할 연구기관 지정 및 지원
  ㉣ 고성능 융·복합 신기술 개발 지원
   • IT·BT 융합 미래형 농기계 개발·보급 : IT·BT 등 첨단기술과의 융복합, 농작업의 자동화·로봇화 핵심기술 및 가축복지형 동물생산공정 자동화 기술 등
   • 화석연료 대체 및 에너지 절약형 농기계 개발·보급 : 냉난방시스템 성능향상, 설치비용 저감기술 및 지열 등 신재생에너지 활용

ⓜ 농기계 이용관리 제도 구축
- 주요 농기계 의무검정제도 도입 : 농기계를 공급하기 전에 성능, 배기가스 등을 의무적 검정하는 제도 도입
- 도로 안전사고 유형 등을 조사 분석하고 면허, 보험 등 도입방안 유도
- 농기계 안전교육과 정비·수리 지원확대

ⓗ 수출확대 및 산업활성화를 위한 정책지원
- 정책적인 수출지원 방안 강구
- 해외협력 및 원조사업에 농기계 지원확대 및 세계 속 한국 농기계 인식제고 방안 강구

18 신기술 농업기계의 지정심사·평가 및 방법 중 서류심사에 대한 내용으로 틀린 것은?

① 서류심사는 신청서류에 기재된 내용의 진위여부 검토와 신청 농업기계의 기술성, 경제성 등에 대하여 서류를 심사하는 것을 말한다.
② 서류심사는 전문위원회에서 평가하며, 신청인을 전문위원회에 나오도록 하여 의견을 청취할 수 있다.
③ 서류심사의 평가점수 산정은 80점 만점으로 산정하며, 각 심사위원별 평가점수 중 최고와 최저점수를 제외한 점수의 평균으로 한다.
④ 현장심사 또는 종합심사에 상정되는 농업기계는 평가점수를 기준으로 70점 이상을 원칙으로 한다.

> **ADVICE** ④ 서류심사의 평가점수 산정은 100점 만점으로 산정하며, 각 심사위원별 평가점수 중 최고와 최저점수를 제외한 점수의 평균으로 한다.
> ※ 신기술 농업기계의 지정 및 관리 요령 제5조(서류심사)
>   ① 서류심사는 신청서류에 기재된 내용의 진위여부 검토와 신청 농업기계의 기술성, 경제성 등에 대하여 서류를 심사하는 것을 말한다.
>   ② 서류심사는 전문위원회에서 평가하며, 신청인을 전문위원회에 나오도록 하여 의견을 청취할 수 있다.
>   ③ 서류심사의 평가점수 산정은 100점 만점으로 산정하며, 각 심사위원별 평가점수 중 최고와 최저점수를 제외한 점수의 평균으로 한다.
>   ④ 현장심사 또는 종합심사에 상정되는 농업기계는 제3항의 평가점수를 기준으로 70점 이상을 원칙으로 한다.

ANSWER 17.① 18.④

19 농촌진흥청이 농업기술의 실용화를 촉진하기 위하여 지원하는 사업 가운데 농식품산업체가 농촌진흥청 또는 지방농촌진흥기관 또는 전담기관을 통하여 이전받은 기술을 상용화하는데 소요되는 시제품 개발비를 지원하는 사업은?

① 연구개발성과 실용화지원사업
② 농식품산업체 R&D기획지원 사업
③ 농업기술 시장진입 경쟁력 강화사업
④ 농업기술 마케팅 강화사업

> **ADVICE** ① 연구개발성과 실용화지원사업은 농식품산업체가 농촌진흥청 또는 지방농촌진흥기관 또는 전담기관을 통하여 이전받은 기술을 상용화하는데 소요되는 시제품 개발비를 지원하는 사업을 말한다.
> ※ 농촌진흥청 농업기술실용화지원사업 운영규정 제5조(세부사업)
> ① 전담기관의 장은 실용화지원사업의 목적달성을 위하여 다음의 사업을 세부사업으로 운영할 수 있다.
> 1. 연구개발성과 실용화지원사업 : 농식품산업체가 농촌진흥청 또는 지방농촌진흥기관 또는 전담기관을 통하여 이전받은 기술을 상용화하는데 소요되는 시제품 개발비를 지원하는 사업
> 2. 농식품산업체 R&D기획지원 사업 : 농식품산업체의 농업기술 실용화 촉진을 위하여 R&D기획역량을 제고하는데 지원하는 사업
> 3. 농업기술 시장진입 경쟁력 강화사업 : 농식품산업체가 농촌진흥청 또는 지방농촌진흥기관 또는 전담기관을 통하여 이전받은 기술을 활용하여 개발한 시제품의 시장진입 및 확대에 소요되는 양산화 공정 개발비를 지원하는 사업
> 4. 농업기술의 실용화를 촉진하기 위하여 관리지침에서 명시한 사업

20 농림축산식품부장관은 농업 생산의 안정상 중요한 작물의 종자에 대한 품종성능을 관리하기 위하여 해당 작물의 품종을 농림축산식품부령으로 정하는 국가품종목록에 등재할 수 있다. 다음 중 국가품종목록 관리 대상에 해당되지 않는 것은?

① 벼, 콩   ② 보리
③ 파인애플   ④ 옥수수, 감자

> **ADVICE** ③ 국가품종목록에 등재할 수 있는 대상작물은 벼, 보리, 콩, 옥수수, 감자와 그 밖에 대통령령으로 정하는 작물로 한다. 다만, 사료용은 제외한다(종자산업법 제15조 제2항).

21 식물신품종 육성자의 권리를 법적으로 보장하여 주는 지적재산권의 한 형태로 특허권, 저작권, 상표등록권과 유사하게 육성자에게 배타적인 상업적 독점권을 부여하는 제도는?

① 국가품종목록등록제도
② 식물신품종보호제도
③ 종자보증제도
④ 종자기증제도

> ADVICE ② 식물신품종보호제도는 식물 신품종 육성자의 권리를 보호함으로써 우수품종 육성 및 우량종자의 보급을 촉진하여 농업 생산성의 증대와 농민소득을 증대하는데 목적이 있다. 통상적으로 신품종 개발에는 오랜 시간, 기술 및 노동력이 소요되며 많은 비용이 투입된다. 새로운 품종이 육성, 개발되어 일반대중에게 공개되었을 때 다른 사람에 의해 쉽게 복제·재생산된다면 신품종을 개발한 육성자의 투자에 대한 적절한 보상의 기회가 박탈되어 개발의욕을 상실하기 때문에 품종보호제도는 육성자로 하여금 타인이 육성자의 허락 없이는 신품종의 상업화를 할 수 없도록 규제한다. 그리하여 품종보호권을 가진 육성자가 개발비용을 회수하고 육종투자로부터 이익을 거둘 수 있도록 하는데 목적이 있다.
>
> ※ 식물신품종보호제도 … 1980년대 중반이후 지적재산권보호가 미국, EU, 일본 등 주요 선진국의 통상현안으로 등장하였고, 1994년 UR타결에 따라 세계무역기구의 무역관련 지적재산권협정(WTO/TRIPs)이 다자간 협정으로 제정되어 1995년 1월1일부터 발효되었고 TRIPs(Trade Related Intellectual Properites) 협정은 식물품종을 특허법 또는 개별법 등으로 보호하도록 하여 품종보호제도는 WTO 가입국가의 의무사항이 되었다.
> 식물신품종보호제도는 1995년 종자산업법 제정과 함께 도입되어, 1997년 12월 31일 종자산업법이 발효되면서 시행되었다. 그러나 종자산업법의 시행 결과 종자의 보증·유통관리 등에 관한 실체적 규정과 품종보호에 관한 절차적 규정이 단일법에 혼재되어 있어 법의 체계와 내용이 복잡하고 제도의 효율적인 운영에 한계점이 노출되어 목적에 맞게 별개의 법률로 분리함으로써 종자의 유통·보증과 품종보호 등 각 제도의 정체성을 명확히 하고 제도의 의의를 최대한 살리는 취지에서 2012년 6월 1일자로 종전의 종자산업법에서 식물신품종보호법이 분리·제정되었고 2013년 6월 2일자로 발효되었다.

22 품종목록 등재의 유효기간은 등재한 날이 속한 해의 다음 해부터 언제까지로 되어 있는가?

① 10년
② 15년
③ 20년
④ 30년

> ADVICE ① 품종목록 등재의 유효기간은 등재한 날이 속한 해의 다음 해부터 10년까지로 한다(종자산업법 제19조 제1항).

ANSWER 19.① 20.③ 21.② 22.①

23 다음 중 종자산업법에서 정의하는 종자에 해당하는 것이 아닌 것은?

① 씨앗
② 버섯 종균
③ 묘목
④ 난자

> ADVICE ④ 종자산업법은 종자의 생산·보증 및 유통, 종자산업의 육성 및 지원 등에 관한 사항을 규정함으로써 종자산업의 발전을 도모하고 농업·임업 및 수산업 생산의 안정에 이바지함을 목적으로 도입된 법률이다.
> 종자란 증식용·재배용 또는 양식용으로 쓰이는 씨앗, 버섯 종균(種菌), 묘목(苗木), 포자(胞子) 또는 영양체(營養體)인 잎·줄기·뿌리 등을 말한다(종자산업법 제2조 제1호).
>
> ※ 종자산업법 제2조(정의)
> 이 법에서 사용하는 용어의 뜻은 다음과 같다.
> 1. 종자란 증식용·재배용 또는 양식용으로 쓰이는 씨앗, 버섯 종균(種菌), 묘목(苗木), 포자(胞子) 또는 영양체(營養體)인 잎·줄기·뿌리 등을 말한다.
> 2. 종자산업이란 종자를 연구개발·육성·증식·생산·가공·유통·수출·수입 또는 전시 등을 하거나 이와 관련된 산업을 말한다.
> 3. 작물이란 농산물, 임산물 또는 수산물의 생산을 위하여 재배되거나 양식되는 모든 식물을 말한다.
> 4. 품종이란 「식물신품종 보호법」 제2조 제2호의 품종을 말한다.
> 5. 품종성능이란 품종이 이 법에서 정하는 일정 수준 이상의 재배·양식 및 이용상의 가치를 생산하는 능력을 말한다.
> 6. 보증종자란 이 법에 따라 해당 품종의 진위성(眞僞性)과 해당 품종 종자의 품질이 보증된 채종(採種) 단계별 종자를 말한다.
> 7. 종자관리사란 이 법에 따른 자격을 갖춘 사람으로서 종자업자가 생산하여 판매·수출하거나 수입하려는 종자를 보증하는 사람을 말한다.
> 8. 종자업이란 종자를 생산·가공 또는 다시 포장(包裝)하여 판매하는 행위를 업(業)으로 하는 것을 말한다.
> 9. 종자업자란 이 법에 따라 종자업을 경영하는 자를 말한다.

CHAPTER 03 농업경영 컨설팅

1 농업경영 컨설팅에 대한 설명으로 적절하지 못한 것은?

① 농업경영자는 자기의 경영수준이 어느 정도이고, 무엇이 문제이며, 무엇을 보완하여야 보다 더 발전할 수 있는지 생산에서 판매에 이르는 경영과정별로 조목조목 진단하여 경영을 개선해 나갈 필요가 있다.
② 농업경영에 대하여 전문적인 지식을 갖춘 외부전문가가 농가의 각 경영상태를 분석, 진단하여, 그 경영체의 경영개선을 위하여 필요한 사항을 처방하여 권고하고, 그 권고를 실천하는데 있어서 지도자문하는 경영개선 기법을 농업경영컨설팅이라 정의할 수 있다.
③ 농업인의 경영능력보다 정부의 농업구조개선 노력이 농업경영에서 더욱 중요하다.
④ 컨설팅(Consulting)이란 특정 대상에 대하여 해당분야의 전문가가 자신의 전문지식을 활용하여 문제점을 분석(진단)하여 구체적인 해결방안을 제시하여 주는 것을 말한다.

> **ADVICE** ③ 우리 농업의 발전을 위하여는 정부의 농업구조개선 노력도 중요하지만 농업인의 경영능력에 따라 농가간에 경영성과가 크게 차이가 나고 있으므로 무엇보다도 농업의 주체인 농업인들의 경영혁신 노력이 가장 필요하다.
> 동일한 품목, 비슷한 영농기반을 가지고도 경영주의 기술, 경영 능력에 따라 생산량 및 수익성이 크게 차이가 나고 있으므로 농업인을 과학적인 경영혁신 기법을 도입하여 농업인 스스로 자기의 경영수준이 어느 정도이고 무엇이 문제이며, 무엇을 보완하여야 보다 더 발전할 수 있는지 생산에서 판매에 이르는 경영과정별로 조목조목 진단하여 경영을 개선하여야 한다.
> 그러나 기업경영체와는 달리 개별농업경영자는 획득 가능한 정보의 한계, 비교분석능력 등의 제약이 따르기 때문에 경영자 스스로 자기 경영을 진단하여 경영개선 사항을 찾아내어 실천하기는 매우 어려운 실정이다. 따라서 농촌지도사업을 담당하고 있는 농촌진흥청, 도농업기술원, 시·군 농업기술센터에는 농업인들의 농가경영혁신 노력을 뒷받침하고 농업인 지도의 효율성을 제고하기 위하여 농가경영컨설팅을 강화하여야 할 것이다.

2 농업경영 컨설팅에 대한 내용 중 잘못된 것은?

① 경영 컨설팅이란 특정 비지니스의 경영 상태를 조사해 그 회사의 문제점을 파악하고, 적합한 해결책을 제시해 주는 경영 자문 서비스를 말한다.
② 국제노동기구(ILO)에서는 경영컨설팅에 대해 조직의 목적을 달성하는데 있어서 경영·업무상의 문제점을 해결하고 새로운 기회를 발견·포착하고, 학습을 촉진하며, 변화를 실현하는 관리자와 조직을 지원하는 독립적이고 전문적인 자문서비스라 부른다.
③ 컨설팅이란 제품을 생산자로부터 소비자에게 원활하게 이전하기 위한 기획 활동을 말한다.
④ 경영컨설팅을 통해 조직 효과성 증대를 위한 방안을 모색을 할 수 있다.

> ADVICE ③ 컨설팅(consulting)이란 어떤 분야에 전문적인 지식을 가진 사람이 고객을 상대로 상세하게 상담하고 도와주는 것을 말한다. 즉 특정한 대상에 대하여 해당 전문가들이 지식을 활용해 목표달성이나 문제해결을 위한 의사결정에 도움을 주는 서비스 활동이다. 제품을 생산자로부터 소비자에게 원활하게 이전하기 위한 기획 활동은 마케팅이다.

3 지도사업과 컨설팅의 차이점으로 옳은 것은?

① 지도사업 대상은 서비스 계약자이며, 컨설팅은 불특정 다수를 대상으로 한다.
② 지도사업 정보의 범위는 종합적인 반면, 컨설팅의 정보범위는 단편적이다.
③ 지도사업 이후 사후관리는 지속되지만, 컨설팅은 그렇지 않다.
④ 지도사업은 일방적인 정보를 전달하는 구조이며, 컨설팅은 문제 해결을 위해 상호 정보를 교환하는 체계이다.

> ADVICE ① 지도사업 대상은 불특정 다수이며, 컨설팅은 서비스 계약자를 대상으로 한다.
> ② 지도사업 정보의 범위는 단편적인 반면, 컨설팅의 정보범위는 종합적이다.
> ③ 컨설팅 이후 사후관리는 지속되지만, 지도사업은 그렇지 않다.
> ※ 지도사업과 컨설팅의 차이

구분	컨설팅	지도사업
대상	서비스 계약자	불특정 다수
정보범위	종합적	단편적
방법	문제 해결을 위해 상호 정보를 교환	일방적인 정보 전달 체계
사후관리	지속	별도로 마련되어 있지 않음

4 일반적인 컨설팅의 프로세스는?

① 컨설팅 요청 → 농가경영 진단 → 분석 및 처방 → 지도상담
② 농가경영 진단 → 컨설팅 요청 → 분석 및 처방 → 지도상담
③ 컨설팅 요청 → 농가경영 진단 → 지도상담 → 분석 및 처방
④ 컨설팅 요청 → 지도상담 → 분석 및 처방 → 농가경영 진단

> ADVICE ① 컨설팅 요청 → 농가경영 진단 → 분석 및 처방 → 지도상담 순으로 진행된다.
> ※ 컨설팅의 과정
>
> | 순서 | 내용 |
> |---|---|
> | 컨설팅 요청 | 희망 농업인 농업기술센터에 요청 |
> | 농가경영 진단 | 표준진단표 이용 경영진단 |
> | 분석 및 처방 | • 진단결과 분석
• 실천가능한 기술, 경영개선 처방 |
> | 지도상담 | • 전문지도사의 기술 및 경영 종합상담
• 기술과 경영의 개선 교육 및 현장 지도 |

5 농업경영에서 컨설팅이 필요한 이유라 보기 어려운 것은?

① 인력 절감
② 전문가의 의견 수용
③ 정확한 진단과 해결방안 모색 가능
④ 단기적 판매를 위한 수단

> ADVICE ④ 농업경영 컨설팅은 농가의 당면한 경영·기술상의 특정문제를 해결하기 위하여 그 문제에 관한 전문적인 지식을 갖춘 사람이 문제의 해결방안을 강구한 후 농가에 제시하여 경영체가 경영을 개선해 나갈 수 있도록 유도하는 것이다. 농업경영자는 컨설팅을 통하여 계속해서 기술과 지식의 습득이 가능해지며, 새로운 지식과 기술을 습득해야만 선진적인 경영체들과 대결할 수 있고 지속적인 경영을 해나갈 수 있다.
> ※ 농가경영 컨설팅의 필요성 … 우리 나라의 농업에 있어서도 일반 기업과 마찬가지로 경영에 관한 관심이 높아지고 있으며, 이에 급속히 변화하는 농업인의 경영환경 및 경영체의 발전수준에 맞는 지도사업 추진 중에 있다.
> ㉠ 농업기술의 지속적인 발전으로 생산성 향상
> ㉡ 농업 구조조정에 의한 개별농가의 경영규모 확대와 농업경영
> ㉢ 환경의 변화로 보다 전문화된 농업경영의 필요성 증대
> ㉣ 사회환경도 과거에 비하여 날로 복잡해짐에 따라 보다 많은 경영상의 문제들이 발생
> ㉤ 농업인들의 경영여건의 변화에 대한 적응력은 타 산업분야에 비하여 뒤떨어지는 형편

ANSWER 2.③ 3.④ 4.① 5.④

6 벤치마킹의 성공요건으로 보기 어려운 것은?

① 적절한 교육 및 훈련 프로그램의 확보
② 외부인의 적극적인 참여
③ 충분한 사전 배움의 자세
④ 정보수집 기능의 확보

>ADVICE ② 벤치마킹(Bench Marking)은 본래 공학에서 사용하던 용어로 측량할 때 필요한 관측용 푯대를 뜻하는 벤치마크(Benchmark)에서 유래하였다. 벤치마킹이란 경영체가 경영성과의 지속적인 개선을 위해서 농산품의 생산 및 유통 그리고 농장 관리능력 등을 외부적인 비교기준을 통해 평가해서 개선해 나가자는 경영혁신실천기법을 말한다. 벤치마킹은 경영자로부터 시작하여, 경영체가 당면하고 있는 전략적 이슈, 성과개선이 필요하다고 판단되는 프로세스 등에 관한 우선순위를 파악하여 이를 추진하는 리더십이 필요하다.

※ 벤치마킹의 성공전략

구분	내용
경영자의 적극적인 참여	벤치마킹은 경영자로부터 시작하여, 경영체가 당면하고 있는 전략적 이슈 또는 성과개선이 필요하다고 판단되는 프로세스 등에 관한 우선순위를 파악하여 이를 추진하는 리더십이 필요하다.
적절한 교육 및 훈련 프로그램의 확보	벤치마킹은 다른 조직으로부터 지속적인 학습 및 개선을 의미하므로 벤치마킹에 필요한 사고와 행동을 유발시키기 위해서는 교육과 훈련이 필수적이다.
조사 및 정보수집 기능의 확보	경영체의 근본적인 문제점까지 조사 및 분석할 수 있는 능력을 갖추거나, 유능한 전문가 층을 확보하여야 '계획→자료수집→분석→경영개선'이라는 벤치마킹 순환주기를 원활히 추진할 수 있다.
충분한 사전 및 배움의 자세	자기 경영체의 내부진단에 의한 올바른 평가가 먼저 이루어 져야 하며, 진단결과에 의해 나타난 문제점을 해결하기 위해서 배우고자 하는 마음가짐으로 꾸준히 노력하는 자세를 가져야 한다.

7 농업경영 컨설팅의 영역과 범위에 대한 구분이 잘못 짝지어진 것은?

	경영분야	기술분야
①	생산비	번식
②	수익성	사료
③	성장성	안전성
④	생산성	생산기술

> ADVICE ③ 안전성은 경영분야에 속하는 범위이다.
>
> ※ 농업경영컨설팅의 영영과 범위
>
> | 구분 | 기술측면 | 경영측면 |
> |---|---|---|
> | 진단 활동 | • 번식: 분만, 육성율 등
• 사료: 사료구입비, 사료요구율 등
• 생산기술: 수의진료, 상시사육두수 등 | • 수익성: 소득, 순수익, 소득율 등
• 안정성: 자기자본 구성비율, 부채비율 등
• 성장성: 사육두수의 변화 등
• 생산비: 사료비, 생산비 등
• 생산성: 총생산량, 소고기 생산량 등 |
> | 지도 활동 | • 진단결과를 이용 지도안 제시
• 축사 및 시설 개보수 제시
• 병해충 및 질병치료
• 온실 및 축사 관리요령 제시 | • 시설규모 및 사육두수를 제시
• 출하시기 및 출하량 등 제시
• 투자 타당성 제시
• 경영목표선정 및 전략계획 제시 |

ANSWER 6.② 7.③

농업법인

1 농업경영체 등록제에 대한 내용으로 틀린 것은?

① 농산물에 대한 국가검사를 실시함으로써 농산물의 품질향상, 공정 원활한 거래 및 소비의 합리화를 도모하여, 국민경제 발전에 기여를 목적으로 도입되었다.
② 경영체 단위의 개별정보를 통합·관리함으로써 정책사업과 재정집행의 효율성이 제고된다.
③ 등록대상 농지는 공부상 지목에 관계없이 실제농업에 이용되는 농지이어야 한다.
④ 농업문제의 핵심인 구조개선과 농가소득 문제 등을 해결하기 위해서는 평준화된 지원정책에서 탈피하여 맞춤형 농정 추진 필요했기 때문에 농업경영체 등록 사업 실시된 것이라 할 수 있다.

> **ADVICE** ① 농산물에 대한 국가검사를 실시함으로써 농산물의 품질향상, 공정 원활한 거래 및 소비의 합리화를 도모하여, 국민경제 발전에 기여를 목적으로 도입된 것은 농산물 검사이다.
> 농업경영체 등록제란 농업인(농업법인)을 하나의 경영체로 식별하는 시스템을 확립하여 농업인에게 적합하고 효율적인 농가소득안정 정책을 추진할 수 있도록 자율적인 신고를 기초로 경영정보를 등록하게 하는 제도를 말한다. 즉 농업인들의 농사정보인 누가 어떤 농사를 얼마나 짓는지 등의 자료를 등록하는 제도로 농가 경영체의 단위의 개별 정보를 통합 관리함으로써 정책 사업과 재정 집행의 효율성을 높이고자 도입된 것이다.
> 농업경영체 등록은 농업인의 성명·주소 등 인적정보, 농지 및 농산물 생산정보, 가축사육정보 등 농업인의 기본정보를 등록하는 것으로 농업인은 주민등록지, 농업법인은 주사무소 소재지 관할 농산물품질관리원 지원 또는 사무소에 등록 할 수 있다.

2 다음 중 영농조합법인의 해체를 법원에 요청할 수 없는 자는?

① 군수
② 구청장
③ 시장
④ 농산물품질관리원장

> **ADVICE** ④ 시장·군수·구청장은 규정에 해당하는 농업법인 및 어업법인에 대하여 법원에 해산을 청구할 수 있다(농어업경영체 육성 및 지원에 관한 법률 제20조의3 제2항).
> ※ 이후 편의상 농어업경영체 육성 및 지원에 관한 법률을 농어업경영체법으로 축약합니다.

3 다음 중 농업경영체 등록에 대한 내용으로 적절하지 못한 것은?

① 농업문제의 핵심인 구조개선과 농가소득 문제 등을 해결하기 위해서는 평준화된 지원정책에서 탈피하고 맞춤형 농정 추진이 필요함에 따라 농업경영체 등록제가 도입되었다.
② 등록정보는 각종 농림사업 및 직접지불제도의 기초 자료로 활용된다.
③ 경영체 단위의 개별정보를 통합·관리함으로써 정책사업과 재정집행의 효율성이 제고된다.
④ 변경등록을 하지 않아도 경영체는 각종 지원에는 지장을 받지 않는다.

> **ADVICE** 자금 지원 등의 제한〈농어업경영체법 제8조〉… 중앙행정기관의 장은 다음 각 호에 해당하는 농어업경영체에 대하여는 농어업경영체의 육성 및 소득 안정 등을 위한 각종 지원의 전부 또는 일부를 제한할 수 있다.
> 1. 농어업경영정보를 등록하지 아니하거나 등록정보를 수정하지 아니한 농어업경영체
> 2. 부기등기를 이행하지 아니한 농어업경영체
> 3. 보조금을 지원받아 취득한 재산을 규정에 따른 부기등기 사항을 말소의 사유가 발생하지 아니하였음에도 중앙행정기관의 장의 승인 없이 보조금의 교부 목적에 위배되는 용도에 사용하거나 양도, 교환, 대여 및 담보의 제공을 한 농어업경영체

4 다음 중 농어업경영체의 생산성 향상과 경영안정을 위하여 경영규모 확대에 필요한 시책을 수립·시행하여야 하는 곳은?

> ㉠ 농림축산식품부장관
> ㉡ 국가
> ㉢ 도지사
> ㉣ 지방자치단체
> ㉤ 농산물품질관리원장

① ㉠, ㉡
② ㉡, ㉣
③ ㉠, ㉢, ㉤
④ ㉠, ㉡, ㉢, ㉣

> **ADVICE** 농어업경영체법 제11조(농어업경영의 규모화)
> ① 국가와 지방자치단체는 농어업경영체의 생산성 향상과 경영안정을 위하여 경영규모 확대에 필요한 시책을 수립·시행하여야 한다.
> ② 농림축산식품부장관 또는 해양수산부장관은 농어업경영체의 경영규모 확대 촉진을 위하여 농지, 양식장, 어선 또는 농어업용 시설의 매매 등을 우선 지원하거나 알선·중개할 수 있다.

ANSWER 1.① 2.④ 3.④ 4.②

5 협업적 농업경영을 통하여 생산성을 높이고 농산물의 출하·유통·가공·수출 및 등을 공동으로 하고자 영농조합법인을 만들 경우 최소한의 조합원 수는?

① 4인 ② 5인
③ 8인 ④ 10인

> ADVICE ② 협업적 농업경영을 통하여 생산성을 높이고 농산물의 출하·유통·가공·수출 및 농어촌 관광휴양사업 등을 공동으로 하려는 농업인 또는 「농업·농촌 및 식품산업 기본법」에 따른 농업 관련 생산자단체는 5인 이상을 조합원으로 하여 영농조합법인(營農組合法人)을 설립할 수 있다(농어업경영체법 제16조 제1항).

6 다음 중 영농조합법인의 해산 사유로 적절하지 않은 것은?

① 총회에서 의결한 경우
② 조합법인이 합병된 경우
③ 조합법인이 파산한 경우
④ 조합원이 5명 미만이 된 후 3년 이내에 5명 이상이 되지 아니한 경우

> ADVICE ④ 조합원이 5명 미만이 된 후 1년 이내에 5명 이상이 되지 아니한 경우가 해산사유이다.
> ※ 농어업경영체법 시행령 제13조(조합법인의 해산)
> 조합법인은 다음의 어느 하나에 해당하는 경우에 해산한다.
> 1. 총회에서 의결한 경우
> 2. 조합법인이 합병된 경우
> 3. 조합법인이 파산한 경우
> 4. 「상법」 제176조에 따른 법원의 해산명령을 받은 경우
> 5. 조합원이 5명 미만이 된 후 1년 이내에 5명 이상이 되지 아니한 경우(협동양식어업면허를 취득한 영어조합법인은 제외한다)
> 6. 그 밖에 정관에서 정한 해산 사유가 발생한 경우

7 다음 중 영농조합법인이 조합원 또는 준조합원으로 가입할 수 있는 농업생산자단체가 아닌 것은?

① 농업협동조합
② 낙농조합
③ 엽연초생산협동조합
④ 산림조합

>ADVICE ② 영농조합법인이 조합원 또는 준조합원으로 가입할 수 있는 농업생산자단체는 농업협동조합·산림조합 및 엽연초생산협동조합으로 한다(농어업경영체법 시행령 제15조).

8 다음 중 영농조합법인에 준조합원으로 가입할 수 있는 자로만 짝지어진 것은?

> ㉠ 영농조합법인에 생산자재를 공급하는 자
> ㉡ 영농조합법인이 생산한 농산물을 대량으로 구입하는 자
> ㉢ 영농조합법인에 생산기술을 제공하는 자
> ㉣ 영농조합법인이 생산한 농산물을 대량으로 가공하는 자
> ㉤ 영농조합법인에 농지를 임대는 자
> ㉥ 영농조합법인에 농지의 경영을 위탁하는 자

① ㉠, ㉡, ㉣
② ㉡, ㉢, ㉣
③ ㉢, ㉣, ㉤, ㉥
④ ㉠, ㉡, ㉢, ㉣, ㉤, ㉥

>ADVICE ④ 영농조합법인은 농업인과 농업생산자단체 중 정관으로 정하는 자를 조합원으로 한다. 농업인이 아닌 자로서 대통령령으로 정하는 자는 정관으로 정하는 바에 따라 영농조합법인에 출자하고 준조합원으로 가입할 수 있다. 이 경우 의결권은 행사하지 못한다(농어업경영체법 제17조 제1항 및 제2항).
>
>※ 농어업경영체법 시행령 제14조(준조합원의 자격)
>   ① 영농조합법인에 준조합원으로 가입할 수 있는 자는 다음과 같다.
>   1. 영농조합법인에 생산자재를 공급하거나 생산기술을 제공하는 자
>   2. 영농조합법인에 농지를 임대하거나 농지의 경영을 위탁하는 자
>   3. 영농조합법인이 생산한 농산물을 대량으로 구입·유통·가공 또는 수출하는 자
>   4. 그 밖에 농업인이 아닌 자로서 영농조합법인의 사업에 참여하기 위하여 영농조합법인에 출자를 하는 자

ANSWER 5.② 6.④ 7.② 8.④

9 영농조합법인의 조직변경에 대한 내용으로 적절하지 못한 것은?

① 영농조합법인은 총조합원의 일치로 총회의 결의를 거쳐 합명회사(合名會社)인 농업회사법인으로 조직을 변경할 수 있다.

② 채권자가 일정 기간 내에 이의를 제기한 경우에는 영농조합법인 또는 영어조합법인이 채무를 변제하거나 상당한 담보를 제공하지 아니하면 조직변경의 결의는 효력을 발생하지 아니한다.

③ 영농조합법인이 조직변경의 결의를 한 경우에는 그 결의가 있는 날부터 4주 내에, 조합 채권자에 대하여 조직변경에 이의가 있으면 일정한 기간 내에 이를 제출할 것을 정관으로 정하는 바에 따라 3개월 이상 공고하여야 한다.

④ 영농조합법인은 대통령령으로 정하는 농업생산자단체의 조합원 또는 준조합원으로 가입할 수 있다.

> **ADVICE** 영농조합법인 및 영어조합법인의 조직변경〈농어업경영체법 제18조〉
> ① 영농조합법인 또는 영어조합법인은 총조합원의 일치로 총회의 결의를 거쳐 다음 각 호의 어느 하나의 형태인 농업회사법인 또는 어업회사법인으로 조직을 변경할 수 있다.
>   1. 합명회사
>   2. 합자회사
>   3. 유한회사
>   4. 주식회사
> ② 제1항 제2호에 따라 조직을 변경하는 경우에는 조합원의 일부를 유한책임사원으로 하거나 유한책임사원을 새로 가입시켜야 한다.
> ③ 제1항 제3호에 따라 조직을 변경하는 경우에는 조합원 전원을 유한책임사원으로 하여야 한다.
> ④ 제1항 제4호에 따라 조직을 변경할 때 발행하는 주식의 발행가액의 총액은 조합법인에 현존하는 순재산액을 초과할 수 없으며, 순재산액이 자본총액에 미달하는 경우에는 제1항에 따른 결의 당시의 조합원이 연대하여 그 부족액을 지급하여야 한다.
> ⑤ 영농조합법인 또는 영어조합법인이 조직변경의 결의를 한 경우에는 그 결의가 있는 날부터 2주 내에, 조합 채권자에 대하여 조직변경에 이의가 있으면 일정한 기간 내에 이를 제출할 것을 정관으로 정하는 바에 따라 1개월 이상 공고하고 이미 알고 있는 채권자에 대하여는 따로따로 공고 내용을 알려야 한다.
> ⑥ 채권자가 일정 기간 내에 이의를 제기한 경우에는 영농조합법인 또는 영어조합법인이 채무를 변제하거나 상당한 담보를 제공하지 아니하면 조직변경의 결의는 효력을 발생하지 아니한다.
> ⑦ 채권자가 기간 내에 조직변경의 결의에 대하여 이의를 제기하지 아니한 경우에는 조직변경을 승인한 것으로 본다.
> ⑧ 영농조합법인 또는 영어조합법인이 조직변경을 한 때에는 본점소재지에서는 2주 내에, 지점소재지에서는 3주 내에 영농조합법인 또는 영어조합법인은 해산등기를, 농업회사법인 또는 어업회사법인은 설립등기를 하여야 한다.
> ⑨ 영농조합법인 또는 영어조합법인의 조합원으로서 규정에 따라 유한책임사원 또는 주주가 된 자는 본점 등기를 하기 전에 생긴 영농조합법인 또는 영어조합법인의 채무에 대하여 등기 후 2년이 될 때까지 영농조합법인 또는 영어조합법인의 조합원으로서 책임을 진다.

10 다음 ( ) 안에 들어갈 알맞은 숫자는?

> 영농조합법인의 조합원으로서 유한책임사원이 된 자는 본점 등기를 하기 전에 생긴 영농조합법인 또는 영어조합법인의 채무에 대하여 등기 후 ( )년이 될 때까지 영농조합법인 또는 영어조합법인의 조합원으로서 책임을 진다.

① 1
② 2
③ 3
④ 5

> ADVICE ② 영농조합법인의 조합원으로서 유한책임사원이 된 자는 본점 등기를 하기 전에 생긴 영농조합법인의 채무에 대하여 등기 후 2년이 될 때까지 영농조합법인의 조합원으로서 책임을 진다(농어업경영체법 제18조 제9항).

11 농업법인의 효율적 관리를 위하여 농업법인 운영실태 등에 대한 조사를 할 수 없는 자는?

① 시장
② 구청장
③ 군수
④ 농업회사법인장

> ADVICE ④ 주된 사무소 관할 시장·군수 또는 구청장은 농업법인 또는 어업법인의 적법한 운영과 효율적 관리를 위하여 3년마다 농림축산식품부장관 또는 해양수산부장관이 정하는 바에 따라 농업법인의 운영실태 등에 대한 조사를 실시하여야 한다(농어업경영체법 제20조 제2항).
> ※ 실태조사〈농어업경영체법 제20조의2 제1항〉… 주된 사무소 관할 시장·군수·구청장은 농업법인 또는 어업법인의 적법한 운영과 효율적 관리를 위하여 3년마다 농림축산식품부장관 또는 해양수산부장관이 정하는 바에 따라 다음 각 호의 사항에 대하여 농업법인 또는 어업법인의 운영실태 등에 대한 조사를 실시하여야 한다.
> 1. 조합원(준조합원을 포함한다)의 인적 사항, 주소 및 출자 현황
> 2. 사업범위와 관련된 사항
> 3. 소유한 농지의 규모 및 경작유무 등 현황

ANSWER 9.③ 10.② 11.④

12 농업회사법인에 대한 설명으로 적절하지 못한 것은?

① 농업의 경영이나 농산물의 유통·가공·판매를 기업적으로 하려는 자가 설립할 수 있다.
② 농업회사법인을 설립할 수 있는 자는 농업인만 가능하다.
③ 농업회사법인의 해산명령에 관하여는 영농조합법인의 해산 사유를 준용한다.
④ 농업회사법인 및 어업회사법인에 관하여 이 법에서 규정한 사항 외에는 「상법」 중 회사에 관한 규정을 준용한다.

> **ADVICE** ② 농업회사법인을 설립할 수 있는 자는 농업인과 농업생산자단체로 하되, 농업인이나 농업생산자단체가 아닌 자도 대통령령으로 정하는 비율 또는 금액의 범위에서 농업회사법인에 출자할 수 있다(농어업경영체법 제19조 제2항).
> ※ 농업회사법인 및 어업회사법인의 설립 등〈농어업경영체법 제19조〉
> ① 농업의 경영이나 농산물의 유통·가공·판매를 기업적으로 하려는 자나 농업인의 농작업을 대행하거나 농어촌 관광휴양사업을 하려는 자는 대통령령으로 정하는 바에 따라 농업회사법인(農業會社法人)을 설립할 수 있다.
> ② 농업회사법인을 설립할 수 있는 자는 농업인과 농업생산자단체로 하되, 농업인이나 농업생산자단체가 아닌 자도 대통령령으로 정하는 비율 또는 금액의 범위에서 농업회사법인에 출자할 수 있다.
> ③ 수산업의 경영이나 수산물의 유통·가공·판매를 기업적으로 하려는 자나 농어촌 관광휴양사업을 하려는 자는 대통령령으로 정하는 바에 따라 어업회사법인(漁業會社法人)을 설립할 수 있다.
> ④ 어업회사법인을 설립할 수 있는 자는 어업인과 어업생산자단체로 하되, 어업인이나 어업생산자단체가 아닌 자도 대통령령으로 정하는 비율 또는 금액의 범위에서 어업회사법인에 출자할 수 있다.
> ⑤ 농업회사법인 및 어업회사법인은 설립등기 또는 변경등기를 한 경우에는 30일 이내에 주된 사무소 소재지를 관할하는 시장·군수·구청장에게 농림축산식품부령 또는 해양수산부령으로 정하는 바에 따라 설립등기 또는 변경등기 사실을 통지하여야 한다. 이 경우 시장·군수·구청장은 농업회사법인 및 어업회사법인의 명부를 농림축산식품부령 또는 해양수산부령으로 정하는 바에 따라 관리하여야 한다.
> ⑥ 농업회사법인 및 어업회사법인의 설립·출자, 부대사업의 범위 등에 필요한 사항은 대통령령으로 정한다.
> ⑦ 농업회사법인의 농업생산자단체 조합원이나 준조합원 가입에 관하여는 제17조 제4항을 준용하고 어업회사법인의 어업생산자단체 조합원이나 준조합원 가입에 관하여는 제17조 제5항과 제6항을 준용한다.
> ⑧ 농업회사법인 및 어업회사법인에 관하여 이 법에서 규정한 사항 외에는 「상법」 중 회사에 관한 규정을 준용한다.

CHAPTER 05 우리나라 농업정책

1 다음 중 농업경영의 3요소에 해당하지 않는 것은?

① 기술
② 토지
③ 노동
④ 자본

> **ADVICE** 농업경영체가 농업경영을 영위하기 위해서 반드시 필요한 농업경영 요소 3가지는 토지, 노동, 자본이다.

2 다음 중 농가교역조건지수에 대한 설명으로 옳지 않은 것은?

① 해당년도의 농가 판매가격지수를 농가의 구입가격지수로 나누어 백분율을 산출한다.
② 산출된 지수의 값이 100보다 낮으면 농가의 채산성이 좋다는 것을 의미한다.
③ 기후변화와 기상이변 등의 영향으로 과수 및 축산물의 지수가 높게 상승하고 있다.
④ 2010년이후 농산물 판매가격의 상승과 농가 구입물품 가격의 하락으로 교역조건이 꾸준히 개선되었다.

> **ADVICE** 산출된 지수의 값이 100보다 높으면 농가의 채산성이 좋다는 것을 의미한다.

ANSWER 12.② / 1.① 2.②

3 친환경농업에 관한 내용으로 적절하지 못한 것은?

① 친환경농어업이란 합성농약, 화학비료 및 항생제·항균제 등 화학자재를 사용하지 아니하거나 그 사용을 최소화하고 농업·수산업·축산업·임업 부산물의 재활용 등을 통하여 생태계와 환경을 유지·보전하면서 안전한 농산물·수산물·축산물·임산물을 생산하는 산업을 말한다.
② 허용물질이란 유기식품 등, 무농약농수산물 등 또는 유기농어업자재를 생산, 제조·가공 또는 취급하는 모든 과정에서 사용 가능한 물질을 말한다.
③ 친환경농수산물에는 유기농산물이 포함되지 않고 무농약농수산물만을 그 대상으로 한다.
④ 유기농어업자재란 유기농수산물을 생산, 제조·가공 또는 취급하는 과정에서 사용할 수 있는 허용물질을 원료 또는 재료로 하여 만든 제품을 말한다.

> ADVICE ③ 친환경농산물이란 친환경농업을 통하여 얻는 것으로 유기농수산물, 무농약농산물, 무항생제축산물, 무항생제수산물 및 활성처리제 비사용 수산물을 말한다(친환경농어업 육성 및 유기식품 등의 관리·지원에 관한 법률 제2조).
> ※ 친환경농산물의 개념

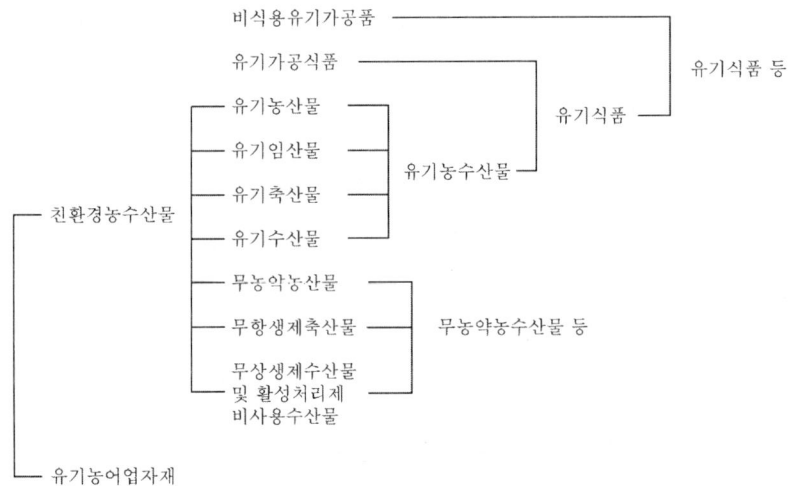

4 친환경농업에 대한 설명으로 잘못된 것은?

① 친환경농산물은 유기합성농약 및 화학비료 사용량에 따라 저농약·무농약 농산물로 구분한다.
② 친환경농산물 생산비중은 전체 농산물생산량 중 친환경농산물이 차지하는 비율을 의미한다.
③ 우리나라는 친환경농산물의 생산이 꾸준히 늘고 있는 추세이다.
④ 앞으로도 건강 및 식품안전에 대한 관심 증대로 친환경농산물 소비는 일정수준까지 증가추세를 유지할 것으로 전망된다.

> ADVICE ① 친환경농산물은 유기합성농약 및 화학비료 사용량에 따라 유기·무농약·저농약 농산물로 구분한다.
> ※ 친환경 농업 … 친환경농업이란 합성농약, 화학비료 및 항생제·항균제 등 화학자재를 사용하지 아니하거나 사용을 최소화하고 농업·축산업·임업 부산물의 재활용 등을 통하여, 생태계와 환경을 유지·보전하면서 안전한 농산물을 생산하는 산업을 말한다.
> 농업의 환경보전기능을 증대시키고, 농업으로 인한 환경오염을 줄이며, 친환경농업을 실천하는 농업인을 육성하여 지속가능하고 환경친화적인 농업을 추구하는 것을 목적으로 하는 농업이라 할 수 있다.

5 유기합성농약을 사용하지 않고 화학비료는 권장시비량의 1/3 이하를 사용하고 일정한 인증기준을 지켜 재배한 농산물은?

① 유기농산물
② 무기농산물
③ 무항생제농산물
④ 무농약농산물

> ADVICE ④ 유기합성농약을 사용하지 않고 화학비료는 권장시비량의 1/3 이하를 사용하고 일정한 인증기준을 지켜 재배한 농산물은 무농약농산물이다.
> ※ 농산물의 구분

구분		개념
유기농수산물	유기농산물 (임산물 포함)	화학비료와 유기합성농약을 전혀 사용하지 않고 일정한 인증기준을 지켜 재배한 농산물
	유기축산물	100퍼센트 비식용유기가공품(유기사료)를 급여하고 일정한 인증기준을 지켜 사육한 축산물
무농약 농수산물 등	무농약농산물	유기합성농약을 사용하지 않고 화학비료는 권장시비량의 1/3 이하를 사용하고 일정한 인증기준을 지켜 재배한 농산물
	무항생제 축산물	항생제, 합성항균제, 성장촉진제, 호르몬제 등이 첨가되지 않은 사료를 급여하고 일정한 인증기준을 지켜 사육한 축산물
	무항생제 수산물	항생제, 합성항균제, 성장촉진체, 호르몬제 등이 첨가되지 않은 사료를 급여하고 일정한 인증기준을 지켜 양식한 수산물
	활성처리제 비사용수산물	유기산 등의 화학물질이나 활성처리제를 사용하지 않고 일정한 인증기준을 지켜 생산된 양식수산물(해조류)

ANSWER 3.③ 4.① 5.④

6 유기합성농약과 화학비료를 사용하지 않고 재배한 농산물을 무엇이라 하는가?

① 저농약농산물　　　　　　　　　② 유기농산물
③ 무농약농산물　　　　　　　　　④ 친환경비료농산물

> **ADVICE** ② 유기합성농약과 화학비료를 사용하지 않고 재배한 농산물은 유기농산물이다.
>
> ※ 농산물의 구분
>
> | 구분 | 내용 |
> |---|---|
> | 유기농산물 | 유기합성농약과 화학비료를 사용하지 않고 재배한 농산물을 말한다. |
> | 저농약농산물 | 화학비료 · 유기합성농약을 기준량의 1/2이하 사용하며, 제초제 사용이 불가한 것을 말한다. |
> | 무농약농산물 | 유기합성농약은 사용하지 않고, 화학비료는 권장시비량의 1/3이하로 재배하는 것을 말한다. |

7 농산물우수관리제도에 대한 내용으로 적절하지 못한 것은?

① 생산단계에서 판매단계까지 농산물의 안전관리체계를 구축하여 소비자에게 안전한 농산물 공급이 목적이다.
② 국제적으로도 안전농산물의 공급 필요성에 대한 인식이 확대되고 일부 채소나 과일에서 농약이 과다검출 되었다는 언론보도 등으로 농산물 안전성에 대한 국민적 우려가 증대되는 것 등이 도입목적이라 할 수 있다.
③ 우수농산물의 경우 GAP(농산물우수관리)표시를 할 수 있다.
④ 농산물우수관리인증을 위해서는 생산된 농산물은 국립농산물품질관리원장이 지정한 위생적인 우수농산물관리시설에서 반드시 선별 등을 거쳐야 할 필요는 없다.

> **ADVICE** ④ 농산물우수관리(GAP : Good Agricultural Practices)란 농산물의 안전성을 확보하고 농업환경을 보전하기 위해 농산물의 생산, 수확 후 관리(농산물의 저장·세척·건조·선별·절단·조제·포장 등 포함) 및 유통의 각 단계에서 작물이 재배되는 농경지 및 농업용수 등의 농업환경과 농산물에 잔류할 수 있는 농약, 중금속, 잔류성 유기오염물질 또는 유해생물 등의 위해요소를 적절하게 관리하는 것을 말한다.
>
> ※ 농산물우수관리(GAP ; Good Agricultural Pratices) … 농산물의 안전성을 확보하고, 농업환경을 보전하기 위해 농업환경과 농산물에 잔류할 수 있는 위해요소를 적절하게 관리하는 제도를 말한다.
>
> ㉠ 장점
> • 농산물의 안전성 확보
> • 환경오염의 방지 및 농업환경 보전
> • 농작업자의 건강, 안전, 복지
>
> ㉡ 기준 : GAP를 실천하는데 필요한 규범은 필수기준(25개)과 권장기준(22개)로 구성되어 있다. GAP인증을 받기 위해서는 농산물우수관리기준을 준수해야 한다.

8 농산물품질관리법상 우수관리인증의 유효기간은?

① 1년   ② 2년
③ 3년   ④ 5년

> ADVICE ② 우수관리인증의 유효기간은 우수관리인증을 받은 날부터 2년으로 한다. 다만, 품목의 특성에 따라 달리 적용할 필요가 있는 경우에는 10년의 범위에서 농림축산식품부령으로 유효기간을 달리 정할 수 있다(농산물품질관리법 제7조 제1항).
>
> ※ 농산물품질관리법 제7조(우수관리인증의 유효기간 등)
>   ① 우수관리인증의 유효기간은 우수관리인증을 받은 날부터 2년으로 한다. 다만, 품목의 특성에 따라 달리 적용할 필요가 있는 경우에는 10년의 범위에서 농림축산식품부령으로 유효기간을 달리 정할 수 있다.
>   ② 우수관리인증을 받은 자가 유효기간이 끝난 후에도 계속하여 우수관리인증을 유지하려는 경우에는 그 유효기간이 끝나기 전에 해당 우수관리인증기관의 심사를 받아 우수관리인증을 갱신하여야 한다.
>   ③ 우수관리인증을 받은 자는 유효기간 내에 해당 품목의 출하가 종료되지 아니할 경우에는 해당 우수관리인증기관의 심사를 받아 우수관리인증의 유효기간을 연장할 수 있다.
>   ④ 우수관리인증의 유효기간이 끝나기 전에 생산계획 등 농림축산식품부령으로 정하는 중요 사항을 변경하려는 자는 미리 우수관리인증의 변경을 신청하여 해당 우수관리인증기관의 승인을 받아야 한다.
>   ⑤ 우수관리인증의 갱신절차 및 유효기간 연장의 절차 등에 필요한 세부적인 사항은 농림축산식품부령으로 정한다.

9 다음 중 우수관리인증기관으로 지정하여 우수관리인증을 하도록 할 수 있는 자는?

① 농림축산식품부장관
② 도지사
③ 시장
④ 국립농산물품질관리원장

> ADVICE ① 농림축산식품부장관은 우수관리인증에 필요한 인력과 시설 등을 갖춘 자를 우수관리인증기관으로 지정하여 우수관리인증을 하도록 할 수 있다. 다만, 외국에서 수입되는 농산물에 대한 우수관리인증의 경우에는 농림축산식품부장관이 정한 기준을 갖춘 외국의 기관도 우수관리인증기관으로 지정할 수 있다(농산물품질관리법 제9조 제1항).

ANSWER   6.②   7.④   8.②   9.①

10 농수산물 또는 농수산가공품의 명성·품질, 그 밖의 특징이 본질적으로 특정 지역의 지리적 특성에 기인하는 경우 해당 농수산물 또는 농수산가공품이 그 특정 지역에서 생산·제조 및 가공되었음을 나타내는 표시를 무엇이라 하는가?

① 이력표시관리 ② 지리적표시
③ 동음이의어표시 ④ 물류표준화

> **ADVICE** ② 지리적표시란 농수산물 또는 농수산가공품의 명성·품질, 그 밖의 특징이 본질적으로 특정 지역의 지리적 특성에 기인하는 경우 해당 농산물 또는 농수산가공품이 그 특정 지역에서 생산·제조 및 가공되었음을 나타내는 표시를 말한다.
> 지리적표시제도는 농수산물의 품질이 특정 지역의 지리적 특성에 기인하는 경우 지리적표시를 등록·보호함으로써 지리적 특산물의 품질향상 및 지역특화 산업으로서의 육성을 도모하는 제도로 지리적표시를 등록하기 위해서는 해당 품목이 지리적표시 대상지역에서 생산된 농산물이어야 하며, 등록신청자격도 특정지역에서 지리적 특성을 가진 농산물을 생산하는 자로 구성된 단체로 한정하고 있다.
>
> ※ 지리적표시제도
> ㉠ 의의 : 농림축산식품부장관은 지리적 특성을 가진 농산물 또는 농산물 가공품의 품질향상과 지역특화산업 육성 및 소비자 보호를 위하여 지리적표시의 등록제도를 실시한다.
> ㉡ 목적
> • 우수한 지리적특성을 가진 농산물 및 가공품의 지리적표시를 등록·보호함으로써 지리적특산품의 품질향상, 지역특화산업으로의 육성 도모
> • 지리적 특산품 생산자를 보호하여 우리 농산물 및 가공품의 경쟁력 강화
> • 소비자에게 충분한 제품구매정보를 제공함으로써 소비자의 알권리 충족
> ㉢ 충족 요건
>
> | 구분 | 내용 |
> |---|---|
> | 유명성 | 해당 품목의 우수성이 국내나 국외에서 널리 알려져야 한다. |
> | 역사성 | 해당 품목이 대상지역에서 생산된 역사가 깊어야 한다. |
> | 지역성 | 해당 상품의 생산, 가공과정이 동시에 해당 지역에서 이루어져야 한다. |
> | 지리적 특징 | 해당 품목의 특성이 대상지역의 자연환경적 요인에 기인하여야 한다 |
> | 생산자 조직화 | 해당 상품의 생산자들이 모여 하나의 법인을 구성해야 한다. |
>
> ㉣ 지리적표시의 효력 : 지리적표시를 등록한 자는 등록한 농산물에 대하여 지리적표시권을 가지며, 지리적표시권자가 그 표시를 하려면 지리적표시품의 포장·용기의 겉면 등에 등록 명칭을 표시하여야 하며, 지리적표시품의 표시를 해야 한다. 다만, 포장하지 아니하고 판매하거나 낱개로 판매하는 경우에는 대상품목에 스티커를 부착하거나 표지판 또는 푯말로 표시를 할 수 있다.

11 우수관리기준에 따라 농산물을 생산·관리하는 자 또는 우수관리기준에 따라 생산·관리된 농산물을 포장하여 유통하는 자는 지정된 농산물 우수관리인증기관으로 부터 농산물우수관리의 인증을 받을 수 있는데, 우수관리인증기관은 우수관리인증을 한 후 조사, 점검, 자료제출 요청 등의 과정에서 해당 우수관리품목을 반드시 취소를 해야 하는 경우는?

① 우수관리기준을 지키지 아니한 경우
② 폐업 등으로 우수관리인증농산물을 생산하기 어렵다고 판단되는 경우
③ 우수관리인증을 받은 자가 정당한 사유 없이 조사·점검 또는 자료제출 요청에 응하지 아니한 경우
④ 거짓이나 그 밖의 부정한 방법으로 우수관리인증을 받은 경우

> ADVICE ④ 거짓이나 그 밖의 부정한 방법으로 우수관리인증을 받은 경우에는 우수관리인증을 취소하여야 한다(농산물품질관리법 제8조 제1항 제1호).
> ※ 농산물품질관리법 제8조(우수관리인증의 취소 등)
>   ① 우수관리인증기관은 우수관리인증을 한 후 조사, 점검, 자료제출 요청 등의 과정에서 다음이 확인되면 우수관리인증을 취소하거나 3개월 이내의 기간을 정하여 그 우수관리인증의 표시를 정지할 수 있다. 다만, 제1호의 거짓이나 그 밖의 부정한 방법으로 우수관리인증을 받은 경우에는 우수관리인증을 취소하여야 한다.
>   1. 거짓이나 그 밖의 부정한 방법으로 우수관리인증을 받은 경우
>   2. 우수관리기준을 지키지 아니한 경우
>   3. 전업(轉業)·폐업 등으로 우수관리인증농산물을 생산하기 어렵다고 판단되는 경우
>   4. 우수관리인증을 받은 자가 정당한 사유 없이 조사·점검 또는 자료제출 요청에 응하지 아니한 경우
>   5. 우수관리인증의 변경승인을 받지 아니하고 중요 사항을 변경한 경우
>   6. 우수관리인증의 표시정지기간 중에 우수관리인증의 표시를 한 경우

ANSWER 10.② 11.④

12 지리적표시제도의 요건으로 보기 어려운 것은?

① 유명성　　　　　　　　　　　② 지역성
③ 경제성　　　　　　　　　　　④ 역사성

> ADVICE ③ 지리적표시제도를 신청하려면 유명성, 역사성, 지역성, 지리적 특성, 생산자 조직화가 되어야 한다.
> ※ 지리적표시제도 충족 요건

구분	내용
유명성	해당 품목의 우수성이 국내나 국외에서 널리 알려져야 한다.
역사성	해당 품목이 대상지역에서 생산된 역사가 깊어야 한다.
지역성	해당 상품의 생산, 가공과정이 동시에 해당 지역에서 이루어져야 한다.
지리적 특성	해당 품목의 특성이 대상지역의 자연환경적 요인에 기인하여야 한다.
생산자 조직화	해당 상품의 생산자들이 모여 하나의 법인을 구성해야 한다.

13 지리적표시 도입으로 인한 효과가 아닌 것은?

① 시장차별화를 통한 농산물 및 가공품의 부가가치 향상
② 생산품목의 전문화와 농산물 수입개방에 효율적으로 대처
③ 농산물의 안전성 등에 문제가 발생할 경우 해당 농산물을 추적
④ 정부의 입장에서는 지역의 문화유산의 보존

> ADVICE ③은 농산물이력추적관리의 목적이다.
> ※ 지리적표시제도 도입효과
> ㉠ 시장차별화를 통한 농산물 및 가공품의 부가가치 향상 및 지역경제 발전
> ㉡ 생산자단체가 품질향상에 노력함으로써 농산물의 품질향상을 촉진
> ㉢ 생산자단체간의 상호협조체제가 원만히 구축될 경우 생산품목의 전문화와 농산물 수입개방에 효율적으로 대치
> ㉣ 소비자입장에서는 지리적표시제에 의해 보호됨으로써 믿을 수 있는 상품 구입
> ㉤ 정부의 입장에서는 지역 문화유산의 보존

14 다음 중 유전자변형농산물의 표시를 해야 하는 사람으로 묶인 것은?

> ㉠ 판매할 목적으로 진열을 하는 자
> ㉡ 유전자변형농수산물을 생산하여 출하하는 자
> ㉢ 유전자변형농수산물을 판매하는 자
> ㉣ 먹을 목적으로 보관하는 자

① ㉠, ㉡
② ㉠, ㉢
③ ㉠, ㉡, ㉢
④ ㉠, ㉡, ㉢, ㉣

> ADVICE ③ ㉣을 제외하고 전부 표시를 하야 하는 자들이다. 유전자변형농수산물을 생산하여 출하하는 자, 판매하는 자, 또는 판매할 목적으로 보관·진열하는 자는 대통령령으로 정하는 바에 따라 해당 농수산물에 유전자변형농수산물임을 표시하여야 한다(농산물품질관리법 제56조 제1항).

15 농수산물 이력추적관리에 대한 내용으로 적절하지 못한 것은?

① 국제적으로 광우병 파동 이후 식품에 대한 안전문제에 대한 관심을 가지기 시작하면서, 축산물을 중심으로 이력추적제도를 실시하고 있으며, 점차 농산물로 확대되어가고 있는 추세에 있다.
② 외국 특히 유럽은 EU 식품기본법[Regulation(EC) 178/2002] 제18조에 따라 2005년 1월부터 전체 농식품과 사료에 대해 의무적으로 이력추적제를 도입하고 있다.
③ 이력추적관리 표시를 한 이력추적관리농산물의 등록기준에 적합성 등의 조사를 할 수 있다.
④ 생산자와 판매자만이 이력추적관리 대상자이다.

> ADVICE ④ 농림축산식품부장관은 이력추적관리농산물을 생산하거나 유통 또는 판매하는 자에게 농수산물의 생산, 입고·출고와 그 밖에 이력추적관리에 필요한 자료제출을 요구할 수 있다(농산물품질관리법 제26조 제1항).

ANSWER 12.③ 13.③ 14.③ 15.④

16 이력추적관리의 유효기간은?

① 1년　　　　　　　　　　　　　　② 2년
③ 3년　　　　　　　　　　　　　　④ 5년

> ADVICE ③ 이력추적관리 등록의 유효기간은 등록한 날부터 3년으로 한다.
> ※ 농산물품질관리법 제25조(이력추적관리 등록의 유효기간 등)… 이력추적관리 등록의 유효기간은 등록한 날부터 3년으로 한다. 다만, 품목의 특성상 달리 적용할 필요가 있는 경우에는 10년의 범위에서 농림축산식품부령으로 유효기간을 달리 정할 수 있다.

17 유전자변형농산물로 의심되는 제품이 있지만 유전자변형농산물이라는 표시가 되어 있지 않다는 첩보가 접수되었다. 해당 농산물의 유전자변형농수산물의 표시 여부와 위반 사실을 조사하게 할 수 있는 자는?

① 식품의약품안전처장　　　　　　② 농산물품질관리원장
③ 농림축산식품부장관　　　　　　④ 국무총리

> ADVICE ① 식품의약품안전처장은 유전자변형농수산물의 표시 여부, 표시사항 및 표시방법 등의 적정성과 그 위반 여부를 확인하기 위하여 관계 공무원에게 유전자변형표시 대상 농수산물을 수거하거나 조사하게 하여야 한다. 다만 농수산물의 유통량이 현저하게 증가하는 시기 등 필요할 때에는 수시로 수거하거나 조사하게 할 수 있다(농산물품질관리법 제58조 제1항).

18 농수산물의 품질 향상과 안전한 농수산물의 생산·공급을 위한 안전관리계획을 매년 수립·시행해야 하는 자는?

① 식품의약품안전처장　　　　　　② 농산물품질관리원장
③ 농림축산식품부장관　　　　　　④ 도지사

> ADVICE ① 식품의약품안전처장은 농수산물(축산물은 제외)의 품질 향상과 안전한 농수산물의 생산·공급을 위한 안전관리계획을 매년 수립·시행하여야 한다(농산물품질관리법 제60조 제1항).
> ※ 농산물품질관리법 제60조(안전관리계획)
> ① 식품의약품안전처장은 농수산물의 품질 향상과 안전한 농수산물의 생산·공급을 위한 안전관리계획을 매년 수립·시행하여야 한다.
> ② 시·도지사 및 시장·군수·구청장은 관할 지역에서 생산·유통되는 농수산물의 안전성을 확보하기 위한 세부추진계획을 수립·시행하여야 한다.
> ③ 안전관리계획 및 세부추진계획에는 안전성조사, 위험평가 및 잔류조사, 농어업인에 대한 교육, 그 밖에 총리령으로 정하는 사항을 포함하여야 한다.
> ④ 식품의약품안전처장은 시·도지사 및 시장·군수·구청장에게 제2항에 따른 세부추진계획 및 그 시행 결과를 보고하게 할 수 있다.

19 농어업경영체의 소득을 안정시키기 위하여 지급하는 보조금 지급하는 제도는?

① 보조금 제도
② 생활보조금 제도
③ 유휴자금 제도
④ 직접지불금 제도

> ADVICE ④ 직접지불금제도란 농어업인 소득안정, 농어업·농어촌의 공익적 기능 유지 등을 위해 정부가 시장기능을 통하지 않고 공공재정에 의해 생산자에게 직접 보조금을 지원하는 제도이다. 이는 정부지원에 의한 생산·소비·무역에 대한 경제적 왜곡을 최소화하는 역할을 하며, 직접지불금은 농어업경영체의 해당 연도 농어업소득이 기준소득보다 농림축산식품부장관 또는 해양수산부장관이 정하는 비율 이상으로 감소한 경우에 예산의 범위에서 지급할 수 있다. 직접지불금제도는 쌀소득보전 직접직불제, 친환경농업직접직불제, 조건불리지역 직불제 등 여러 가지 형태의 사업으로 지원을 하고 있다.
>
> ※ 주요 직접지불금 제도
>
> 농림축산식품부장관은 농가의 소득안정, 영농 규모화 촉진, 친환경농업 활성화, 지역활성화, 농촌지역의 경관형성 및 관리를 위하여 직접 소득보조금을 지급하는 각종 직접지불제도를 시행한다.
>
> | 구분 | 내용 |
> |---|---|
> | 쌀소득보전 직접직불제 | DDA/쌀협상 이후 시장개방 폭이 확대되어 쌀 가격이 떨어지는 경우에 대비해 쌀 재배 농가의 소득안정을 도모하기 위한 제도 |
> | 친환경농업 직접직불제 | 친환경농업 실천으로 인한 초기 소득 감소분 및 생산비 차이를 지원하여 친환경농업 조기 정착을 도모하고, 고품질안전농축산물 생산 장려 및 환경보전 등을 제고하기 위한 제도 |
> | 조건불리 지역 직불제 | 농업생산 및 정주여건이 불리한 농촌지역에 대한 지원을 통해 농가소득 보조 및 지역사회 유지를 목적으로 도입된 제도 |

20 지역별 특색 있는 작물 재배와 마을경관보전활동을 통해 농어촌의 경관을 아름답게 가꾸고, 보전하여 이를 통해 지역축제, 농촌관광, 도농교류 등과 연계, 지역경제 활성화를 도모하고자 지원하는 직접지불금제도는?

① 조건불리지역직접지불제
② 밭농업직접지불제
③ 경관보전직접지불제
④ 친환경농업직접지불제

> ADVICE ③ 농림축산식품부장관은 「농업·농촌 및 식품산업 기본법」에 따른 농촌과 준농촌 지역에서 경관을 형성·유지·개선하기 위하여 경관작물을 재배·관리하는 농업인 등에게 예산의 범위에서 경관보전직접지불보조금을 지급한다. 경관보전보조금을 신청할 수 있는 농업인 등은 경관보전보조금 지급대상 농지에서 경관작물을 재배·관리하는 자로 한다.

ANSWER 16.③ 17.① 18.① 19.④ 20.③

21 다음 중 원산지의 표시 여부·표시사항과 표시방법 등의 적정성을 확인하기 위해 관계 공무원으로 하여금 원산지 표시대상 농수산물이나 그 가공품을 수거하거나 조사할 수 있는 자가 아닌 자는?

① 농림축산식품부장관
② 해양수산부장관
③ 시·도지사
④ 군수

> ADVICE ④ 농림축산식품부장관, 해양수산부장관이나 시·도지사는 원산지의 표시 여부·표시사항과 표시방법 등의 적정성을 확인하기 위하여 대통령령으로 정하는 바에 따라 관계 공무원으로 하여금 원산지 표시대상 농수산물이나 그 가공품을 수거하거나 조사하게 하여야 한다(농산물의 원산지 표시에 관한 법률 제7조 제1항).
>
> ※ 농산물의 원산지 표시에 관한 법률 제7조(원산지 표시 등의 조사)
> ① 농림축산식품부장관, 해양수산부장관이나 시·도지사는 원산지의 표시 여부·표시사항과 표시방법 등의 적정성을 확인하기 위하여 대통령령으로 정하는 바에 따라 관계 공무원으로 하여금 원산지 표시대상 농수산물이나 그 가공품을 수거하거나 조사하게 하여야 한다.
> ② 제1항에 따른 조사 시 필요한 경우 해당 영업장, 보관창고, 사무실 등에 출입하여 농수산물이나 그 가공품 등에 대하여 확인·조사 등을 할 수 있으며 영업과 관련된 장부나 서류의 열람을 할 수 있다.
> ③ 제1항이나 제2항에 따른 수거·조사·열람을 하는 때에는 원산지의 표시대상 농수산물이나 그 가공품을 판매하거나 가공하는 자 또는 조리하여 판매·제공하는 자는 정당한 사유 없이 이를 거부·방해하거나 기피하여서는 아니 된다.
> ④ 제1항이나 제2항에 따른 수거 또는 조사를 하는 관계 공무원은 그 권한을 표시하는 증표를 지니고 이를 관계인에게 내보여야 하며, 출입 시 성명·출입시간·출입목적 등이 표시된 문서를 관계인에게 교부하여야 한다.

22 포장재에 원산지를 표시할 수 있는 경우 농산물의 표시 방법으로 적절하지 못한 것은?

① 소비자가 쉽게 알아볼 수 있는 곳에 표시한다.
② 한글로만 표시할 수 있다.
③ 포장재의 바탕색 또는 내용물의 색깔과 다른 색깔로 선명하게 표시한다.
④ 포장재에 직접 인쇄하는 것을 원칙으로 하되, 지워지지 아니하는 잉크·각인·소인 등을 사용하여 표시하거나 스티커, 전자저울에 의한 라벨지 등으로도 표시할 수 있다.

> ADVICE ② 한글로 하되, 필요한 경우에는 한글 옆에 한문 또는 영문 등으로 추가하여 표시할 수 있다.

23 원산지를 표시하여야 하는 자가 원산지가 기재된 영수증을 비치·보관해야 하는 기간은?

① 6개월
② 1년
③ 3년
④ 영구 보관

> ADVICE ① 원산지를 표시하여야 하는 자는 「축산물가공처리법」 제31조나 「가축 및 축산물 이력관리에 관한 법률」 제18조 등 다른 법률에 따라 발급받은 원산지 등이 기재된 영수증이나 거래명세서 등을 매입일부터 6개월간 비치·보관하여야 한다(농산물의 원산지 표시에 관한 법률 제8조).

24 농산물의 상품성을 높이고 유통 능률을 향상시키며 공정한 거래를 실현하기 위하여 만든 농산물의 표준규격(포장규격과 등급규격)에 대한 설명으로 적절하지 못한 것은?

① 농림축산식품부장관은 농산물을 생산, 출하, 유통 또는 판매하는 자에게 표준규격에 따라 생산, 출하, 유통 또는 판매하도록 권장할 수 있다.
② 포장규격은 「산업표준화법」에 따른 한국산업표준에 따른다.
③ 포장규격은 품목 또는 품종별로 그 특성에 따라 고르기, 크기, 형태, 색깔, 신선도, 건조도, 결점, 숙도(熟度) 및 선별 상태 등에 따라 정한다.
④ 국립농산물품질관리원장은 표준규격의 제정 또는 개정을 위하여 필요하면 전문연구기관 또는 대학 등에 시험을 의뢰할 수 있다.

> ADVICE ③ 포장규격이 아니라 등급규격이다. 등급규격은 품목 또는 품종별로 그 특성에 따라 고르기, 크기, 형태, 색깔, 신선도, 건조도, 결점, 숙도(熟度) 및 선별 상태 등에 따라 정한다(농수산물 품질관리법 시행규칙 제5조 제3항).

25 농산물 위험평가에 관한 설명 중 옳지 않은 것은?

① 위해요소란 인체건강에 잠재적인 유해영향을 일으킬 수 있는 농산물 중에 존재하는 화학적·물리적·미생물학적 또는 재배환경적 요인 및 상태 등을 말한다.
② 인체노출허용량이란 위해요소의 용량-반응성 평가를 거쳐 인체 건강에 미치는 영향을 인체노출허용량 등의 정량적 수치 또는 정성적으로 산출하는 과정을 말한다.
③ 노출평가란 농산물 등의 섭취를 통하여 인체가 특정 위해요소에 노출되는 수준을 정량적 또는 정성적으로 산출하는 과정을 말한다.
④ 위험평가는 위험성 확인, 위험성 결정, 노출평가 및 위해도 결정의 절차를 거쳐 해당 농산물이 인체 건강에 미치는 영향을 평가한다.

> ADVICE ② 인체노출허용량이란 농산물 및 환경 등을 통하여 위해요소가 인체에 유입되었을 경우 현재의 과학수준에서 위해가 나타나지 않는다고 판단되는 양으로서, 위해요소의 특성에 따라 일일섭취허용량, 일일섭취내용량, 주당섭취내용량 등을 말한다.

ANSWER 21.④ 22.② 23.① 24.③ 25.②

26 정부가 수매하거나 수출 또는 수입하는 농산물 등은 공정한 유통질서를 확립하고 소비자를 보호하기 위하여 농림축산식품부장관이 정하는 기준에 맞는지 등에 관하여 농림축산식품부장관의 검사를 받아야 한다. 다음 중 검사대상 농산물의 종류별 품목이 잘못 연결된 것은?

① 정부가 수매하거나 생산자단체등이 정부를 대행하여 수매하는 농산물 – 잠사류(누에)
② 정부가 수매하거나 생산자단체등이 정부를 대행하여 수매하는 농산물 – 채소류(마늘, 고추)
③ 정부가 수출·수입한 농산물 – 특용작물류(참깨, 땅콩)
④ 정부가 수매 또는 수입하여 가공한 농산물 – 과실류(사과, 배, 단감, 감귤)

> **ADVICE** ④ 정부가 수매 또는 수입하여 가공한 농산물 중 검사대상은 곡류만 있다.
> ※ 농수산물품질관리법 시행령 별표 3(검사대상 농산물의 종류별 품목)
> ㉠ 정부가 수매하거나 생산자단체 등이 정부를 대행하여 수매하는 농산물
>
> | 구분 | 종류 |
> |---|---|
> | 곡류 | 벼·겉보리·쌀보리·콩 |
> | 특용작물류 | 참깨·땅콩 |
> | 과실류 | 사과·배·단감·감귤 |
> | 채소류 | 마늘·고추·양파 |
> | 잠사류 | 누에씨·누에고치 |
>
> ㉡ 정부가 수출·수입하거나 생산자단체 등이 정부를 대행하여 수출·수입하는 농산물
>
> | 구분 | | 종류 |
> |---|---|---|
> | 곡류 | 조곡(粗穀) | 콩·팥·녹두 |
> | | 정곡(精穀) | 현미·쌀 |
> | 특용작물류 | | 참깨·땅콩 |
> | 채소류 | | 마늘·고추·양파 |
>
> ㉢ 정부가 수매 또는 수입하여 가공한 농산물
>
> | 구분 | 종류 |
> |---|---|
> | 곡류 | 현미, 쌀, 보리쌀 |

27 농산물 품질검사방법으로만 짝지어진 것은?

㉠ 전수조사   ㉡ 표본조사
㉢ 확률조사   ㉣ 문헌조사
㉤ 사례조사

① ㉠, ㉡
② ㉡, ㉢
③ ㉢, ㉤
④ ㉣, ㉤

> ADVICE ① 농산물의 검사방법은 전수(全數) 또는 표본추출의 방법으로 하는 것을 원칙으로 한다(농수산물 품질관리법 시행규칙 제95조).
> ※ 농산물품질관리법 시행규칙 제95조(농산물의 검사방법)
> 농산물의 검사방법은 전수 또는 표본추출의 방법으로 하며, 시료의 추출, 계측, 감정, 등급판정 등 검사방법에 관한 세부 사항은 국립농산물품질관리원장 또는 시·도지사가 정하여 고시한다.

28 농산물 위험평가 방법에 관한 내용으로 적절하지 않은 것은?

① 농산물 등을 통하여 섭취될 수 있는 위해요소의 종류를 확인하고 인체 건강에 대한 유해영향의 종류 및 특성, 그와 관련된 임상적 및 예찰조사 결과 등을 평가하며 당해 위해요소의 위해성에 민감하게 영향을 받는 인구집단군을 확인한다.
② 동물실험결과 등의 불확실성 등을 보정하여 위해요소의 일일섭취허용량 등 인체노출허용량을 산출한다.
③ 농산물 등을 통하여 인체가 노출될 수 있는 위해요소의 양 또는 수준을 정량적 또는 정성적으로 산출한다.
④ 위해요소 및 이를 함유한 농산물 등의 섭취에 따른 건강상 영향, 인체노출허용량 또는 수준 및 농산물 섭취만을 기준으로 제시하여 과학적으로 타당한 위험관리가 이루어지도록 한다.

> ADVICE ④ 위해요소 및 이를 함유한 농산물 등의 섭취에 따른 건강상 영향, 인체노출허용량 또는 수준 및 농산물 섭취 이외의 환경 등에 따라 유입되는 위해요소의 양을 고려하여 사람에게 미칠 수 있는 위해의 정도와 발생빈도 등을 정량적 또는 정성적으로 예측한다. 예측결과를 종합적으로 고려하여 적정 안전관리기준을 제시하여 과학적으로 타당한 위험관리가 이루어지도록 한다.
> ※ 농산물 위험평가의 방법
>   ㉠ 농산물 등을 통하여 섭취될 수 있는 위해요소의 종류를 확인하고 인체 건강에 대한 유해영향의 종류 및 특성, 그와 관련된 임상적 및 예찰조사 결과 등을 평가하며 당해 위해요소의 위해성에 민감하게 영향을 받는 인구집단군을 확인한다.
>   ㉡ 동물실험결과 등의 불확실성 등을 보정하여 위해요소의 일일섭취허용량 등 인체노출허용량을 산출한다.
>   ㉢ 농산물 등을 통하여 인체가 노출될 수 있는 위해요소의 양 또는 수준을 정량적 또는 정성적으로 산출한다.
>   ㉣ 위해요소 및 이를 함유한 농산물 등의 섭취에 따른 건강상 영향, 인체노출허용량 또는 수준 및 농산물 섭취 이외의 환경 등에 따라 유입되는 위해요소의 양을 고려하여 사람에게 미칠 수 있는 위해의 정도와 발생빈도 등을 정량적 또는 정성적으로 예측한다. 예측결과를 종합적으로 고려하여 적정 안전관리기준을 제시하여 과학적으로 타당한 위험관리가 이루어지도록 한다.

ANSWER 26.④ 27.① 28.④

29 농산물이 부정유통될 경우 일부 공무원은 「사법경찰관리의 직무를 수행할 자와 그 직무범위에 관한 법률」에 따라 수사를 진행할 수 있다. 다음 중 특별사법경찰관이 진행할 수 없는 관할에 해당하는 것은?

① 「관광진흥법」에 규정된 범죄
② 「농수산물의 원산지 표시에 관한 법률」에 규정된 범죄
③ 「인삼산업법」에 규정된 범죄
④ 「양곡관리법」에 규정된 범죄

> **ADVICE** ① 은 해당되지 않는다.
> ※ 「사법경찰관리의 직무를 수행할 자와 그 직무범위에 관한 법률」 제6조 제25호(농산물 부정유통수사 관할)
> ㉠ 「농수산물의 원산지 표시에 관한 법률」에 규정된 범죄
> ㉡ 「농수산물 품질관리법」에 규정된 범죄
> ㉢ 「친환경농어업 육성 및 유기식품 등의 관리·지원에 관한 법률」에 규정된 범죄
> ㉣ 「축산물위생관리법」에 규정된 범죄
> ㉤ 「인삼산업법」에 규정된 범죄
> ㉥ 「양곡관리법」에 규정된 범죄

30 다음 중 농산물의 표준규격에 관한 내용으로 틀린 것은?

① 거래단위 – 농산물의 거래 시 포장에 사용되는 각종 용기 등의 무게를 제외한 내용물의 무게 또는 개수
② 속포장 – 소비자가 구매하기 편리하도록 겉포장 속에 들어있는 포장
③ 포장치수 – 포장규격 및 등급규격에 맞게 출하하는 농산물
④ 겉포장 – 농산물 또는 속포장한 농산물의 수송을 주목적으로 한 포장

> **ADVICE** ③ 포장치수란 포장재 바깥쪽의 길이, 너비, 높이를 말한다.
> ※ 농산물의 표준규격

구분	내용
표준규격품	포장규격 및 등급규격에 맞게 출하하는 농산물
포장규격	거래단위, 포장치수, 포장재료, 포장방법, 포장설계 및 표시사항 등
등급규격	농산물의 품목 또는 품종별 특성에 따라 고르기, 크기, 형태, 색깔, 신선도, 건조도, 결점, 숙도(熟度) 및 선별상태 등 품질구분에 필요한 항목을 설정하여 특, 상, 보통으로 정한 것
거래단위	농산물의 거래 시 포장에 사용되는 각종 용기 등의 무게를 제외한 내용물의 무게 또는 개수
포장치수	포장재 바깥쪽의 길이, 너비, 높이
겉포장	농산물 또는 속포장한 농산물의 수송을 주목적으로 한 포장
속포장	소비자가 구매하기 편리하도록 겉포장 속에 들어있는 포장
포장재료	농산물을 포장하는데 사용하는 재료로써 「식품위생법」등 관계 법령에 적합한 골판지, 그물망, 폴리에틸렌대(P·E대), 직물제 포대(P·P대), 종이, 발포폴리스티렌(스티로폼) 등

31 우수관리인증농산물의 표시에 대한 설명으로 적절하지 않은 것은?

① 우수관리인증농산물의 표시는 포장재의 크기에 따라 표지의 크기를 키우거나 줄일 수 있다.
② 표지 및 표시사항은 소비자가 쉽게 알아볼 수 있도록 인쇄하거나 스티커로 포장재에서 떨어지지 않도록 부착하여야 한다.
③ 수출용의 경우에는 해당 국가의 요구에 따라 표시할 수 있다.
④ 포장재 주 표시면의 앞면에만 표시를 한다.

>ADVICE ④ 포장재 주 표시면의 옆면에 표시하되, 포장재 구조상 옆면에 표시하기 어려울 경우에는 표시위치를 변경할 수 있다.

※ 우수관리인증농산물의 표지도형

㉠ 표시방법
- 포장재의 크기에 따라 표지의 크기를 키우거나 줄일 수 있다.
- 포장재 주 표시면의 옆면에 표시하되, 포장재 구조상 옆면에 표시하기 어려울 경우에는 표시위치를 변경할 수 있다.
- 표지 및 표시사항은 소비자가 쉽게 알아볼 수 있도록 인쇄하거나 스티커로 포장재에서 떨어지지 않도록 부착하여야 한다.
- 포장하지 않고 낱개로 판매하는 경우나 소포장 등으로 우수관리인증농산물의 표지와 표시사항을 인쇄하거나 부착하기에 부적합한 경우에는 농산물우수관리의 표지만 표시할 수 있다.
- 수출용의 경우에는 해당 국가의 요구에 따라 표시할 수 있다.
- 표준규격, 지리적표시 등 다른 규정에 따라 표시하고 있는 사항은 그 표시를 생략할 수 있다.

㉡ 표시내용

구분	내용
표지	표지크기는 포장재에 맞출 수 있으나, 표지형태 및 글자표기는 변형할 수 없다.
산지	농산물을 생산한 지역으로 시·도명이나 시·군·구명 등 원산지에 관한 법령에 따라 적는다.
품목(품종)	「종자산업법」에 따라 표시한다.
중량·개수	포장단위의 실중량이나 개수
생산연도	쌀만 해당
우수관리시설명	대표자 성명, 주소, 전화번호, 작업장 소재지
생산자(생산자집단명)	생산자나 조직명, 주소, 전화번호

ANSWER 29.① 30.③ 31.④

07

부록

핵심정리

핵심정리

○ **부분경영계획의 수립 과정**

문제의 정의 → 대안의 작성 → 정보의 수집 → 대안의 분석 → 대안의 선택

○ **종합경영계획의 수립 과정**

작목 선정 → 경영목표 설정 → 자원상태 파악 → 경영전략 수립 → 경영계획서 작성

○ **3S 1L원칙**

고객서비스 수준과 물류비 간 균형이 기업의 경쟁력이며, 이 달성을 위해 상품과 용역의 신속성(speedy), 안전성(safety), 확실성(surely), 값싸게(low cost) 제공하는 원칙을 말함

○ **비즈니스모델캔버스**

총 9가지 블록으로 구성되어 있으며 일반적인 접근 방식은 고객 세분화, 가치제안, 채널, 고객 관계, 수익원, 핵심자원, 핵심활동, 핵심파트너쉽, 비용구조 순임

○ **VRIO 분석**

경쟁 잠재력을 결정할 자원이나 능력에 관해 질의되는 네 개의 질의 프레임워크의 두문자어로 가치(Value), 희소성(Rarity), 모방가능성(Imitability), 조직(Organization)을 나타냄

○ **스마트팜(Smart Farm)**

농·림·축·수산물의 생산, 가공, 유통 단계에서 정보통신기술(ICT)을 접목하여 시공간의 제약 없이 자동 제어로 최적화된 생육환경을 제공하는 지능화된 농업 시스템을 의미함

◎ 스마트팜의 세대별 발전과정

구분	1세대	2세대	3세대
목표효과	편의성 향상 '좀 더 편하게'	생산성 향상 '덜 투입, 더 많이'	지속가능성 향상 '누구나 고생산·고품질'
주요기능	원격 시설제어	정밀 생육관리	전주기 지능·자동관리
핵심정보	환경정보	환경정보/생육정보	환경정보, 생육정보, 생산정보
핵심기술	통신기술	통신기술, 빅데이터/AI	통신기술, 빅데이터/AI, 로봇
의사결정/제어	사람/사람	사람/컴퓨터	컴퓨터/로봇
대표 예시	스마트폰 온실제어 시스템	데이터 기반 생육관리 소프트웨어	지능형 로봇농장

◎ 과거 농업과 현재 농업의 비교

현재농업(상업농영농)	과거농업(자급농업)
• 판매목적 농산물 • 소비자가 좋아하는 것 생산 • 상품가치가 높은 몇 개 품목 생산 • 시장 및 가격정보 필요	• 자가 소비 목적 농산물 생산 • 가족들이 좋아하는 것 생산 • 여러 가지 농산물을 소량 생산 • 생산기술의 낙후

◎ 6차 산업

농업의 6차 산업이란 농촌에 존재하는 모든 유·무형의 자원(1차 산업)을 바탕으로 농업과 식품·특산품 제조·가공(2차 산업) 및 유통·판매, 문화·체험·관광 서비스(3차 산업) 등을 복합적으로 연계함으로써 새로운 부가가치를 창출하는 활동

◎ 유기농업

유기농업이란 유기물, 미생물 등 천연자원을 사용함과 동시에 보조적으로 비료나 농약 등 합성된 화학물질을 소량 사용하면서 안전한 농산물 생산과 농업생태계를 유지 보전하는 농업

◎ 농업의 다원적 기능

농업의 다원적 기능이란 농업이 식량 생산 이외의 폭넓은 기능을 가지고 있다는 것으로 식량안보, 농촌 지역사회 유지, 농촌 경관 제공, 전통문화 계승 등의 농업 비상품재를 생산하는 것

◎ 관개농업

관개농업이란 건조 지역에서 농작물이 성장할 수 있도록 저수지나 보 등 관개 시설을 설치해서 물을 공급해 농작물을 재배하는 농업

◎ **농업에 국한된 위험**

구분	내용
생산위험	병해충, 날씨, 질병, 기술변화 등
생태적 위험	기후변화, 수자원 관리 등
시장 위험	산출물과 투입물 가격의 변화, 품질, 유통, 안정성 등
제도적 위험	농업 정책, 환경규제 등

◎ **주체별 농업의 위험 관리 분류방식**

정부	시장	농가
• 소득안정화 정책 • 재해 보험료 보조 • 수출신용보증정책 • 수출보험 지원 • 기후관측사업 • 유통명령제	• 선물 • 선도 • 옵션	• 저장과 생산 등 유통시기 조절 • 경영의 다각화 • 정보의 수집과 분석 • 자원 사용과 유보

◎ **영농의 다각화**

영농의 다각화는 여러 종류의 생산물에 위험 손실을 분산시켜 경영의 위험을 줄이는 방법으로, 한 품목에서 수익이 감소한 것을 수익이 높은 다른 품목의 영농활동으로 보완함으로써 농가소득의 변동위험을 방지하는 것

◎ **유통협약**

구분	내용
지불연기계약	고정된 가격으로 농산물을 인도하지만 그 즉시 가격을 지불하지 않은 형태의 계약을 말한다.
기초계약	시추적으로 관찰할 수 있는 기준가격에 기초하여 거래가격을 결정하는 방식을 말한다. 기준가격으로는 도매시장의 가격과 선물가격 등을 활용하여 가격을 결정하는 공식에 대해 계약하는 깃이다.
헤징계약	• 기초가격과 지불가격의 차이인 선물가격은 고정되어 있지만 기초가격이 변하는 형태의 계약을 말한다. • 기초가격(basis)=현물가격−선물가격(Futures)
최소가격보장계약	수확 시점에서 최소가격은 결정되어 있지만 가격이 상승할 경우에는 계약서에서 제시된 공식에 의해 추가로 기초가격의 일정부분을 더 지불하는 계약을 말한다.

○ 위험 회피 방식

구분	내용
선물(Futures)	일정기간 후에 일정량의 특정상품을 미리 정한 가격에 사거나 팔기로 계약하는 거래형태를 의미한다. 이는 매매계약의 성립과 동시에 상품의 인도와 대금지급이 이루어지는 현물거래에 대응되는 개념으로서 선도거래에 비해 결제이행을 보증하는 기관이 있고 상품이 표준화된 것이 차이점이라 할 수 있다.
선도(Forward)	선물거래와 상대되는 개념으로 미래 일정시점에 현물상품을 사거나 팔기로 합의한 거래로 선물거래와 달리 상품이 표준화되지 않고 결제이행 기관이 별도로 없는 계약이다. 인도일, 계약금액 등 구체적인 계약조건은 당사자간의 협상에 의해 결정된다.
옵션(Option)	옵션은 특정한 자산을 미리 정해진 계약조건에 의해 사거나 팔 수 있는 권리를 가리킨다. 선물의 경우에는 계약조건에 의해 반드시 사거나 팔아야 하지만, 옵션은 옵션 매입자의 경우 사거나 팔 것을 선택할 수 있고, 매도자의 경우 매입자의 선택에 따라야 할 의무를 지며, 옵션 중에서 특정 자산을 살 수 있는 권리를 콜(Call)옵션, 팔 수 있는 권리를 풋(Put)옵션이라고 부른다.
스왑(Swap)	교환의 의미를 가지고 있는 스왑거래는 두 당사자가 각기 지니고 있는 미래의 서로 다른 자금흐름을 일정기간 동안 서로 교환하기로 계약하는 거래를 의미한다. 이 때 교환되는 현금흐름의 종류 및 방식에 따라 크게 금리스왑(Interest Rate Swap)과 통화스왑(Cross Currency Swap)의 두 가지 유형으로 구분이 된다.

○ 콜옵션과 풋옵션

구분	내용
콜옵션 (call option)	특정의 기본자산을 사전에 정한 가격으로 지정된 날짜 또는 그 이전에 매수할 수 있는 권리를 말한다. 콜옵션 매수자는 매도자에게 옵션가격인 프리미엄을 지불하는 대신 기본자산을 살 수 있는 권리를 소유하게 되고, 매도자는 프리미엄을 받는 대신 콜옵션 매수자가 기본자산을 매수하겠다는 권리행사를 할 경우 그 기본자산을 미리 정한 가격에 팔아야 할 의무를 가진다.
풋옵션 (put option)	특정의 기본자산을 사전에 정한 가격으로 지정된 날짜 또는 그 이전에 매도할 수 있는 권리를 말한다. 풋옵션 매수자는 매도자에게 사전에 정한 가격으로 일정시점에 기본자산을 매도할 권리를 소유하게 되는 대가로 옵션가격인 프리미엄을 지불하게 되고 풋옵션 매도자는 프리미엄을 받는 대신 풋옵션 매수자가 기본자산을 팔겠다는 권리행사를 할 경우 그 기본자산을 미리 정한 가격에 사줘야 할 의무를 진다.

○ 농업경영의 3요소

노동력, 토지, 자본재(농기구, 비료, 사료 등)

○ 조수익

총수익과 같은 말로 1년간의 농업경영의 성과로서 얻어진 농산물과 부산물의 총 가액을 뜻함

○ 농업경영 지표

구분	내용
소득	조수입{주산물가액(수량×단가) + 부산물 가액}−경영비
순수익	조수입{주산물가액(수량×단가) + 부산물 가액}−생산비
생산비	경영비기회비용(자기자본용역비 + 자가토지용역비 + 자가노력비)

○ 농업경영의 제반 조건

구분	내용
자연적 조건	기상조건(온도, 일조, 강우량, 바람 등), 토지조건(토질, 수리, 경사)
경제적 조건	농장과 시장과의 경제적 거리
사회적 조건	국민의 소비습관, 공업 및 농업의 과학기술 발달수준, 농업에 관한 각종 제도, 법률과 농업정책, 협동조합의 발달 정도
개인적 사정	경영주 능력, 소유 토지규모와 상태, 가족수, 자본력

○ 농업경영의 형태

구분	내용
단작경영	일종의 생산부문만으로 구성되어 있고, 또 그 생산물이 유일한 현금 수입원이 되는 경영
준단작경영	최대 현금 수입원이 되는 중심적 생산부문 이외에 그 생산부문을 보조하기 위해 부수적인 역할을 하는 경영. 한우를 주로 생산하는 농가에서, 가축 사료로 쓰이는 작물을 자가생산하는 낙농경영
준복합경영	농업 경영체가 몇 가지의 생산부문을 함께 하는 형태로, 각각의 부문들이 모두 주요한 현금 수입원이 되는 경영
복합경영	경영이 두 개 부문 이상에서 각기 중요한 주요 수익의 근원이 되고 있는 경영

◎ 단작경영과 복합경영의 장단점

구분	장단점	내용
복합경영	장점	• 단작경영처럼 유휴농지가 발생하지 않아 농지의 합리적 이용 가능 • 윤작을 이용한 지력(地力)의 유지 • 효율적 노동의 이용 • 단일 작물 연작할 때보다 병충해 발생 감소 • 생산물의 다양성으로 인하여 판매과정에서 단작경영보다 상대적으로 유리 • 농장수입의 평준화 가능 • 현금 유동성의 확대로 자금 회전율 증가
복합경영	단점	• 특수한 영농기술이 발달 미비 • 여러 가지의 농산물이 소량으로 생산되므로 판매과정에서 불리 • 노동생산성 저하
단작경영	장점	• 작업의 단일화로 능률성 향상 • 작업의 단일화로 노동의 숙련도 증가 • 생산비가 낮아져 시장 경쟁력이 증대 • 계통출하의 이용 가능성이 높아 유통과정의 합리화 가능
단작경영	단점	• 계절적 이용 불가로 농지 활용도 하락 • 지력(地力) 하락 • 자연적 재해 발생 시 경제적으로 큰 피해 우려

◎ 경영활동의 원리

효과성 (Effectiveness)	효과성이란 경영목표의 달성 정도를 의미하며 효과성이 높을수록 원하는 목표를 달성하기 쉽다.
효율성 (Efficiency)	들인 노력과 얻은 결과의 비율이 높은 특성으로 생산과정에서 투입과 산출의 비율로 최소한의 투자로 최대한의 이익을 얻는 것을 의미한다.
수익성 (Profitability)	수익을 거둘 수 있는 정도를 나타내는 수익성은 영리원칙이라고도 하며 기업이 최대이윤을 얻고자하는 이윤극대화 원칙으로 볼 수 있다.
경제성 (Economic Efficiency)	경제성이란 재물, 자원, 노력, 시간 따위가 적게 들면서도 이득이 되는 성질로 최소의 비용으로 최대 효과를 얻는데 본질인 '경제원칙'과 일맥상통한다.

○ 경영계획방법의 종류

구분	내용
표준계획법	자원을 합리적으로 이용하는 경영모형 기준 혹은 시험장의 성적을 이용한 이상적인 경영모형 기준과 비교하며 설계
직접비교법	대상농가의 경영조직이나 경영전체를 같은 경영형태를 가진 마을의 평균값 또는 우수농가의 경영결과 또는 자기영농의 과거실적과 비교해서 결함을 찾고 개선점을 파악하여 새로운 영농설계
예산법	경영의 전체적 또는 부분적으로 다른 부문의 결합과 대체할 때, 그 결과로서 농장 전체의 수익에 어떤 변화가 나타나는가를 검토하고 이것을 현재의 경영과 비교하며 계획을 수립(대체법)
선형계획법	이용 가능한 자원의 한계 내에서 수익을 최대화하거나 비용을 최소로 하기 위하여 최적 작목선택 및 결합계획을 수학적으로 결정하는 방법

○ 토지의 일반적 특성

구분	내용
부동성	토지는 움직일 수 없는 성질을 가지기 때문에 토지이용형태의 국지화, 토지의 개별성, 비동질성, 비대체성 등이 나타난다.
불멸성	토지는 사용에 의해 소멸하지 않고 양과 무게가 줄지 않아 감가상각이 발생하지 않는다.
공급의 한정성	토지의 절대적인 양은 증가하지 않고 공급이 고정되어 있기 때문에 토지에 대한 투기가 발생하는 것이다.
다용성	토지는 일반재화와 달리 여러 가지 용도로 이용될 수 있는 성질을 가지고 있어 두 개 이상의 용도가 복합적으로 사용 가능하다.

○ 토지의 기술적(자연적) 특성

구분	내용
가경력	작물이 생육할 수 있도록 뿌리를 뻗게 하고 지상부를 지지 또는 수분이나 양분을 흡수하는 물리적 성질을 말한다.
적재력	작물이나 가축이 생존하고 유지하는 장소를 말한다.
부양력	작물생육에 필요한 양분을 흡수하고 저장하는 특성을 말한다.

○ 비료의 3요소

질소(N), 인산(P), 칼륨(K)

비료에 대한 생리적 반응

생리적 반응이란 비료 자체 반응이 아니라 토양 중에서 식물 뿌리의 흡수작용 또는 미생물의 작용을 받은 뒤 나타나는 반응을 말함

구분	내용
생리적 산성비료	• 식물에 흡수된 뒤 산성을 나타내는 비료를 말한다. • 황산암모늄, 질산암모늄, 염화암모늄, 황산칼륨, 염화칼륨 등
생리적 염기성비료	• 식물에 흡수된 뒤 알칼리성을 나타내는 비료를 말한다. 칠레초석은 화학적 중성비료지만 물에 녹으면 질산기는 물에 흡수되고, 토양 중에 남아 있는 나트륨은 수산이온과 결합하여 수산화나트륨(NaOH)이 되어 토양은 알칼리성으로 바뀌게 된다. • 칠레초석, 용성인비, 토머스인비, 퇴구비 등
생리적 중성비료	• 석회질소는 암모늄태질소, 질산태질소로 변환하고 다시 토양 중에서 중화되는 비료이다. • 요소, 과인산석회, 중과인산석회, 석회질소 등

주산지

다른 지역보다 특정 작물의 생산량이 대량으로 집중되어 있고 어떤 통합된 체제에 의해 생산되어 타 지역보다 생산력이 높고, 시장의 수요에 대응할 능력이 있는 생산지역

농지은행 제도 목적

- 농지유동화정보의 제공, 농지의 매매, 임대차, 보유·관리 등을 통해 농지시장안정, 농업구조개선 등의 기능을 수행
- 쌀소비 감소, 시장개방 확대로 유휴농지 증가 및 농지가격 하락 등 중장기적 농지시장의 불안요인을 사전관리
- 자연재해, 농산물가격하락 등으로 인해 일시적 경영위기에 처한 농업인의 경영회생을 도모
- 고령농업인의 소유농지를 담보로 생활안정자금을 연금처럼 지급하여 노후생활 보장
- 농지에 관한 체계적인 거래정보, 농업경영지원 정보 및 농촌정착 관련 정보 등 다양한 수요에 부응

경자유전(耕者有田) 원칙

농지는 원칙적으로 농업인과 농업법인만이 소유할 수 있다는 원칙

농지법상 농지의 임대차 기간

3년

농업진흥구역

농업의 진흥을 도모하여야 하는 지역으로서 농림축산식품부장관이 정하는 규모로 농지가 집단화되어 농업 목적으로 이용할 필요가 있는 지역

◎ 농업보호구역

농업진흥구역의 용수원 확보, 수질 보전 등 농업 환경을 보호하기 위하여 필요한 지역

◎ 노동력 종류

구분		내용
가족노동력		노동력 공급의 융통성(노동시간에 구애 받지 않음), 부녀자의 영세한 노동력 적절한 활동, 노동력의 질적 우수성
고용노동력	연중고용	1년 또는 수년을 기간으로 계약
	계절고용	1개월 또는 2개월을 기간으로 주로 농번기에 이용
	1일고용, 임시고용	수시로 공급되는 하루를 기간으로 계약하는 고용노동
	위탁영농	특정 농작업과정을 위탁받고 작업을 끝낼 경우 보수를 받음

◎ 농산물의 특성

- 농산물에 대한 수요와 공급 가격탄력성이 낮다.
- 농업생산구조는 공업 생산과정에 비해 생산확대가 제한적이며, 생산의 계절성이 있다.
- 자연환경에 크게 영향을 받고 불확실성이 높다.
- 생산기간 단축이 어렵고 기술개발에 장시간이 요구된다.
- 정부의 정책과 시장 개입 또는 시장규제가 존재한다.

◎ 농산물 수요의 가격탄력성이 비탄력적인 이유

농산물이 필수품인 경우가 많기 때문. 즉 다른 상품에 비해 대체재가 적은 것이 원인이며 자신이 섭취하는 식품에 대한 기호와 소비 패턴을 좀처럼 바꾸려 하지 않는 경향 때문

◎ 킹의 법칙(King's law)

17세기 말 영국의 경제학자 킹이 정립한 법칙으로 농산물의 가격은 그 수요나 공급이 조금만 변화하더라도 큰 폭으로 변화하게 되는 현상

◎ 식물 호르몬의 종류

구분	작용
에틸렌	식물내에서 합성하며 과일이 익거나 색깔이 나타나는데 관여하며 과다한 발생은 식물의 노화를 촉진한다.
옥신	발아, 성장을 촉진시키고 뿌리의 활착을 도우며, 과일 성장을 촉진한다.
지베렐린	줄기생장촉진호르몬으로 관엽식물의 생장 촉진을 돕는다.
싸이토키닌	새싹 출현, 신선도 유지, 세포분열을 왕성하게 하여 성장을 돕는다.
앞스시식산	낙화, 낙엽, 낙과, 당분의 사용에 영향을 미친다.

◎ 정밀농업

농산물의 생산에 영향을 미치는 변이정보를 탐색하여 그 정보를 바탕으로 한 의사결정 및 처리과정을 거쳐 생산물의 공간적 변이를 최소화하는 농업기술. 예컨대 지구위치파악시스템(GPS)으로 경작지의 위치를 정확하게 파악하고, 토양 분석 프로그램을 이용하여 토양 성분을 측정·진단한 후 적정량의 비료를 주는 활동

◎ 농산물 포장 고려 3요소

구분	내용
보존성 (protection)	포장 기본기능 중 보존성은 농산물을 생산지에서 포장, 저장, 그리고 마켓에 도달하기까지 수송 중 열악한 환경으로부터 내용물을 보호해야 하는 성질을 말한다.
편리성 (convenience)	편리성은 농산물의 보호성과 같이 생산부터 수송, 보관, 사용까지 모든 단계에서의 편리를 의미하며 취급 및 배분을 용이하기 위해 간편한 크기로 생산물을 둘 수 있는 용기가 그 예라 할 수 있다.
검증성 (identification)	검증성은 농산물 제품에 대한 유용한 정보를 제공해야 하는 성질을 말한다. 라벨이나 바코드를 통하여 농산물 제품의 이름, 품목, 등급, 무게, 규격, 생산자, 원산지와 같은 정보를 제공하는 것이 관례이다. 또한 영양학 정보, 조리법, 그리고 소비자에게 구체적으로 제시하는 다른 유익한 정보를 포장지에서 일반적으로 쉽게 발견할 수 있다.

◎ 방제기의 구비 요건

구분	내용
부착성	작물의 피해부분에 효과적으로 부착되어야 한다.
균일성과 집중성	균일하게 살포되어 약효가 높아야 되고 약해가 없어야 한다.
도달성	살포 도달거리가 양호하여야 하며 작업의 능률이 높아야 한다.
경제성	방제가 효과적이며 약액 및 동력의 손실이 없어야 한다.

◎ 농업기계의 연료로 주로 사용되는 것

휘발유와 경유

◎ 신지식농업

지식의 생성, 저장, 활용, 공유를 통해 농업의 생산·가공·유통 등을 개발·개선하여 높은 부가가치를 창출하고, 나아가 농업·농촌의 변화와 혁신을 주도하는 농업활동

◎ 신지식농업인의 선발기준

구분	내용
창의성	농업분야에 기존방식과는 차별되는 새로운 지식이나 기술을 활용한 정도
실천성	습득한 창의적 지식과 기술을 농업분야에 적용함으로써, 일하는 방식을 혁신한 정도 또는 타인과 적극적으로 공유한 정도
가치창출성	업무의 효율성, 생산성 향상 등으로 인한 조수입이나 순이익 등 경제적 부가가치의 창출 정도와 전통문화, 사회봉사 등 사회적·문화적 부가가치 창출 정도
자질 등	신지식농업인으로서의 자질과 지식을 습득·창조하려는 노력의 정도, 학력·사회적 편견 등의 극복 정도, 국민 계몽적 효과 및 지역농업인의 조직화 실적 등

◎ 생산함수

구분	내용
총생산(TP ; total production)	$Y = f(x)$
평균생산(AP ; average production)	$\dfrac{Y}{X}$, $\dfrac{생산물생산량(총생산)}{생산요소투입량(1단위당)}$
한계생산(MP ; marginal production)	$\dfrac{\Delta Y}{\Delta X}$, $\dfrac{산출량}{생산요소1단위당 변화}$

◎ 농업생산의 관계

구분	내용
경합관계	두 개 이상의 생산부문이나 작목이 경영자원이나 생산수단의 이용 면에서 경합되는 경우를 말한다. 보통 생산요소의 자원량을 "어느 정도 배분해야 하는가"라는 문제를 내포하고 있다.
보완관계	축산과 사료작물의 재배처럼 경영 내부에서 어느 생산부문이나 작목이 다른 부문이나 작목의 생산을 돕는 역할을 하는 경우를 말한다.
보합관계	둘 이상의 생산부문이나 작목이 경영자원이나 생산수단을 공동으로 이용할 수 있는 결합관계를 말한다. 벼농사 이후의 논에 보리를 재배하거나 일반 식량 작물과 콩과(豆科) 작물 또는 사료 녹비 작물 등을 윤작하는 것이 대표적이다.
결합관계	양고기와 양털, 쌀과 볏짚, 우유와 젖소고기처럼 한 가지 작목이나 생산부문에서 둘 이상의 생산물이 산출되는 생산물의 상호 관계를 말한다.

◎ 생산비용의 고정비용과 가변비용

구분	내용
총 고정비용(TFC ; Total Fixed Costs)	산출량에 따라 변하지 않는 비용
총 가변비용(TVC ; Total Variable Costs)	산출량에 따라 변하는 비용
총 비용(TC ; Total Costs)	TC = TFC + TVC

◎ 한계 비용(限界費用)

생산량을 한 단위 증가시키는데 필요한 생산비의 증가분

◎ 경제활동의 구분

구분	내용
생산	삶에 필요한 재화(물건)와 용역(서비스)을 만드는 활동을 의미한다. 대표적으로 농업, 어업활동, 제조업, 서비스 판매 등의 활동이 해당된다.
소비	생산된 재화와 용역을 사용하는 것을 가리킨다. 소비에 대한 예로 상품을 구입한 비용을 지불하고, 이발, 미용과 같은 서비스의 대가를 지불하는 것 등이 해당된다.
분배	인간이 생활에 필요한 재화와 용역을 만들어 제공하는 생산 활동을 하게 되면 그에 대한 보상이 주어지기 마련이다. 분배란 생산 활동에 참여한 사람들이 그 대가를 분배 받는 활동을 말한다.

◎ 경제객체의 구분

구분			내용
재화	자유재	절대적 자유재	공기, 햇빛, 바람 등
		상대적 자유재	전기, 수도, 장식용 대리석 등
	경제재	생산재	농기계, 원자재, 농장 설비 등
		소비재	생활필수품, 비료 등
용역	간접용역(물적 서비스)		보험, 금융, 보관, 판매 서비스 등의 물적 행위
	직접용역(인적 서비스)		의사, 연예인 등의 활동

◎ 생산물 시장과 생산요소 시장

구분	내용
생산물	쌀, 자동차, 스마트폰, 영화와 같이 소비를 위한 재화와 통신, 미용 서비스 등을 총칭하며 이들이 거래되는 시장을 생산물 시장이라 한다. 생산물시장에서 가계는 생산물의 수요자이며 기업은 해당 생산물을 공급하는 공급자가 된다.
생산요소	토지, 자본, 노동과 같이 생산에 필요한 요소들을 말하며, 노동시장(구직 박람회), 자본시장(증권거래소)이 대표적인 생산요소 시장이라 할 수 있다. 생산요소시장 중에서 노동시장을 예로 들 경우 가계는 생산요소 공급자이며, 기업은 생산요소 수요자로 볼 수 있다. 노동시장에서는 기업이 필요로 하는 '수요'와 '노동 서비스'를 제공하는 가계의 '공급'이 만나 '임금'과 '고용량'이 결정된다.

○ **시장의 원리**

구분	내용
경쟁의 원리	시장은 자신의 이익을 위해 경쟁을 하는 구조이다. 생산자들은 가격, 제품의 질, 원가 절감, 새로운 시장 판로 개척 등을 실시하는데 이는 다른 경쟁자들보다 더 많은 이익을 얻기 위한 경쟁이라 볼 수 있다. 시장에서 경쟁은 시장의 가격기구가 잘 작동할 수 있도록 역할을 함과 동시에 기술발달을 가져오기도 한다.
이익추구의 원리	시장에서 거래를 하는 사람들은 자유의지에 따라 서로가 원하는 재화와 서비스를 다루게 되는데, 이는 이익을 추구하고자 하는 개인의 이기심에 의한 것이라 할 수 있다. 이처럼 시장은 개개인의 이익을 추구하고자 하는 심리에 의해 운영되는 것이다.
자유교환의 원리	시장에서 거래 당사자들은 어느 누구의 간섭 없이 자발적으로 원하는 재화와 서비스를 교환한다는 것을 말한다. 즉 자유롭게 교환이 가능해져 경제 구성원들은 모두 풍족하게 삶을 누릴 수 있게 된다고 말한다.

○ **균형가격**

시장에서 공급량과 수요량이 일치하는 상태에서 가격은 더 이상 움직이지 않게 되는데 그 때의 가격 수준

구분	내용
가격상승	수요량 감소, 공급량 증가 → 초과공급 발생 → 가격하락
가격하락	수요량 증가, 공급량 감소 → 초과수요 발생 → 가격상승

○ **소득효과**

가격의 하락이 소비자의 실질소득을 증가시켜 그 상품의 구매력이 높아지는 현상

○ **대체효과(Substitution Effect)**

실질소득에 영향을 미치지 않는 상대가격 변화에 의한 효과

○ **가격 이외의 공급에 영향을 미치는 요인**

공급자 수, 생산 비용의 변화, 생산기술 변화, 공급자의 기대나 예상 변화 등

○ **시장 가격의 기능**

자원배분기능, 정보전달의 역할, 경제활동의 동기 부여

○ **시장 한계와 실패 원인**

외부효과 발생, 공공재의 무임승차, 독점 출현

◎ 이윤의 구분

구분	내용
회계적 이윤(accounting profit)	총수입 – 명시적 비용
경제적 이윤(economic profit)	총수입 – 명시적 비용 – 암묵적 비용

◎ 명시적 비용과 암묵적 비용

구분	내용
명시적 비용 (explicit cost)	기업의 직접적인 화폐지출(direct outlay of money)을 필요로 하는 요소비용을 말한다. 즉 다른 사람들이 가진 생산요소를 사용하는 대가로 지불하는 비용을 말한다.
암묵적 비용 (implicit cost)	직접적인 화폐지출을 필요로 하지 않는 요소 비용(input cost)을 말한다. 눈에 보이지 않는 비용, 즉 자신이 선택하지 않고 포기하는 다른 기회의 잠재적 비용을 말한다. 암묵적 비용에는 매몰비용(sunk cost)이 포함된다.

◎ 기회비용

자원의 희소성으로 인하여 다수의 재화나 용역에서 가장 합리적인 선택을 하고자 어느 하나를 선택했을 때 그 선택을 위해 포기한 선택

◎ 매몰비용

지출이 될 경우 다시 회수할 수 없는 비용

◎ 농업투자의 특징

- 처음부터 거액의 차입금(정부 융자)으로 시작한다.
- 예상보다 초과된 시설투자비 및 초기 운영자금을 차입금에 의존하여 부채가 누적되기도 한다.
- 사업자의 자부담분을 자기자본이 아닌 외부 단기차입하는 경우, 부채는 사업개시도 하기 전에 거액화된다.
- 어떤 업종이든 손익분기점에 도달하기 위해서는 적어도 2~3년이 필요하나, 초기투자가 과다한 경우 판매촉진, 생산관리 강화 등 경영관리 보다는 단기부채의 상환원리금, 원재료·유류·인건비 등의 운영자금 조달에 몰두한다.
- 경영자 대부분이 회계지식의 부족으로 장부정리가 미흡하여, 돈이 어디로 새는지 모르는 채 하루하루를 보내므로 자금난과 수익성 저하가 계속되기도 한다.

○ **도매시장의 기능**

구분	내용
상적유통기능	농축수산물의 매매거래에 관한 기능으로서 가격형성, 대금결제, 금융기능 및 위험부담 등의 기능
유통정보기능	도매시장에서는 각종 유통 관련 자료들이 생성, 전파됨. 즉 시장동향, 가격정보 등의 수집 및 전달기능
물적유통기능	생산물 즉 재화의 이동에 관한 기능으로서 집하, 분산, 저장, 보관, 하역, 운송 등의 기능
수급조절기능	도매시장법인 및 중도매인에 의한 물량반입, 반출, 저장, 보관 등을 통해 농축수산물의 공급량을 조절하고 가격변동을 통하여 수요량을 조절하는 기능

○ **도매시장 유통종사자 주요역할**

구분	내용
물량집하기능	전국에서 생산되는 다양한 농축수산물을 수집하는 기능
대금결제기능	경락즉시 출하주에게 대금을 지급해 주는 대금결제기능
가격결정기능	경매 또는 입찰의 방법으로 공정하게 판매해주는 기능
정보전달기능	시장거래상황을 그때 그때 알려주는 정보전달기능

○ **경매사의 주요역할**
- 상장농수산물에 대한 경매 우선순위의 결정
- 상장농수산물의 가격평가
- 상장농수산물의 경락자의 결정
- 고객관리자(경매후 출하자 낙찰자에 대한 사후관리)

○ **저장형 산지유통인**
비교적 저장성이 높은 농수산물을 수집하여 저장하였다가 일정한 시기에 도매시장에 출하를 하는 형태

○ **밭떼기형 산지유통인**
농산물을 파종직후부터 수확전까지 밭떼기로 매입하였다가 적당한 시기에 수확하여 도매시장에 출하를 하는 자

○ **순회수집형 산지유통인**
비교적 소량인 품목을 순회하면서 수집하여 도매시장에 출하하는 자

○ 농산물 유통 핵심 용어

구분	내용
농수산물도매시장	특별시·광역시·특별자치시·특별자치도 또는 시가 양곡류·청과류·화훼류·조수육류(鳥獸肉類)·어류·조개류·갑각류·해조류 및 임산물 등 대통령령으로 정하는 품목의 전부 또는 일부를 도매할 수 있게 관할구역에 개설하는 시장
중앙도매시장	특별시·광역시·특별자치시 또는 특별자치도가 개설한 농수산물도매시장 중 해당 관할구역 및 그 인접지역에서 도매의 중심이 되는 농수산물도매시장
지방도매시장	중앙도매시장 외의 농수산물도매시장
농수산물공판장	지역농업협동조합, 지역축산업협동조합, 품목별·업종별협동조합, 조합공동사업법인, 품목조합연합회, 산림조합 및 수산업협동조합과 그 중앙회(농림수협 등), 그밖에 대통령령으로 정하는 생산자 관련 단체와 공익상 필요하다고 인정되는 법인으로서 대통령령으로 정하는 법인이 농수산물을 도매하기 위하여 특별시장·광역시장·특별자치시장·도지사 또는 특별자치도지사의 승인을 받아 개설·운영하는 사업장
민영농수산물도매시장	국가, 지방자치단체 및 농수산물공판장을 개설할 수 있는 자 외의 자가 농수산물을 도매하기 위하여 시·도지사의 허가를 받아 특별시·광역시·특별자치시·특별자치도 또는 시 지역에 개설하는 시장
도매시장법인	농수산물도매시장의 개설자로부터 지정을 받고 농수산물을 위탁받아 상장(上場)하여 도매하거나 이를 매수(買受)하여 도매하는 법인
시장도매인	농수산물도매시장 또는 민영농수산물도매시장의 개설자로부터 지정을 받고 농수산물을 매수 또는 위탁받아 도매하거나 매매를 중개하는 영업을 하는 법인
매매참가인	농수산물도매시장·농수산물공판장 또는 민영농수산물도매시장의 개설자에게 신고를 하고, 농수산물도매시장·농수산물공판장 또는 민영농수산물도매시장에 상장된 농수산물을 직접 매수하는 자로서 중도매인이 아닌 가공업자·소매업자·수출업자 및 소비자단체 등 농수산물의 수요자
산지유통인	농수산물도매시장·농수산물공판장 또는 민영농수산물도매시장의 개설자에게 등록하고, 농수산물을 수집하여 농수산물도매시장·농수산물공판장 또는 민영농수산물도매시장에 출하(出荷)하는 영업을 하는 자

○ 도매시장 유통주체의 기능과 역할

구분	내용
도매시장법인	수집기능만 가능, 농가판매대행(수탁판매원칙), 수수료상인, 생산자 보호 목적 도입
중도매인	분산기능만 가능, 차익상인, 소비자 보호 목적 도입
시장도매인	수집과 분산기능 모두 가능, 차익상인

◯ **마케팅**

제품을 생산자로부터 소비자에게 원활하게 이전하기 위한 기획 활동으로 시장 조사, 상품화 계획, 선전, 판매촉진 등의 형태를 의미함

◯ **데이터베이스 마케팅**

기업이 고객에 대한 여러 가지 다양한 정보를 컴퓨터를 이용하여 Data Base화하고, 구축된 고객 데이터를 바탕으로 고객 개개인과의 지속적이고 장기적인 관계구축을 위한 마케팅 전략을 수립하고 집행하는 여러 가지 활동

◯ **마케팅 믹스**

기업이 통제할 수 있는 마케팅 수단을 그 효과가 극대화되도록 적절하게 믹스(mix)하여 효율적으로 마케팅 활동을 수행할 것인가에 대한 의사결정으로 제품(product), 유통(place), 가격(price), 촉진(promotion)의 4P로 이루어짐

◯ **STP 전략**

구분	내용
시장세분화 (segmentation)	전체시장을 비슷한 기호와 특성을 가진 차별화된 마케팅 프로그램을 원하는 집단별로 나누는 것이다.
표적시장의 선정 (Targeting)	전체 시장을 여러 개의 세분시장으로 나누고, 이들 모두를 목표시장으로 삼아 각기 다른 세분시장의 상이한 욕구에 부응할 수 있는 마케팅믹스를 개발하여 적용함으로써 기업 조직의 마케팅 목표를 달성하고자 하는 것을 말한다.
포지셔닝 (Positioning)	자사 제품의 경쟁우위를 찾아 선정된 목표시장의 소비자들의 마음속에 자사의 제품을 자리 잡게 하는 것을 말한다.

◯ **포지셔닝의 유형**

구분	내용
제품속성 및 편익에 의한 포지셔닝	제품이 가격, 품질, 스타일, 성능 등이 주는 편익 및 효용에 따라 포지셔닝하는 것을 말한다.
이미지 포지셔닝	자사 제품을 보면 긍정적인 연상이 가능하도록 하는 포지셔닝을 말한다.
사용상황에 따른 포지셔닝	사용상황을 제시하여 포지셔닝하는 방법을 말한다.
제품 사용자에 의한 포지셔닝	제품을 사용하는 데 적합한 사용자, 집단 및 계층에 의해 포지셔닝을 하는 방법을 말한다.
경쟁사에 의한 포지셔닝	경쟁 브랜드와 비교하여 자사 브랜드를 부각시키는 포지셔닝을 말한다.

○ 시장세분화의 요건

구분	내용
유지가능성(Sustainability)	세분시장이 충분한 규모이거나 또는 해당 시장에서 이익을 낼 수 있는 정도의 크기가 되어야 하는 것을 의미한다.
측정가능성(Measuraability)	마케팅 관리자가 각각의 세분시장 규모 및 구매력 등을 측정할 수 있어야 한다는 것을 말한다.
행동가능성(Actionability)	각각의 세분시장에서 소비자들에게 매력 있고, 이들의 욕구에 충분히 부응할 수 있는 효율적인 마케팅 프로그램을 계획하고 실행할 수 있는 정도를 의미한다.
내부적인 동질성 및 외부적인 이질성	시장 세분화를 바탕으로 자신의 제품을 소비할 핵심타겟층을 집중 공략하는 단계이다.
접근가능성(Accessibility)	시기적절한 마케팅 노력으로 인해 해당 세분시장에 효과적으로 접근하여 소비자들에게 제품 및 서비스를 제공할 수 있는 적절한 수단이 있어야 한다는 것을 말한다.

○ 시장세분화를 위한 소비자 개인적 특성 변수와 제품관련 변수

개인적 특성변수	제품관련 특성변수
• 지리적 변수 : 지역, 도시, 기후 등 • 인구통계적 변수 : 가족생활주기, 직업, 교육, 종교, 세대, 국적 등 • 심리분석적 변수 : 라이프스타일, 개성 등	추구하는 편익, 제품에 대한 태도, 상표충성도, 사용량, 지식, 사용상황 등

○ 시장 세분화

구분	내용
지역적 세분화 (geographic segmentation)	시장을 지역 단위들로 세분화 하는 것을 의미한다. 국가, 지역, 농촌, 도시 또는 우편번호로 구분하거나 대도시권, 인구밀도, 기후로 구분한다.
인구통계학적 세분화 (demographic segmentation)	인구통계학적인 변수를 기초로 한다. 나이, 가족규모, 성별, 교육수준, 수입, 세대, 국적, 인종, 종교 등으로 세분화 할 수 있다.
심리분석적 세분화 (psychological segmentation)	개성 및 성향별, 사회계층별, 라이프스타일별, 태도별로 세분화한다.
행위적 세분화 (behavioral segmentation)	구매자가 제품에 대해 가지고 있는 지식, 태도, 사용법 또는 반응 등에 기초하여 여러 집단으로 분할된다.

○ 차별적 마케팅 전략

전체 시장을 여러 개의 세분시장으로 나누고, 이들 모두를 목표시장으로 삼아 각기 다른 세분시장의 상이한 욕구에 부응할 수 있는 마케팅믹스를 개발하여 적용함으로써 기업 조직의 마케팅 목표를 달성하고자 하는 것

◎ **무차별적 마케팅 전략**
전체 시장을 하나의 동일한 시장으로 보고, 단일의 제품으로 제공하는 전략

◎ **집중적 마케팅 전략**
전체 세분시장 중에서 특정 세분시장을 목표시장으로 삼아 집중 공략하는 전략

◎ **제품수명주기의 단계별 마케팅전략**

구분	도입기	성장기	성숙기	쇠퇴기
원가	높다	보통	낮다	낮다
소비자	혁신층이다	조기 수용자이다	중기 다수자이다	최후 수용자이다
제품	기본 형태의 제품을 추구	제품의 확장, 서비스, 품질보증의 도입	제품 브랜드와 모델의 다양화	경쟁력 상실한 제품의 단계적인 철수
유통	선택적 방식의 유통	집약적 방식의 유통	더 높은 집약적 유통	선택적 방식의 유통
판매	낮다	높게 성장	낮게 성장	쇠퇴함
경쟁자	소수	증가	다수→감소	감소
광고	조기의 소비자 및 중간상들에 대한 제품인지도의 확립	많은 소비자들을 대상으로 제품에 대한 인지도 및 관심의 구축	제품에 대한 브랜드의 차별화 및 편의를 강조	중추적인 충성 고객의 유지가 가능한 정도의 수준으로 줄임
가격	고가격	저가격	타 사에 대응 가능한 가격	저가격
판촉	제품의 사용구매를 유인하기 위한 고강도 판촉전략	수요의 급성장에 따른 판촉 비중의 감소	자사 브랜드로의 전환을 촉구하기 위한 판촉의 증가	최소의 수준으로 감소
이익	손실	점점 높아진다	높다	감소한다
마케팅 목표	제품의 인지 및 사용구매의 창출	시장점유율의 최대화	이전 점유율의 유지 및 이윤의 극대화	비용의 절감

○ 제품생애주기(PLC ; product life cycle)

구분	내용
도입기(introduction)	광고와 홍보가 비용효과성이 높고, 유통영역을 확보하기 위한 인적판매활동, 시용을 유인하기 위한 판매촉진
성장기(growth)	시장규모확대, 제조원가하락, 이윤율 증가, 집중적 유통, 인지도 강화
성숙기(maturity)	판매촉진, 높은 수익성, 수요의 포화상태로 인한 가격인하
쇠퇴기(decay)	광고와 홍보의 축소, 판매량이 급격히 줄고, 이윤이 하락하는 제품으로 전락

○ 노획가격

주 제품에 대해서는 가격을 낮게 책정해서 이윤을 줄이더라도 시장 점유율을 늘리고 난 후 종속 제품인 부속품에 대해서 이윤을 추구하는 전략

○ 손실유도가격결정(loss leader pricing

특정한 제품 품목에 대해 가격을 낮추면 해당 품목의 수익성은 악화될 수 있지만, 반면에 보다 더 많은 소비자를 유도하고자 할 때 활용하는 방식

○ 이분가격 정책

전화요금, 택시요금, 놀이동산처럼 기본가격에 추가사용료 등의 수수료를 추가하는 방식의 가격결정방식

○ 비선형 가격결정

통상적으로 대량의 소비자가 소량의 소비자에 비해 가격 탄력적이라는 사실에 기초해서 소비자들에게 제품에 대한 대량소비에 따른 할인을 기대하도록 하여 제품의 구매량을 높이고자 하는 방식

○ 부가가치 가격결정

타 사의 가격에 맞춰 가격인하를 하기보다는 부가적 특성 및 서비스의 추가로 제품의 제공물을 차별화함으로써 더 비싼 가격을 정당화하는 방식

○ 수요에 기초한 심리적 가격결정 기법

구분	내용
경쟁기반 가격결정	경쟁자의 전략, 원가, 가격, 시장의 제공물을 토대로 가격을 책정하는 방식
제품라인 가격결정	제품계열 내에서 제품품목 간 가격 및 디자인에 차이를 두는 방식
옵션제품 가격결정	주력제품과 같이 팔리는 부수적 제품에 대해 소비자로 하여금 선택하게 하는 방식
부산물 가격결정	주력 제품이 가격에 있어 경쟁력을 지닐 수 있도록 부산물 가격을 결정하는 방식
최저수용가격결정	소비자들이 제품의 품질을 의심하지 않고 구매할 수 있는 가장 낮은 가격을 선택하는 방식

○ **유보가격(Reservation Price)**

소비자가 마음속으로 이 정도까지는 지불할 수도 있다고 생각하는 가장 높은 수준의 가격을 의미

○ **가격의 종류**

구분	내용
단수가격 (Odd Pricing)	시장에서 경쟁이 치열할 때 소비자들에게 심리적으로 저렴하다는 느낌을 주어 제품의 판매량을 늘리려는 방법이다. 제품의 가격을 100원, 1,000원 등과 같이 현 화폐단위에 맞게 책정하는 것이 아니라, 그 보다 낮은 95원, 970원, 990원 등과 같이 단수로 책정하는 방식이 사용된다. 단수가격의 설정목적은 소비자의 입장에서는 가격이 상당히 낮은 것으로 느낄 수 있고 더불어서 비교적 정확한 계산에 의해 가격이 책정되었다는 느낌을 줄 수 있는 방식이다.
관습가격 (Customery Pricing)	일용품의 경우처럼 장기간에 걸친 소비자의 수요로 인해 관습적으로 형성되는 가격을 의미한다.
명성가격 (Prestige Pricing)	자신의 명성이나 위신을 나타내는 제품의 경우에 일시적으로 가격이 높아짐에 따라 수요가 증가되는 경향을 보이기도 하는데, 이를 이용하여 고가격으로 가격을 설정하는 방식이다.
준거가격 (Reference Pricing)	구매자는 어떤 제품에 대해서 자기 나름대로의 기준이 되는 준거가격을 마음속에 지니고 있어서, 제품을 구매할 경우 그것과 비교해보고 제품 가격이 비싼지 여부를 결정하는 방식이다.

○ **가격설정 정책**

구분	내용
단일가격 정책	동일한 양의 제품, 동일한 조건 및 가격으로 판매하는 정책을 의미한다.
탄력가격 정책	소비자들에 따라 동종, 동량의 제품들을 서로 상이한 가격으로 판매하는 정책을 의미한다.
단일제품가격 정책	각각의 품목별로 서로 따로따로 검토한 후 가격을 결정하는 정책을 의미한다.
계열가격 정책	수많은 제품계열이 존재할 때 제품의 규격, 기능, 품질 등이 다른 각각의 제품계열마다 가격을 결정하는 정책을 의미한다.
상층흡수가격 정책	도입 초기에 고가격을 설정한 후에 고소득계층을 흡수하고, 지속적으로 가격을 인하시킴으로써 저소득계층에게도 침투하고자 하는 가격정책을 의미한다.
침투가격 정책	빠르게 시장을 확보하기 위해 시장 진입초기에 저가격을 설정하는 정책을 의미한다.
생산지점가격 정책	판매자가 전체 소비자들에 대한 균일한 공장도가격을 적용시키는 정책을 의미한다.
인도지점가격 정책	공장도 가격에 계산상의 운임 등을 가산한 금액을 판매가격으로 결정하는 정책을 의미한다.
재판매가격유지 정책	광고 및 여러 가지 판촉에 의해 목표가 알려져서 선호되는 제품의 공급자가 소매상들과의 계약에 의해 자신이 결정한 가격으로 자사의 제품을 재판매하게 하는 정책을 의미한다.

○ 판촉을 위한 도구 및 수단

구분	내용
쿠폰(Coupon)	구매자가 어떠한 특정의 제품을 구입할 때 이를 절약하도록 해 주는 하나의 증표
샘플(Sample)	구매자들에게 제품에 대한 대가를 지불하지 않으면서 제공하는 일종의 시제품
프리미엄(Premium)	특정 제품의 구매를 높이기 위해 무료 또는 저렴한 비용으로 제공해 주는 추가 제품
할인포장 (Price Pack)	관련 제품을 묶음으로 해서 소비자들이 제품을 낱개로 구매했을 때보다 더욱 저렴한 방식으로 판매

○ 전자상거래의 종류

구분	내용
B2B (Business to Business)	기업과 기업 사이에 이루어지는 전자상거래를 일컫는 것으로 기업들이 온라인상에서 상품을 직거래하여 비용을 절감하고, 시간도 절약할 수 있다는 장점이 있다.
B2C (Business-to-Customer)	기업이 소비자를 상대로 행하는 인터넷 비즈니스로 가상의 공간인 인터넷에 상점을 개설하여 소비자에게 상품을 판매하는 형태의 비즈니스이다. 실제 상점이 존재하지 않기 때문에 임대료나 유지비와 같은 비용이 절감되는 장점이 있다.
G2C (Government to Customer)	정부와 국민 간 전자상거래는 인터넷을 통한 민원서비스 등 대국민 서비스 향상을 그 주된 목적으로 하고 있다.
B2G (Business to Government)	인터넷에서 이루어지는 기업과 정부 간의 상거래를 말한다. 여기서 G는 단순히 정부뿐만 아니라 지방정부, 공기업, 정부투자기관, 교육기관 등을 의미하기도 한다.

○ 푸시 전략과 풀 전략

구분	내용
푸시 전략 (Push Strategy)	• 제조업자가 소비자를 향해 제품을 밀어낸다는 의미로 제조업자는 도매상에게 도매상은 소매상에게, 소매상은 소비자에게 제품을 판매하게 만드는 전략을 말한다. • 이것은 중간상들로 하여금 자사의 상품을 취급하도록 하고, 소비자들에게 적극 권유하도록 하는 데에 있다. • 푸시 전략은 소비자들의 브랜드 애호도가 낮고, 브랜드 선택이 점포 안에서 이루어지며, 동시에 충동구매가 잦은 제품의 경우에 적합한 전략이다.
풀 전략 (Pull Strategy)	• 풀 전략은 제조업자 쪽으로 당긴다는 의미로 소비자를 상대로 적극적인 프로모션 활동을 하여 소비자들이 스스로 제품을 찾게 만들고 중간상들은 소비자가 원하기 때문에 제품을 취급할 수밖에 없게 만드는 전략을 말한다. • 풀 전략은 광고와 홍보를 주로 사용하며, 또한 소비자들의 브랜드 애호도가 높고, 점포에 오기 전에 미리 브랜드 선택에 대해서 관여도가 높은 상품에 적합한 전략이다.

◎ 경로 커버리지

구분	내용
집약적 유통	가능한 한 많은 소매상들로 해서 자사의 제품을 취급하게 하도록 함으로써, 포괄되는 시장의 범위를 확대 시키려는 전략이다. 대체로 편의품이 집약적 유통에 속하는데 이는 소비자가 제품구매를 위해 많은 노력을 기울이지 않기 때문이다.
전속적 유통	전속적 유통은, 각 판매지역별로 하나 또는 극소수의 중간상들에게 자사제품의 유통에 대한 독점권을 부여하는 방식의 전략을 말한다. 이 방법의 경우, 소비자 자신이 제품구매를 위해 적극적으로 정보탐색을 하고, 그러한 제품을 취급하는 점포까지 가서 기꺼이 쇼핑하는 노력도 감수하는 특성을 지닌 전문품에 적절한 전략이다.
선택적 유통	선택적 유통은 집약적 유통과 전속적 유통의 중간 형태에 해당하는 전략이다. 판매지역별로 자사의 제품을 취급하기를 원하는 중간상들 중에서 일정 자격을 갖춘 하나 이상 또는 소수의 중간상들에게 판매를 허가하는 전략이다. 이 전략은, 소비자가 구매 전 상표 대안들을 비교, 평가하는 특성을 지닌 선매품에 적절한 전략이다.

◎ SWOT 분석

구분	내용
강점(Strength)	회사가 소유하고 있는 장점
약점(Weakness)	회사가 가지고 있는 약점
기회(Opportunity)	외부환경의 기회(시장이나 환경적 측면에서 매출이나 수익성 향상의 기회)
위협(Threat)	외부환경의 위협(매출이나 수익성 악화의 위협)

◎ 시장침투(Marketing Penetration)

기존시장에 기존제품의 판매를 증대하는 기존시장 심화전략으로서, 이는 기존제품의 수명주기를 연장시키기 위한 전략

◎ 서비스의 4대 특성

구분	내용
무형성 (intangibility)	유형적 제품과 달리 서비스는 객관적으로 보이는 형태로 제시할 수 없으며 만질 수 없는 것을 의미한다. 이는 제품과 서비스를 구별 짓는 가장 핵심적인 요인으로서 이러한 서비스의 무형성으로 인해 구매 전 확인이 불가능하며 진열 또는 설명에 제약이 따른다.
소멸성 (perishability)	서비스는 저장될 수 없기 때문에 재고로서 보관이 어려우며 구매 직후에 그 편익이 소멸된다. 따라서 서비스는 수요와 공급의 균형을 유지하기가 어렵다.
이질성 (heterogeneity)	제공되는 동일한 서비스에 대하여 장소, 시간, 제공자 등의 변화에 따라 서비스의 질이나 성과가 다르게 표현됨을 의미하며 서비스의 이질성으로 표준화 및 정형화의 어려움으로 개별화(customization) 기회를 제공한다.
생산과 소비의 비분리성	서비스의 생산과 소비가 동시에 이루어짐을 의미하며 따라서 대량생산이 곤란하다.

○ 선도가격전략

핵심 상품들을 정상적인 가격수준 이하, 심지어 원가 이하로 판매하여 고객을 점포로 끌어들인 후 정상적으로 마진이 더해진 다른 상품들에 대한 판매가 이루어지도록 하기 위한 전략

○ 자본회수율(ROI)

기업의 경쟁력을 알아보는 지표 중 하나로 기업이 어느 정도의 자본을 투자하여 얼마만큼의 이익을 올리는가를 알아보는 지표

○ 리베이트

소비자가 구매 후 구매영수증과 같은 증거서류를 기업에게 제시할 경우 해당 제품에 대해 할인하여 금액을 환불해 주는 방법

○ 컨조인트 분석

어떤 제품 또는 서비스가 갖고 있는 속성 하나하나에 고객이 부여하는 가치를 추정함으로써, 그 고객이 어떤 제품을 선택할지를 예측하는 기법

○ 마케팅 전략의 주체인 3C

고객(customer), 경쟁사(competitor), 자사(company)

○ 농산물 세이프가드

농림축산물의 수입물량이 급증하거나 수입가격이 하락하는 경우에는 관세철폐계획에 따른 세율을 초과해 부과되는 관세

○ 계절관세

계절에 따라 가격의 차이가 심한 물품으로 동종물품·유사물품 또는 대체물품의 수입으로 국내시장이 교란되거나 생산 기반이 붕괴될 우려가 있을 경우 계절에 따라 해당 물품의 국내외 가격차에 상당하는 율의 범위에서 기본세율보다 높게 부과하거나 100분의 40의 범위의 율을 기본세율에서 빼고 부과하는 관세

○ 반덤핑 관세조치

외국물품이 수출국 국내시장의 통상거래가격 이하로 수입되어 피해가 우려되는 경우, 정상가격과 덤핑가격의 차액의 범위 내에서 해당 수입품에 반덤핑 관세를 부과해 국내 생산자가 공정한 경쟁을 할 수 있도록 하는 제도

○ 상계관세조치

외국에서 제조·생산 또는 수출에 관해 직접 또는 간접으로 보조금이나 장려금을 받은 물품의 수입으로 피해가 조사를 통해 확인되어 해당 국내 산업을 보호할 필요가 있다고 인정되는 경우, 그 물품과 수출자 또는 수출국을 지정해 그 물품에 해당 보조금 등의 금액 이하의 관세를 추가로 부과해 국내 생산자가 공정한 경쟁을 할 수 있도록 하는 조치

○ **특별긴급수입제한조치**

미리 정해진 농산물 품목에 대해 수입량이 정해진 기준을 초과하거나 수입가격이 정해진 수준을 미달한 경우, 당사국이 농산물에 대한 추가적인 관세를 부과할 수 있도록 한 제도

○ **임시긴급수입제한조치**

국제수지의 악화나 금융상의 위기 시 또는 환율, 통화정책 등 거시경제정책 운용에 심각한 어려움이 있을 경우, 일시적으로 또는 필요 최소한도 내에서 외국인투자에 대한 내국민대우나 외국인투자의 자유로운 대외송금을 정지할 수 있는 조치

○ **부기**

'장부에 기입한다'를 줄인 말로서 기업이 소유하는 재산 및 자본의 증감변화를 일정한 원리원칙에 따라 장부에 기록, 계산, 정리하여 그 원인과 결과를 명백히 밝히는 것

○ **부기와 회계의 차이점**

부기는 기업의 경영활동으로 발생하는 경제적 사건을 단순히 기록, 계산, 정리하는 과정을 중요시 하는 반면에, 회계는 부기의 기술적인 측면을 바탕으로 산출된 회계정보를 기업의 이해관계자들에게 유용한 경제적 정보를 식별, 측정, 전달하는 과정임

○ **재무제표의 종류**

구분	내용
재무상태표	일정 시점 현재 경영체가 보유하고 있는 경제적 자원인 자산과 경제적 의무인 부채, 그리고 자본에 대한 정보를 제공하는 재무보고서로서, 정보이용자들이 경영체의 유동성, 재무적 탄력성, 수익성과 위험 등을 평가하는 데 유용한 정보를 제공한다.
손익계산서	일정 기간 동안 경영체의 경영성과에 대한 정보를 제공하는 재무보고서이다. 손익계산서는 당해 회계기간의 경영성과를 나타낼 뿐만 아니라 경영체의 미래현금흐름과 수익창출능력 등의 예측에 유용한 정보를 제공한다.
현금흐름표	경영체의 현금흐름을 나타내는 표로서 현금의 변동내용을 명확하게 보고하기 위하여 당해 회계기간에 속하는 현금의 유입과 유출 내용을 적정하게 표시하여야 한다.
자본변동표	자본의 크기와 그 변동에 관한 정보를 제공하는 재무보고서로서, 자본을 구성하고 있는 자본금, 자본잉여금, 자본조정, 기타포괄손익누계액, 이익잉여금(또는 결손금)의 변동에 대한 포괄적인 정보를 제공한다.
주석	• 재무제표 작성기준 및 유의적인 거래와 회계사건의 회계처리에 적용한 회계정책 • 회계기준에서 주석공시를 요구하는 사항 • 재무상태표, 손익계산서, 현금흐름표 및 자본변동표의 본문에 표시되지 않는 사항으로서 재무제표를 이해하는 데 필요한 추가 정보

○ **재무상태표 구성**

자산, 부채, 자본

○ **자산의 계정 구분**

구분	내용	종류
당좌자산	가장 빨리 현금화할 수 있는 자산	현금 및 현금성자산, 단기투자자산, 매출채권, 선급비용
투자자산	투자이윤이나 타기업을 지배하는 목적으로 소유하는 자산	투자부동산, 장기투자증권, 지분법적용, 투자주식
재고자산	차기 제조에 투입되거나 판매될 재화	상품, 제품, 원재료
유형자산	장기간 영업활동에 사용하는 자산으로 물리적 형태가 있는 자산	토지, 건물, 기계장치, 비품
무형자산	회사의 수익 창출에 기여하거나 형체가 없는 자산	영업권, 산업 재산권, 개발비 등

○ **농가부채**

구분	예시
유동부채	단기차입금, 매입채무(외상매입금), 미지급비용, 미지급금 등
비유동부채	장기차입금

○ **유동부채와 고정부채**

구분	종류
유동부채	매입채무, 단기차입금, 미지급금, 선수금, 예수금, 미지급비용, 미지급제세, 유동성장기부채, 선수수익, 예수보증금, 단기부채성충당금, 임직원단기차입금 및 기타의 유동부채
고정부채	장기차입금, 외화장기차입금, 금융리스미지급금, 장기성매입채무, 퇴직급여충당금, 이연법인세대, 고유목적사업준비금 및 임대보증금

○ **농가자산**

구분		예시
유동자산	당좌자산	현금, 예금, 매출채권(외상매출금), 대여금, 미수금 등
	재고자산	비료, 농약, 사료, 재고농산물, 비육우, 육성돈, 병아리 등
비유동자산		토지, 대농기구, 농용시설, 대식물(과수나무, 뽕나무), 대가축(번식우, 번식돈 등)

○ **결손금**

농업경영체가 영업활동을 수행한 결과 순 자산이 오히려 감소한 경우에 그 감소분을 누적하여 기록한 금액

○ 재무상태표 계정기입 방식

구분	내용	방식
자산계정	증가를 차변에, 감소를 대변에 기입한다.	$\dfrac{\text{자산계정}}{\text{증가}(+) \ : \ \text{감소}(-)}$
부채계정	증가를 대변에, 감소를 차변에 기입한다.	$\dfrac{\text{부채계정}}{\text{감소}(-) \ : \ \text{증가}(+)}$
자본계정	증가를 대변에, 감소를 차변에 기입한다.	$\dfrac{\text{자본계정}}{\text{감소}(-) \ : \ \text{증가}(+)}$

○ 손익계산서 계정기입 방식

구분	내용	방식
수익계정	발생을 대변에, 소멸을 차변에 기입한다.	$\dfrac{\text{수익계정}}{\text{소멸}(-) \ : \ \text{발생}(+)}$
비용계정	발생을 차변에, 소멸을 대변에 기입한다.	$\dfrac{\text{비용계정}}{\text{발생}(+) \ : \ \text{소멸}(-)}$

○ 발생주의

현금의 수수와는 관계없이 수익은 실현되었을 때 인식되고, 비용은 발생되었을 때 인식된다는 것

○ 현금주의

회수기준 또는 지급기준이라고도 하며 발생주의와 대비되는 말로서, 손익의 계상이 현금의 수입 및 지출에 의거하여 산정되는 손익계산에 관한 하나의 원칙

○ 원가의 3요소

구분	내용
재료비(Direct Material)	종자비, 농약비, 비료비, 소농구비, 선기료, 광열동력비 등
노무비(Direct Labor)	농작물 생산에 직접 투입된 인건비
경비(Overhead Cost)	재료비, 노무비 이외 생산물 원가에 기여한 비용

◎ **농산물의 원가 측정**

구분	공식
조수입	판매수량×가격
경영비	재료비 + 인건비 + 감가상각비
생산비	경영비 + 자가노력비
소득	조수입－경영비
순이익	조수입－생산비
소득율	소득/조수입

◎ **농업경영의 매출이익**

판매가격 － 농산물원가

◎ **농업소득의 구분**

구분	내용
겸업소득	농업외의 사업으로 얻은 소득으로 임업, 어(농)업, 제조업, 건설업 등
사업외소득	사업이외 활동으로 얻은 소득으로 노임, 급료, 임대료 등
이전소득	비경제적활동으로 얻은 수입으로 공적 또는 사적 보조금
비경상소득	우발적인 사건에 의한 소득으로 경조수입, 퇴직일시금 등

◎ **농가교역조건지수**

농가가 생산하여 판매하는 농산물과 농가가 구입하는 농기자재 또는 생활용품의 가격 상승폭을 비교하여 농가의 채산성(경영상에 있어 수지, 손익을 따져 이익이 나는 정도)을 파악하는 지수

◎ **자본이익률**

어떤 자본을 투하하려고 할 때 경영 내부의 여러 부문, 또는 경영 이외의 다른 부문 중 어디에 투자하는 것이 좋을까를 판단하는데 중요한 지표가 되며, 또 이들 각 부문간에 투하자본의 수익성을 비교할 때도 유용한 지표임

◎ **토지순수익**

소유토지에 대한 수익성지표로서 농업경영에 투하된 토지로부터 발생한 수익의 크기

◎ **자기자본비율**

경영에 투하된 총자본 중 자기자본이 어느 정도인지를 나타내는 것

◎ **총자본이익률**

기업에 투하·운용된 총자본이 어느 정도의 수익을 냈는가를 나타내는 수익성 지표로 기입수익이라고도 불림

○ **친환경농업**

합성농약, 화학비료 및 항생제·항균제 등 화학자재를 사용하지 아니하거나 사용을 최소화하고 농업·축산업·임업 부산물의 재활용 등을 통하여, 생태계와 환경을 유지·보전하면서 안전한 농산물을 생산하는 산업

○ **친환경농산물**

친환경농업을 통하여 얻는 것으로 유기농수산물, 무농약농산물, 무항생제축산물, 무항생제수산물 및 활성처리제 비사용 수산물

○ **무농약농산물**

유기합성농약을 사용하지 않고 화학비료는 권장시비량의 1/3 이하를 사용하고 일정한 인증기준을 지켜 재배한 농산물

○ **농산물의 구분**

구분	내용
유기농산물	유기합성농약과 화학비료를 사용하지 않고 재배한 농산물을 말한다.
저농약농산물	화학비료·유기합성농약을 기준량의 1/2이하 사용하며, 제초제 사용이 불가한 것을 말한다.
무농약농산물	유기합성농약은 사용하지 않고, 화학비료는 권장시비량의 1/3이하로 재배하는 것을 말한다.

○ **농산물우수관리(GAP : Good Agricultural Practices)**

농산물의 안전성을 확보하고 농업환경을 보전하기 위해 농산물의 생산, 수확 후 관리(농산물의 저장·세척·건조·선별·절단·조제·포장 등 포함) 및 유통의 각 단계에서 작물이 재배되는 농경지 및 농업용수 등의 농업환경과 농산물에 잔류할 수 있는 농약, 중금속, 잔류성 유기오염물질 또는 유해생물 등의 위해요소를 적절하게 관리하는 것

○ **지리적표시**

농산물 또는 농산가공품이 명성·품질, 그 밖의 특징이 본질적으로 특정 지역의 지리적 특성에 기인하는 경우 해당 농산물 또는 농산가공품이 그 특정 지역에서 생산·제조 및 가공되었음을 나타내는 표시

○ **지리적 표시제도 충족 요건**

구분	내용
유명성	해당 품목의 우수성이 국내나 국외에서 널리 알려져야 한다.
역사성	해당 품목이 대상지역에서 생산된 역사가 깊어야 한다.
지역성	해당 상품의 생산, 가공과정이 동시에 해당 지역에서 이루어져야 한다.
지리적 특성	해당 품목의 특성이 대상지역의 자연환경적 요인에 기인하여야 한다.
생산자 조직화	해당 상품의 생산자들이 모여 하나의 법인을 구성해야 한다.

◎ 직접지불금제도

농어업인 소득안정, 농어업·농어촌의 공익적 기능 유지 등을 위해 정부가 시장기능을 통하지 않고 공공재정에 의해 생산자에 직접 보조금을 지원하는 제도

◎ 주요 직접지불금 제도

구분	내용
쌀소득보전 직접직불제	DDA/쌀협상 이후 시장개방 폭이 확대되어 쌀 가격이 떨어지는 경우에 대비해 쌀 재배 농가의 소득안정을 도모하기 위한 제도
친환경농업직접직불제	친환경농업 실천으로 인한 초기 소득 감소분 및 생산비 차이를 지원하여 친환경농업 조기 정착을 도모하고, 고품질안전농축산물 생산 장려 및 환경보전 등을 제고하기 위한 제도
조건불리지역 직불제	농업생산성 및 정주여건이 불리한 농촌지역에 대한 지원을 통해 농가소득 보조 및 지역사회 유지를 목적으로 도입된 제도

◎ 직접생산비와 간접생산비

구분	내용
직접생산비	비료, 농약, 자재 등 소모성 투입재에 대한 비용 또는 직접 특정 작목에 계산하여 넣을 수 있는 비용을 말한다.
간접생산비	직접생산비를 제외한 모든 비용으로 주로 타 작목과 분담하여 계산하거나 생산요소(토지, 노동, 자본 등)에 대한 기회비용 등을 가리킨다.

◎ 농구비

해당작물의 생산을 위하여 사용된 각종 농기구의 비용으로 대농구는 각 농기구별 비용부담률을 적용하여 감가상각비, 수선비 및 임차료를 산출하고, 소농구는 대체계산법을 적용하여 기간 중 구입액 전액

◎ 재무비율의 종류

구분	내용
레버리지 비율	이자보상비율, 부채비율, 고정재무비보상비율
유동성 비율	당좌비율, 유동비율
수익성 비율	총자산순이익률, 자기자본순이익률, 매출액순이익률

◎ 차세대 바이오그린21사업의 중점 추진 분야

1. 차세대유전체연구 분야
2. 동물유전체육종 분야
3. 식물분자육종 분야
4. 유전자변형(GM)작물 실용화 분야
5. 농생명바이오식의약소재개발 분야
6. 시스템합성농생명공학 분야
7. 동물바이오신약·장기개발 분야
8. 그 밖에 농생명 원천기술 및 미래기술 선도 분야 등 농촌진흥청장이 정하는 사항

◎ 농업정책금융

정부가 특정한 목적을 가지고 설치한 재정 또는 제도를 통해 농업부문에 공급되는 금융자금

◎ 우장춘프로젝트 사업의 중점 추진 분야

1. 세계적인 학술적 연구성과 도출을 통한 청 위상 및 국격 제고 분야
2. 고위험 고수익형 원천융합기술 개발로 농업을 한단계 업그레이드할 수 있는 대형 실용화기술 개발 촉진 분야
3. 농업분야 신성장동력 창출을 선도할 세계적인 과학자 육성 분야
4. 그 밖에 미래농업기술 선도 분야 등 농촌진흥청장이 정하는 사항

◎ 지도사업과 컨설팅의 차이

구분	컨설팅	지도사업
대상	서비스 계약자	불특정 다수
정보범위	종합적	단편적
방법	문제 해결을 위해 상호 정보를 교환	일방적인 정보 전달 체계
사후관리	지속	별도로 마련되어 있지 않음

◎ 농업컨설팅의 일반적 과정

순서	내용
컨설팅 요청	희망 농업인 농업기술센터에 요청
농가경영 진단	표준진단표 이용 경영진단
분석 및 처방	• 진단결과 분석 • 실천가능한 기술, 경영개선 처방
지도상담	• 전문지도사의 기술 및 경영 종합상담 • 기술과 경영의 개선 교육 및 현장 지도

○ 벤치마킹

경영체가 경영성과의 지속적인 개선을 위해서 농산품의 생산 및 유통 그리고 농장 관리능력 등을 외부적인 비교 기준을 통해 평가해서 개선해 나가자는 경영혁신실천기법

○ 작목선택 시 고려사항
- 경영주 성향 및 기술, 정보의 활용 능력
- 동원 가능한 인적, 물적 자원의 량과 자연, 시장입지 여건
- 대상 작목 수익성, 기술 난이도, 초기투자자금과 운영비의 수준
- 대상 품목의 수급 전망 및 유통 실태 등

○ 농업 기술선택 시 고려사항
- 작목 특성, 경영주 성향, 유통 여건
- 기술(품종) 도입에 따른 수입, 비용의 증감 효과
- 도입할 기술(품종)의 주의점과 기타 상세한 정보
- 선택한 기술(품종)을 이미 도입한 농가 견학

○ 출하시기 선택 시 고려사항
- 출하조절에 따른 수입과 비용 증감
- 자연, 시장 입지의 상대적인 유리성
- 해당 품목의 수급 및 소비대체 품목의 수급 전망

○ 농업경영체

농업인, 영농조합법인, 농업회사법인

자격증

한번에 따기 위한 서원각 교재

한 권에 준비하기 시리즈 / 기출문제 정복하기 시리즈를 통해 자격증 준비하자!